कथक प्रसंग

सम्पादक
रश्मि वाजपेयी

वाणी प्रकाशन
प्रकाशन के उत्कृष्टतम 62 वर्ष

सजिल्द प्रथम संस्करण : 1992
सजिल्द द्वितीय संस्करण : 1999
सजिल्द तृतीय संस्करण : 2025

vaniprakashan.com

वाणी प्रकाशन

4695, 21-ए, दरियागंज, नयी दिल्ली-110 002

फ़ोन : + 91 11 23273167, 23275710

शाखाएँ

अशोक राजपथ, पटना-800 004, बिहार

कॉफ़ी हाउस कैम्पस, महात्मा गांधी मार्ग, प्रयागराज-211 001, उत्तर प्रदेश

महात्मा गांधी अन्तरराष्ट्रीय हिन्दी विश्वविद्यालय, वर्धा-442 001, महाराष्ट्र

sales@vaniprakashan.in
vaniprakashan@gmail.com

Kathak Prasang
Edited by Rashmi Vajpeyi

ISBN : 978-81-7055-248-2
Music

मूल्य : ₹ 650

जी.एस. ऑफ़सेट, दिल्ली-110 095 में मुद्रित

वाणी प्रकाशन का लोगो मक़बूल फ़िदा हुसैन की कूची से

भाभी और बाबू के लिए

प्रस्तावना

कथक उत्तर भारत की प्रमुख शास्त्रीय नृत्य शैली है। यह बात अपने आप में गौर करने की है कि जहाँ दक्षिण भारत के अलग-अलग हिस्सों में विभिन्न प्रांतों की अपनी प्रतिनिधि नृत्य शैलियाँ हैं, वहीं उत्तरी भारत के विशाल भूभाग में केवल एक नृत्य शैली उपलब्ध है। जाहिर है इस हिस्से में भी एक मूल नाट्य शास्त्रीय नृत्य प्रकार के बाद प्रांतीय भेद से अनेक अन्य नृत्य रूप विकसित हुए होंगे किन्तु कुछ सामाजिक, ऐतिहासिक कारणों से अन्ततः वे एकाकार हो गये और सम्मिलित रूप से एक समकालीन कथक नृत्य के रूप में सामने आये। सम्भव है यही कारण हो कि जहाँ दूसरी नृत्य शैलियों के आन्तरिक रूप में इतना भेद नहीं होता वहीं कथक नृत्य के लगभग विरोधी से लगते अनेक रूप मिल जाते हैं। कहीं उसमें नृत्त अंग का ऐसा विस्तार और ताल लय का बेहद जटिल, पेचीदा और क्लिष्ट स्वरूप दिखाई देता है तो कहीं ताल की जटिलता के साथ एक गरिमामय सौन्दर्य। दूसरी ओर कथक के नाम पर फिल्मों में प्रस्तुत एकदम बाजारू किस्म का घटिया नाच भी है जिसने उसे एक सस्ते और निचले दर्जे के मनोरंजन में बदल दिया है। इनके बीच भी कथक प्रदर्शन के अनेक और विविध स्वरूप हैं—जिन्हें देखते हुए यह तो लगता है यह कथक है। किन्तु इसमें सही क्या है इसका भेद करना सामान्य जन के लिए प्रायः कठिन हो जाता है। जितने नर्तक और जितने गुरु हैं, सबकी अपनी एक विशिष्ट शैली है। नृत्य को देखने-समझने का अपना ढंग और अन्दाज है। और इसी कारण उसमें कहीं एक सूत्रता में बने रहते हुए भी एक भिन्नता आती है। उत्तरी भारत के विभिन्न हिस्सों में विकसित इस नृत्य रूप को अलग-अलग ढंग से समझा और सराहा गया जिसके अनुरूप उसने अपना रूप विकसित किया फिर उस स्थान विशेष का प्रभाव भी उस पर पड़ा। इस स्थान वैशिष्ट्य के आधार पर आज कथक दो मूल घरानों के रूप में जाना जाता है। लखनऊ और जयपुर घराना। इनके भी अपने भेद-प्रभेद हो सकते हैं पर उसमें यदि जायें तो लगभग हर नर्तक एक नए घराने को जन्म देता प्रतीत होगा।

इस बेहद लोकप्रिय नृत्य शैली का कोई शास्त्र नहीं है यह कहना तो गलत होगा किन्तु यह सही है कि इसके सम्बन्ध में बहुत कुछ लिखा आज उपलब्ध नहीं है। जो प्राचीन ग्रंथ मिलते हैं उनसे सामान्यतः मार्गी (शास्त्रीय) नृत्य का स्वरूप और उसकी तकनीक का विस्तृत विवरण और विश्लेषण तो मिलता है किन्तु स्वयं कथक के बारे में अलग से अधिक लिखा नहीं मिलता। संभव है इतना लोकप्रिय

नृत्य होने के कारण बाद के विद्वानों को इसके विषय में अलग से लिखने की जरूरत ही न महसूस हुई हो। या इतने वैविध्यपूर्ण नृत्य के बारे में कुछ प्रामाणिक ढंग से लिखना सम्भव न रहा हो। अथवा जो लिखा गया वह नष्ट हो गया। कई कारण हो सकते हैं। यह भी लगता है कि एक समय ऐसा आया जब शास्त्रकार और कलाकार नर्तक दो अलग-अलग श्रेणियों में बँट गये। तब कलाकार को उस पर कुछ लिखने की जरूरत ही नहीं रह गयी और शास्त्रकार धीरे-धीरे उनसे इतना कटते गये कि प्रचलित नृत्य रूपों से उनका विशेष सरोकार नहीं रह गया। नृत्य जैसे विषयों पर उन्होंने लिखा भी तो वह प्रायः अधिकांशतः प्राचीन ग्रंथों के आधार पर ही। उसमें विकसित नयी पद्धति और स्वरूप का न तो उन्होंने विश्लेषण ही किया और सम्भवतः न ही उसकी उन्हें जरूरत महसूस हुई। इस तरह आज प्राप्त कथक का इतिहास और उसका शास्त्र रचने के लिए हमें जहाँ तहाँ उपलब्ध विविध सूत्रों और स्रोतों का सहारा लेना पड़ता है जिनसे उसका एक खाका भर खींचने में मदद मिल पाती है। जाहिर है इस प्रयत्न में अनेक गड़बड़ियाँ भी होती हैं, कई सूत्र छूट जाते हैं—कई जानकारियाँ भ्रामक या उलझी सी होती हैं पर हमारे पास कथक इतिहास की पुनर्रचना का एकमात्र यही उपाय है कि पुराने जानकार नर्तक, प्रशंसक, प्राप्त विविध ग्रंथों, साहित्य, चित्रांकनों, मूर्ति शिल्प और किंवदन्तियों के सहारे ही हम इसके इतिहास का कोई खाका खींच सकते हैं।

तकनीक या शिल्प के लिए आज स्वयं उसका स्वरूप ही प्रमाण है। इस तकनीक का स्वरूप आरम्भ में क्या रहा होगा, कैसे उसमें भिन्न परिस्थितियों और प्रभावों से बदलाव आते गये यह इतिहास का ही विषय है। किसी भी जीवन्त कला में बदलाव आना स्वाभाविक भी है और उसकी जीवन्तता का प्रमाण भी। पिछले कुछ दशकों में ही कथक की प्रस्तुति और उसकी शिक्षा के स्वरूप में जैसा बदलाव आया है वह आश्चर्यजनक है। नृत्य के कई ऐसे पक्ष जिनका एक इशारा भर मिलता था आज वे प्रस्तुति के प्रमुख अंग बन गये हैं साथ ही इसका उल्टा भी सही है। इसके अतिरिक्त भी प्रस्तुति के नये आयाम, दिशा और सम्भावनाओं का विस्तार और खोज हुई है। संगीत, प्रस्तुति और वेशभूषा की रूढ़ परम्परा में कल्पना के नये द्वार खुले हैं। सौन्दर्य के नये प्रतिमान बने हैं। जरूरी नहीं है वे सभी उसे पहले से बेहतर बनाते हों। ज्ञान और अधिकार का प्राचीन प्रतिमान आज के नर्तक कई अर्थों में अगर छू भी नहीं सकते हैं, तो उस अज्ञान को नये ढंग से अपने लिए सार्थक बनाने की क्षमता वे जरूर जुटा लेते हैं। इसके अतिरिक्त ज्ञान के अन्य तमाम स्रोत उसके सामने खुले हैं जिनका उपयोग वह अपने हित के लिए कर सकता है। इस सबके रहते कथक नर्तक बनने के लिए उसकी बुनियादी तकनीक पर अधिकार उसे करना जरूरी होता है जो एक श्रमसाध्य कार्य है। यह शिल्प की शिक्षा ही उसका वह आधार बनाता है, जिस पर उसे अपना नृत्य संसार

रचना बसाना है। कुछ नर्तक इस शिल्प में ही उलझे रह जाते हैं, कुछ उससे अधिक सार्थक और नया रचने की कोशिश करते हैं। गुरु कैसी दृष्टि देता है और शिष्य उसे कैसे ग्रहण करता है यह स्वयं उस पर निर्भर करता है। इसलिए एक ही गुरु के शागिर्दों में भी ज़मीन-आसमान का अन्तर दीख पड़ता है।

नृत्य में आलोचनात्मक साहित्य का धीरे-धीरे ह्रास होता गया। अब जो लिखा भी जाता है समीक्षात्मक न होकर विवरणात्मक अथवा संस्मरणात्मक होता है, जिससे नृत्य के भिन्न पहलुओं और पक्षों पर कोई गम्भीर चर्चा और चिन्तन सम्भव नहीं होता। पिछले वर्षों में भी कपिला वात्स्यायन, मोहन खोकर, सुनील कोठारी जैसे कुछ विशेषज्ञों को छोड़ विशेष कुछ नहीं लिखा गया है। कथक पर तो और भी कम। फिर जो सार्थक मिलता भी है वह अंग्रेजी में ही है हिन्दी में ऐसी विश्वस्त जानकारी का लगभग अभाव है। नवाब वाजिद अली शाह के जमाने में रचित उर्दू के कुछ ग्रंथों में अनेक गतों का विवरण मिलता है। इसी तरह राजस्थान के कुछ प्राचीन राजकीय पुस्तकालयों में भी ऐसे ग्रन्थ हैं जिनसे कथक के स्वरूप का आभास तो मिलता है, पर वह इतना काफी नहीं कि उसके आधार पर शास्त्र तैयार किया जा सके। जरूरत इस बात की भी है कि कुछ नर्तक एवं शास्त्रकार दोनों मिलकर इन पर काम करें तो कम से कम पिछले ढाई-तीन सौ वर्षों के कथक इतिहास की प्रामाणिक जानकारी एकत्र हो सके।

बहरहाल जब तक वह सम्भव हो नृत्य और संगीत के विद्वानों द्वारा रचित इन विविध लेखों से कथक के इतिहास, उसके शिल्प तथा उनसे जुड़े अन्य विषयों का पर्याप्त स्पष्ट चित्र आपको मिल सकेगा। इनमें से अधिकांश लेख भोपाल में आयोजित विभिन्न कथक प्रसंगों के लिए लिखे गये थे। कुछ अन्य पत्रिकाओं तथा अवसरों के लिए भी। सुनील कोठारी के दोनों लेख उनकी कथक पर अंग्रेजी में प्रकाश्य पुस्तक के अंश हैं। पुरु दाधीच का लेख यूँ तो कथक के जयपुर घराने पर केन्द्रित कथक प्रसंग के लिए लिखा गया था, किन्तु अब वह भी उनकी प्रकाश्य पुस्तक में शामिल है। इसके बावजूद इनका इस संकलन में होना इनकी उपयोगिता के कारण ही है।

इस पुस्तक की कल्पना यों तो पाँच-छः वर्ष पूर्व हुई थी। किन्तु उस समय भी कथक के सभी आयामों को छूने वाले लेख उपलब्ध नहीं हो सके थे। उम्मीद थी उन्हें जल्दी ही प्राप्त किया जा सकेगा। कुछ सामग्री उपलब्ध भी हुई किन्तु सभी विषयों पर लेख फिर भी नहीं एकत्र किये जा सके। इसी प्रयत्न में देर होती गयी। प्रस्तुत लेखों की कई जानकारियाँ और विश्लेषण भी इसी कारण पिछड़े से लग सकते हैं, उन्हें पूरा करने के लिए फिर पूरा लेख लिखना जरूरी होगा और इस तरह फिर देरी भी। इसलिए अन्ततः यही तय किया कि जो जैसी जानकारी और सामग्री है उसे वैसे ही प्रस्तुत कर दिया जाये। इससे कम से कम इतनी जानकारी

तो पाठकों को सुलभ हो ही जायेगी।

पुस्तक के कई लेख 'लेक्चर डिमोंस्ट्रेशन' के रूप में लिखे गये थे इसलिए उनका स्वरूप सामान्य लेख से भिन्न है। इन्हें ऐसे ही रहने दिया गया है जिससे वे अपने ढंग से ही बात को स्पष्ट कर सकें। अलग-अलग अवसरों और भिन्न श्रोता-पाठक समुदाय के लिए लिखे जाने के कारण कुछ बातों की पुनरावृत्ति भी हुई है। उम्मीद की जानी चाहिए कि इससे कथक को अधिक सम्पूर्णता से समझने में सहायता मिलेगी। अनेक लेख अंग्रेजी से अनूदित हैं जिन्हें यथासम्भव प्रामाणिक बनाने की कोशिश है। फिर भी हर भाषा की अपनी सीमा है। भाषा की दृष्टि से रोहिणी जी के लेख हिन्दी भाषी पाठक को अटपटे लग सकते हैं। किन्तु उसमें निहित अर्थ और भाव की गहराई निश्चित ही आप तक पहुँच सकेगी।

संकलित लेख प्रायः संगीत और नृत्य से सम्बन्धित विद्वानों और कथक नर्तकों के ही है। जाहिर है इनमें प्रस्तुत मान्यताएँ उनकी अपनी हैं और उन पर मतभेद और वाद-विवाद की गुंजाइश भी हो सकती है। ऐसे किसी प्रयत्न में यों भी कोई बात अन्तिम सत्य नहीं होती। स्वयं लेखक की ही अपनी पूर्व मान्यताओं में बदलाव आ सकता है। इसलिए इन्हें अन्तिम सत्य की तरह नहीं लिया जाना चाहिए।

इसमें संकलित दो लेखक दुर्भाग्य से आज हमारे बीच नहीं हैं। उनकी कमी कथक की अपूरणीय क्षति है। हम आदरणीय कल्याणपुरकर जी के विपुल ज्ञान का पूरा लाभ नहीं ले सके इस बात का सदा अफसोस रहेगा। लगता है जब तक उनके निकट सम्पर्क में आने का अवसर मिला देर हो चुकी थी। फिर भी जो थोड़ा बहुत सान्निध्य मिला उनसे बहुत-कुछ जानने-समझने को मिला। उसके स्नेह और सहयोग के कोई शब्द काफी नहीं हैं। आचार्य वृहस्पति संगीत और शास्त्र के विद्वान थे। रामपुर नवाब आदि के दरबारों में अनेक कथकों से निकट सम्पर्क का उन्हें अवसर मिला था। उनके उस ज्ञान का लाभ उठाने के लिए उनसे 'कथक प्रसंग' भोपाल के लिए 'मन्दिरों में कथक' विषय पर एक लेख लिखने का आग्रह किया था जिसे उन्होंने सौभाग्यवश स्वीकार किया और लिखा भी। उम्मीद थी कि इस तरह उन्हें कथक के सम्बन्ध में और भी लिखने को प्रेरित कर सकेंगे, पर यह उनके आकस्मिक निधन से सम्भव नहीं हो सका और यह काम अधूरा रह गया। यहाँ तक कि यह लेख भी वे स्वयं प्रस्तुत नहीं कर सके। इन दोनों महान आत्माओं को हमारी विनत श्रद्धांजलि। गुरुतुल्य इन विद्वानों के अतिरिक्त अन्य सभी विद्वान साथी रचनाकारों की मैं बेहद आभारी हूँ। उनके निरन्तर सहयोग और स्नेह के बिना यह कार्य कभी पूरा नहीं हो सकता था। इस पुस्तक के अलावा भी निरन्तर उनसे नृत्य सम्बन्धी विविध विषयों पर बातचीत से मेरी समझ और

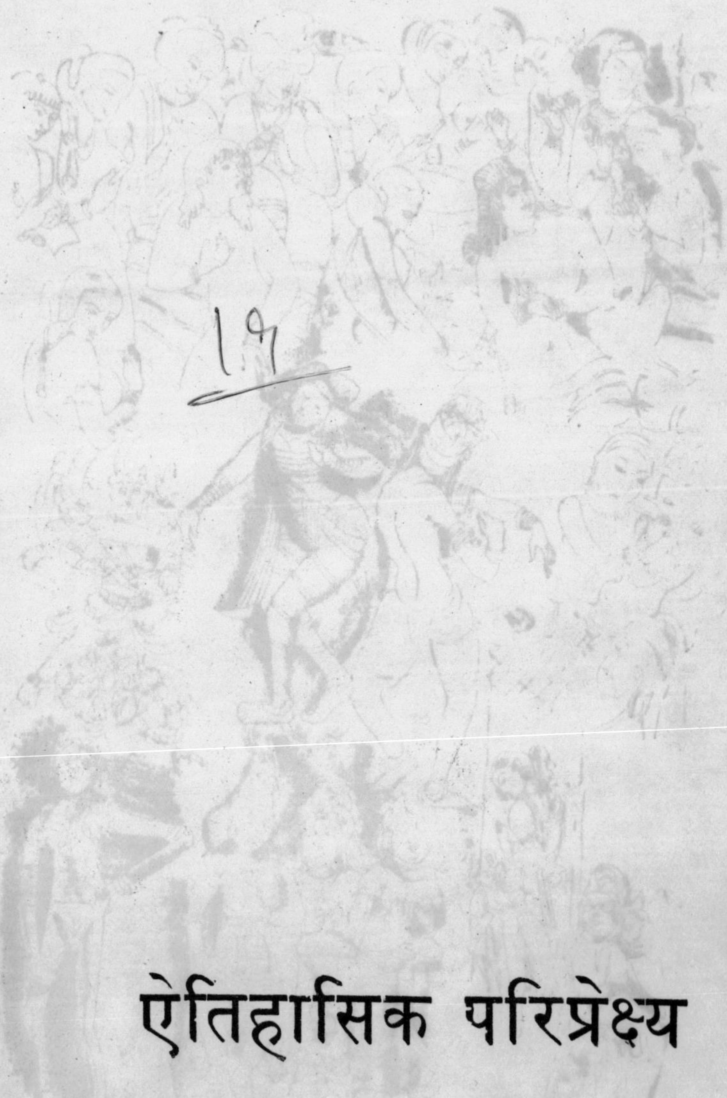

ऐतिहासिक परिप्रेक्ष्य

मन्दिरों में कथक

आचार्य बृहस्पति

'कथक' शब्द का अर्थ है—'कथा कहने वाला', परन्तु कथा बाँचने वाले व्यास लोक 'कथक' नहीं हैं। 'कथक' शब्द का एक अन्य पर्याय है, 'कथाप्राण' अर्थात् वह वर्ग, जिसकी प्राणयात्रा कथा से चलती हो, इसे 'नाट्यवक्ता' भी कहा गया है। 'कथक' शब्द का एक अन्य पर्याय है, 'एक नट' अर्थात् जो अकेला ही किसी कथा के सम्पूर्ण पात्रों का अभिनय करता हो। इस सबका निष्कर्ष यह है कि कथा का अभिनय करके आजीविका चलाने वाला वर्ग-विशेष 'कथक' कहलाता है।[1]

अमरकोश के व्याख्याकार महेश्वर के अनुसार 'चारण' और 'कुशीलव' शब्द भी 'कथक' नामक विशेष नटों के पर्याय हैं।[2] 'मनुस्मृति' में चारणों और कुशीलवों की चर्चा असवर्ण एवं कलाजीवी जातियों के अन्तर्गत की गई है।

देवगिरि अर्थात् वर्तमान दौलताबाद में बैठकर कश्मीरी आचार्य शार्गदेव ने अपना प्रसिद्ध ग्रन्थ 'संगीत रत्नाकार' लिखा। इस युग में दिल्ली पर शम्सुद्दीन इल्तुतमिश का शासन था और भारतीय विद्याएँ नर्मदा के दक्षिण पार्श्व में चली गई थीं। आचार्य शार्गदेव ने कथकों और बन्दीजनों का स्थान सभा में राजा के बाईं ओर निश्चित किया है।[3] यह तथ्य ध्यान देने योग्य है कि लोक और वेद के समर्थ विद्वानों, रसिकों और कवियों का स्थान संगीतजीवियों से सर्वथा पृथक था।

अस्तु, यह सिद्ध है कि शार्गदेव के युग तक 'कथक' लोग नृत्य-शास्त्र के निष्णात विद्वान् होते थे। राज सभा में उनका सम्माननीय स्थान था। शास्त्रज्ञ 'कथक' लोग नर्मदा के दक्षिण में चले गये थे।

तेरहवीं शती ई. के उत्तरार्द्ध में कथकों के गाने की एक विशिष्ट रीति हो गई थी, जिसे 'कथकरीति' कहा जाने लगा था। इस युग के एक दिगम्बर जैन आचार्य ने गानरीतियाँ छः बताई हैं, 'चोक्षगायनरीति', 'योगिरीति', 'मलिन-गायनरीति', 'योषिद्रीति', 'पेरणरीति' और 'कथकरीति'। 'चोक्षगायनरीति' का अर्थ चोखा गायक है, 'मलिन गायन' का अर्थ गंदला गाने वाला, योगी शब्द का अर्थ भजनानन्दी गवैया है, नारियों की रीति का घर की बहू-बेटियों की शैली है, पेरणरीति का अर्थ बहुरूपियों की शैली है।[4]

यहाँ 'कथकरीति' को सबसे अन्त में गिनाया है, जो व्यंजित करता है कि

कथकों की गानशैली में पर्याप्त विकार आ चुका था।

अमीर खुसरो के समकालीन एक श्वेताम्बर जैन आचार्य वामनाचार्य सुधाकलश हुए हैं, इनका कार्यक्षेत्र भारत का पश्चिमी भाग और वर्तमान मध्यप्रदेश का कुछ भाग था। इस समय तक देश के इस भाग में संगीत की दशा शोचनीय हो गई थी। प्रबन्धकार खोज का विषय हो गये थे और प्रबन्धों के गाने वाले भी दुर्लभ थे।[5] आचार्य सुधाकलश ने इस स्थिति का चित्रण किया है।

इस युग में नर्तकों की दशा भी शोचनीय हो गई थी। आचार्य सुधाकलश कहते हैं—"इस युग में नर्तक मूर्ख हैं, विद्वान् साधक नहीं हैं, अच्छे नर्तकों के बिना ढंग का अभ्यास सम्भव नहीं, अतः सिद्धि असम्भव है। आजकल के नर्तकों को वानरों की भाँति बचपन से सधाया जाता है और वे अपनी निजी भाषा का आश्रय लेते हैं।[6]

सीधी-सादी बात यह है कि उस युग तक भारतीय राजसभाएँ क्षतविक्षत हो चुकी थीं और 'देवमन्दिर' धूलिसात् हो चुके थे। संगीतज्ञों के लिए दो ही आश्रय थे, 'राजाश्रय' अथवा 'देवाश्रय'। दोनों का ही अभाव होने पर शास्त्र-चिन्तन अवरोध में पड़ गया था। कहावत है कि शस्त्रों के द्वारा राष्ट्र के रक्षित होने पर ही शास्त्रों का चिन्तन होता है।

तेरहवीं शती ई. के अन्त और चौदहवीं शती ई. के आरम्भ में अलाउद्दीन और उसके सेनापति मलिक काफूर के आक्रमणों ने दक्षिण भारत को भी झंझोड़ डाला और वहाँ के संगीत-सम्प्रदाय भी उच्छिन्न हो गये। दक्षिण भारत का सौभाग्य था कि चौदहवीं शती ई. के उत्तरार्द्ध में नवस्थापित विजयनगर-साम्राज्य ने श्रृंगेरीपीठ के शंकराचार्य विद्यारण्य स्वामी के निर्देशन में शास्त्रों एवं सम्प्रदायों का पुनरुद्धार करने की चेष्टा की, यह प्रयत्न 1565 ई. तक निर्बाध रूप में चलता रहा। 1565 ई. के तलकोटा-युद्ध में विजयनगर-साम्राज्य का पतन हुआ, जबकि अकबर का शासन-काल था।

विजयनगर के विघटन के पश्चात् तंजोर, मदुरा, मैसूर, जिन्जी और पेनुकोण्डा के हिन्दू शासक स्वतंत्र हो गये और नायक राजा कहलाये, इन राजाओं की सभाओं में शास्त्रों के पुनरुद्धार का कार्य जारी रहा। वहाँ मंदिरों और दरबारों का धर्म एक था, यही कारण है दक्षिण का शास्त्रीय कहा जाने वाला संगीत भक्ति-परक है और उसके साधक प्रायः विद्वान् ब्राह्मण रहे हैं।

नृत्य के क्षेत्र में भी पूर्वोक्त कारणों से शास्त्रों का सम्बन्ध प्रयोग के साथ पर्याप्त सीमा तक बनाये रखा गया है, तथापि 'भरतनाट्यम्' जैसे सम्प्रदाय प्राचीन सम्प्रदायों का पुनरुज्जीवित रूप हैं।

उत्तर भारत में मथुरा और वृन्दावन जैसे स्थान आक्रमणकारियों द्वारा अहमदशाह अब्दाली के युग तक पददलित होते रहे। यद्यपि सोलहवीं शती के पूर्वार्द्ध

में हित हरिवंश जी और हरिदास जी के प्रयत्नों से 'रासलीला' इत्यादि कृष्ण लीलाओं को पुनरुज्जीवित किया गया और सोलहवीं शताब्दी के उत्तरार्द्ध में गोस्वामी तुलसीदास ने 'रामलीला' का प्रवर्तन किया, तथापि जिन रासधारी ब्राह्मणों को यह कार्य सौंपा गया, वे भक्ति-भावना के प्रचारक अधिक थे, कला की दृष्टि से उन रासधारियों का प्रयत्न कहाँ तक महत्वपूर्ण था, यह स्पष्ट है। 'राधा' और 'कृष्ण' रूप धारण करने वाले बालकों की वय आठ-नौ वर्ष से अधिक नहीं होती थी। आचार की दृष्टि से यह ठीक भी था।

19वीं शती ई. के आरम्भ में जयपुर नरेश सवाई प्रतापसिंह के प्रयत्न से 'राधागोविन्दसंगीतसार' नामक एक विराट ग्रन्थ की रचना ब्रजभाषा में हुई। इसके 'नर्तनाध्याय' में नृत्यशास्त्र का निचोड़ रखा गया। इस ग्रन्थ के अध्ययन से प्रतीत होता है कि महाराज प्रतापसिंह अपने दरबार के कथकों को नृत्य-शास्त्र से परिचित कराना चाहते थे, परन्तु प्रतापसिंह के दरबार पर मुगलों का प्रभाव कम न था, क्योंकि मुगलों के अन्तःपुर में तो उनके वंश की पुत्रियाँ विराजमान थीं। अतः महाराज प्रतापसिंह जी का प्रयत्न पूर्णतया फलीभूत न हुआ, तथापि उस युग में प्रचलित नृत्य-शैली का आभास इस ग्रन्थ में है। यह स्पष्ट है कि उस युग में जयपुर के कथक नृत्य के आरम्भ में गणेशवन्दना करते थे। उस प्रबन्ध के बोल भी 'राधागोविन्दसंगीतसार' में हैं।

दिल्ली अथवा आगरा उत्तर भारत में मुस्लिम शासन के केन्द्र रहे। मथुरा या वृन्दावन के भक्त कवियों को अकबर का मुख देखने से दुःख होता था। दरबारी कलाकार स्वयं को अभिजातवर्ग से सम्बद्ध एवं शासन का लाड़ला समझते थे। अकबर जैसे मुगलों के राजपूत सामन्त मथुरा या वृन्दावन में मन्दिर भले ही बनवा देते हों या ब्राह्मणों को दान-दक्षिणा से भले ही समय-समय पर संतुष्ट करते रहते हों, परन्तु उनकी रहन-सहन, वेशभूषा इत्यादि पर मुगल दरबारों का प्रभाव कुछ कम न था, उन्हें राजनीति से अवकाश न था। अतः संगीतशास्त्र के पुनरुद्धार की आशा उन लोगों से करना ही व्यर्थ है। उनके दरबारों में भी प्रायः मुगल शैली के ही संगीतज्ञ थे।

नाच मुगल दरबारों में भी होता था, उनका अपना निजी ढंग था। कुछ कथक भी मुगलों के रंग में रंग गये थे।

वाजिद अलीशाह को 'अवध का कन्हैया' कहा जाने लगा था। उस युग के कथकों के कन्हैया हट्टे-कट्टे विलासी थे, ब्रज के कन्हैया की भाँति सात बरस के नहीं थे, लखनऊ दरबार की गोपियाँ वारांगनाएँ थीं। वाजिद अलीशाह के 'रहस' का कोई भी सम्बन्ध ब्रज के रास से नहीं था। रासधारियों में नारियों का कोई स्थान नहीं था।

अनुभवों का निष्कर्ष ही लिपिबद्ध होकर शास्त्र कहलाता है। अनुभवों में

जितनी वृद्धि होती है, शास्त्र का विस्तार उतना ही होता है।

वाजिद अलीशाह की अपनी उद्भावनाएँ थीं, वह उन्हें मूर्त देखना चाहता था। उसके नाच का प्रमुख विषय 'श्रृंगार' था, अत: उसके आश्रित कथकों ने इसी क्षेत्र में अपनी प्रतिभा को एकाग्र कर दिया, वारांगनाओं को भी शिक्षा दी।

वाजिद अली शाह के समकालीन ग्रन्थकार मुहम्मद करम इमाम के अनुसार हाथ-पैर, गर्दन, आँख, भौंह तथा शरीर के अन्य अंगों को ताल के अनुसार 'सम' पर लाना 'नृत्य' है।[7] कथक-नृत्य में इक्कीस 'गतें' या 'गतियाँ' हैं, जिनके नाम हैं—किशना गत, परी गत, सलामी गत, फरियाद गत, मुकुट गत, आँचल गत, मुस्करी गत, मुयद्दब गत, हुस्न गत, घूँघट गत, महबूब गत, नाज गत, गम्ज: गत, अदा गत, नेक गत, साइक: गत, करिश्म: गत, दोस्ती गत, जादू गत, महबूब: गत, वर्क गत। इनमें से सात गतें मुहम्मद करम इमाम का अपना आविष्कार हैं।[8]

बैठकर अभिनय करना इस शैली में 'भाव बताना' कहलाता है, ये भाव चौबीस गिनाये गये हैं।[9]

बाज की भाँति गर्दन हिलाना 'डोरा' कहलाता है।[10]

सूफी लोग भी नाचते थे, वे ईश्वरीय प्रेम में नाचते थे।[11] मुस्लिम दरबारों में नाचने वाले किशोर लड़कों और नर्तकियों का क्षेत्र भी श्रृंगार था।

वाजिद अली शाह के युग में नाचने वाले हिन्दू भी थे और मुसलमान भी। लल्लू जी, प्रकाश जी, प्रकाश जी के पुत्र मानसिंह लखनऊ के थे। बेनीप्रसाद और परशद्दू कथक बनारस के थे, हँडिया-निवासी रामसहाय ने बाँदा में आश्रय लिया था। मुसलमानों में हुसेनबक्श, कायम अली, मिर्जा वाहिद कश्मीरी थे। रमजानी नक्काल भी अच्छा नाचता था। कन्हैया नक्काल वाजिद अली शाह का शिष्य था।[12]

कथकों ने अभिनय के लिए विशिष्ट ठुमरियों की रचना की थी। लयवैचित्र्य, चंचलता और विभिन्न प्रकार के भावों की योजना जिनमें थी। कथक लोग गजल गाते और उन पर अभिनय भी करते थे।

यह तथ्य ध्यान देने योग्य है कि कथक लोग अपनी बेटियों या बहुओं को नाच की शिक्षा कभी नहीं देते थे, क्योंकि वे समझते थे कि यह वेश्याओं का कार्य है। वेश्याओं को वे निस्संकोच नचाते थे, उनसे धन लेने में भी उन्हें संकोच नहीं था, परन्तु उनकी बहू-बेटियाँ स्वयं कथक-नृत्य की 'राधा' बनें, यह उन्हें सह्य नहीं था। स्वयं न तो उन्हें 'लखनवी कन्हैया' बनने में संकोच था, न अपने पुत्रों को 'कन्हैया' बनाने में।

'पपतुर' या 'पतुरिया' शब्द प्राचीन शब्द 'पात्र' का अपभ्रंश है। 'संगीत-रत्नाकर' के अनुसार नृत्य का 'पात्र' नारी ही हो सकती थी। मुग्धा, मध्यमा और प्रगल्भा नारी को पात्र बनाया जाता था। रति के प्रति उत्साह मुग्धा में, इसकी

अपेक्षा अधिक रतिनैपुण्य मध्यमा में, रति में उन्मादपूर्ण उत्साह प्रगल्भा में गुण माना जाता था। ऐसी स्थिति में सामान्या या गणिका ही 'पात्र' या 'पातुर' का काम कर सकती थी।

इस विषय में कथकों ने परम्परा का पालन किया और सम्भवतः आज तक भी कथकों की बहू-बेटियाँ नाचती नहीं।

स्वतंत्रता के पश्चात् भारत की राजधानी में भारतीय कलाओं के संरक्षण, संवर्द्धन और पुनरुद्धार की बात सोची गई। नृत्य की विविध शैलियाँ मंच पर आईं। कुछ शैलियों में लोगों को प्राचीन शास्त्रों की झलक दिखाई दीं, उनके 'गुरुओं' में लोगों को विद्वत्ता और कला में व्यापकता दिखाई दी।

कथक के गुरु लोग आचार-विचार, आहार-विहार, शिक्षा-दीक्षा में अन्य गुरुओं से पृथक थे, क्योंकि इनके पूर्वजों की कला का क्षेत्र केवल श्रृंगार था, हाँ, इनके कन्हैया कभी-कभी माखन भी चुरा लिया करते थे, वैसे उनका प्रधान कार्य गोपियों से छेड़छाड़ था।

कथक के विरोधियों को कथक में सर्वथा मुस्लिम प्रभाव दिखाई दिया, तब कथकों की वेशभूषा में अन्तर आया।

'रामचरितमानस' में सभी रस हैं। जब 'रामचरितमानस' को अभिनीत करने का अवसर आया, तब कथकों के समक्ष एक समस्या उठ खड़ी हुई, सभी रसों के अभिनय की शिक्षा इनके सम्प्रदाय से कभी की लुप्त हो चुकी थी।

कथक के कुछ अनुरागियों ने सोचा कि कन्हैया और गोपियाँ अपने सम्प्रदाय में हैं ही, वाजिद अली शाह 'रहस' किया ही करते थे, चलो ब्रज के रास में कथक का मूल खोजा जाये, परन्तु 'रास' एक विशिष्ट सामूहिक नृत्य था, जिसका अत्यन्त विकृत रूप रासधारियों में बचा है। कथक शब्द में तो अत्यन्त व्यापकता है, कथक का कार्य तो जीवन की सुख-दुःखमय सम्पूर्ण अवस्थाओं का अभिनय है।

कथक-शैली के युगपुरुष स्वर्गीय अच्छन महाराज के सत्संग का लम्बा अवसर हमें बाल्यकाल से ही मिला। उनकी प्रशंसा के लिए हमारे पास शब्द नहीं, वे श्रृंगार की प्रतिमूर्ति और लय के अवतार थे, परन्तु उनकी कला की सीमाएँ थीं। वे लखनवी तहजीव के इत्र थे। बड़ी अच्छी उर्दू बोलते थे, नजाकत और नफासत उनकी रग-रग में भरी थी।

रास के कुछ स्वर्गीय आचार्यों से भी विचार-विनिमय का सौभाग्य हमें मिला है। नृत्य-शास्त्र की चर्चा उनके सम्मुख किया जाना व्यर्थ था। वे लोग सीधे-सादे ब्राह्मण थे, कृष्ण-चरित्र की विभिन्न लीलाएँ करके निर्वाह करना उनका लक्ष्य था।

'राधागोविन्दसंगीतसार' के अनुसार कुछ अभिनेता लोगों के द्वारका पहुँचकर भगवान् कृष्ण के सम्मुख, उनके जन्म से लेकर द्वारका पहुँचने के बाद तक की प्रमुख घटनाओं का अभिनय बिभिन्न लीलाओं के शीर्षकों से किया। भगवान् कृष्ण

ने प्रसन्न होकर उन अभिनेताओं को प्रभूत द्रव्य दिया और कहा कि तुम सत्पुरुषों और विभिन्न देवताओं का अभिनय करके आजीविका चलाओ और किसी से भी याचना न करो।[13] इसीलिए 'रासधारी' लोग कृष्णलीलाओं का अभिनय करते हैं।

ऐसी स्थिति में रासधारियों और कथकों में समन्वय करना सरल नहीं है।

नृत्य का सामान्य सिद्धान्त है—"शरीर से गीत का आलम्बन, हाथों से अर्थ का प्रदर्शन, नेत्रों से भावों का भावन और पैरों से ताल का निर्णय करना चाहिए।"[14] यह विशेषता सभी नृत्यों में दिखाई देती है।

अगली बात है—"जिधर हाथ हो, उधर दृष्टि हो, जिधर दृष्टि हो, उधर मन हो, जिधर मन हो, उधर भाव हो, जिधर भाव हो, उधर रस होना चाहिए।"[15] जब तक विभिन्न भावों और रसों के अभिनय की दिशा नहीं होगी, तब तक बात कैसे बनेगी।

गात्र विक्षेप के द्वारा गीतमात्र का अनुकरण नृत्त भावाश्रित नर्तन 'नृत्य' और रसाश्रित अभिनय 'नाट्य' कहलाता है। जीवन की सुख-दुःखमय स्थितियों में मनुष्य के अंगों, प्रत्यंगों और उपांगों में कुछ स्वाभाविक चेष्टाएँ होती हैं। चिन्तक मनीषियों ने इनका अध्ययन करके इन्हें लिखित रूप दे दिया, यही 'शास्त्र' है। मनुष्य के अनुभवों में जितनी वृद्धि होती है, शास्त्र का उतना ही विस्तार होता है। शास्त्र को सीमित समझकर बँधे रहना जड़ता है, तो शास्त्रों से अपरिचय पूर्वजों के अनुभव से वंचित रहना है।

'कथक' के अनुरागी कथक के क्षेत्र में कुछ नया करना चाहते हैं, अच्छी बात है। हमारी दृष्टि में 'राधागोविन्दसंगीतसार' जयपुर घराने का ग्रन्थ है, जिसमें अभिनय की सम्पूर्ण विधि है। जिस प्रकार किसी भी विषय का प्रतिपादन करने के लिए भाषा पर अधिकार अनिवार्य है, उसी प्रकार जीवन के सर्वांगीण अभिनय के लिए अंगों, प्रत्यंगों एवं उपांगों की चेष्टाओं एवं भंगिमाओं पर अधिकार आवश्यक है। इनका ज्ञान प्राप्त करने के लिए कथकों को 'राधागोविन्दसंगीतसार' का मन्थन करना होगा।

'गतभाव' और 'अरथभाव' के अतिरिक्त 'तोड़े' और 'ततकार' का काम भी कथक शैली के अन्तर्गत है। वास्तव में यह अभिनयवर्जित कार्य 'नृत्त' है।

गीत और ताल का अनुगमन करने वाले थां, तो, धि, दि, ग, ग जैसे अक्षरों के समूह 'पिल्लमूरू' कहलाते हैं। शिवाजी के पिता शाह जी के सभापण्डित वेद ने 'पिल्लमूरू' का पूर्वोक्त लक्षण अपने ग्रन्थ 'संगीतमकरन्द' में किया है।[16]

'राधागोविन्दसंगीतसार' में पिल्लमूरू को 'परमलु' कहा गया है। लाला गुल्ला घराने के नर्तक मुहम्मद हुसेन दतिया वाले इसी को 'प्रमलू' कहते थे।

मृदंग इत्यादि वाद्यों के पाराक्षरों या बोलों के आधार पर अंगसंचालन, नाचना —प्रमलू कहलाता है। 'तुथुकार' या 'ततकार' में तो केवल दो व्यंजन हैं। तत्, ता,

तित, तो, था, थै, थैऽयं, थों इत्यादि इन्हीं के विकार हैं। पाटाक्षर-समूह या प्रमलू के वजन पर पद-संचालन 'ततकार' हैं, 'राधागोविन्दसंगीतसार' में इसे 'चचकार' कहा गया है।

कथक-शैली में आज अत्यन्त सीमित ताल नाचे जाते हैं।

हम नहीं जानते कि मथुरा, वृन्दावन अथवा ब्रज के अन्य मंदिरों में कहां-कहां प्रतिदिन नृत्य होता है। कृष्णलीलाओं अथवा रामलीला को कथक-नृत्य माना जाये, तो यह कथक शैली की वर्तमान सीमा के अंतर्गत न आ सकेगा।

कथक शब्द का यदि प्राचीन अर्थ लिया जाये, तो नृत्य की सभी शैलियां कथक-नृत्य के अंतर्गत आ जायेंगी, जिनमें कथा का अभिनय होता है।

आज 'कथक' जाति की कला उसकी सीमा तथा इस नाम से प्रसिद्ध बिरादरी की परम्पराओं को देखते हुए मंदिरों के साथ उसका सम्बन्ध ढूंढ निकालना सरल नहीं है।

संदर्भ

1. कथक : कथयति यः, कथं + कर्तरिण्वुल्। वक्ता। कथोपजीवी। नाटक वर्णन-कर्ता। तन्पर्यायः। एकनटः, कथाप्राणः। —'शब्दकल्पद्रुमः'
2. अमरकोष, द्वितीयकाण्ड, श्लोक 12 पर महेश्वर की टीका—'चारणः-कुशीलवः द्वे कथकानां नटविशेषाणाम्।'
3. 'आसीनाः वामभागे स्थुरग्र वाग्रयकारकाः।
   कथका वन्दिनश्र्वात्र विद्यावन्तः प्रियंवदाः।
   प्रशंसाकुशलाश्चान्ये चतुराः सर्वभातुसु।'—संगीतरत्नाकर, सप्तम् अध्याय, श्लोक, 1348, 1349
4. चोक्षगायनरीतिश्च योगिरीतिः क्वचिद् भवेत्।
   मलिनगायन रीतिश्च रीतिस्सा योषितां क्वचित्।
   क्वचित् पेरणरीतिश्च रीतिः कथक संसिताः।
   रीतिर्भगिरीतियोक्ता रीतिलक्षणकोविदेः। संगीतसमयपार, अध्याय 5, श्लोक 222, 223
5. प्रवन्धबन्धकर्तारो विरलाभूतले धुना।
   तद्गायनाश्च न प्रायोप्तो नोक्तास्ते सरिस्तराः। संगीतोपनिषत् सारोद्धार, अध्याय प्रथम, श्लोक 3
6. कालेऽस्मिन्नर्तकाः मूर्खा विद्वांसः साधका नहि।
   न नर्तकान् बिनाभ्यासः शास्त्रात् सिद्धिर्न संविना।
   आबाल्यात् कपिवन्ते हि साध्यन्तो ते स्वभाषया। संगीतोपनिषत्सारोद्धार,

अध्याय 6, श्लोक 129-130

7. 'मअदन् उल् मूसिकी', पृष्ठ 206
8. वही, पृष्ठ 206-209
9. वही, पृष्ठ 210
10. वही, पृष्ठ 211
11. वही
12. वही, पृष्ठ 49
13. 'राधागोविन्दसंगीतसार', नर्तनाध्याय, पृष्ठ 96-97
14. अंगेनालम्बसेद गीतं हस्तेनार्थ प्रदर्शनम् ।
    चक्षुर्या भावपेद् भावं पादाभ्यां तालनिर्णयः । 'भरतार्णव,' परिशिष्ट, श्लोक 1
15. यतो हस्तस्ततो दृष्टिः यतो दृष्टिस्ततो मनः ।
    यतो मनस्ततो भावो यतो भावस्ततो रसः । 'भरतार्णव', परिशिष्ट, श्लोक 2
16. गीततालानुगो यत्र नानावाद्यविनिर्मितः ।
    अल्पो यः शब्दखण्डो हिथादोधिदिगणान्तकः । 'भरतकोश', पृष्ठ 370

कथक और रास

रामनारायण अग्रवाल

विद्वानों का मत है कि संस्कृत का 'कत्थक' शब्द मूलतः कथावाचक शब्द का लघु रूप है। पौराणिक कथाओं को गायन द्वारा तथा हाव-भावों द्वारा नृत्य के माध्यम से लोकरंजक रूप में प्रस्तुत करने वाले कथावाचकों का धीरे-धीरे एक वर्ग बन गया जो कालांतर में एक जाति के रूप में पहचाने जाने लगे, इन्हें प्राचीन काल में ग्रांथिक भी कहा जाता था। 13वीं शताब्दी के ग्रंथ 'संगीत-रत्नाकार' में कलाकार के रूप में इस कथक जाति का उल्लेख हैं। उस युग में कथक लोग मूलतः पौराणिक आख्यानों के गायक और नृत्यकार के रूप में उन कथाओं की प्रभावोत्पादकता से व्याख्या करने वाले थे। उस समय यह नृत्य मंदिरों से जुड़ा हुआ था जिसकी परम्परा इस युग में भी अयोध्या के आसपास विद्यमान हैं। दिल्ली के कथक केन्द्र ने राजधानी में 'मंदिरों में कथक नृत्य' विषय पर एक महत्त्वपूर्ण वर्कशॉप आयोजित की थी और उसमें अयोध्या के कथक नृत्यकारों ने इस परंपरा के वर्तमान स्वरूप की एक जीवंत झलक प्रस्तुत की थी परन्तु मुसलमान शासन-काल में कुछ क्षेत्रों के संतोषी कथक कलाकार ही अयोध्या जैसे क्षेत्र में ही मंदिरों से जुड़े रह सके, अधिकांश महत्वाकांक्षी कलाकार उस समय राजदरबारों से संबद्ध हो गये और वे धार्मिक परम्परा से कटकर श्रृंगारी हाव-भाव और विलासिता की ओर उन्मुख हो गये जिससे कथक का मूल रूप ही बदल गया। वाजिद अली शाह के दरबार में उसकी रंगीनी ने एक नया ही रूप ले लिया था। वाजिद अली शाह ने जो 'राधा कन्हैया का किस्सा' स्वयं लिखकर अपने यहां खेला था उसमें जो नृत्य और कथानक थे, उसमें भी श्रृंगारिकता का ही बोलबाला था, जो भक्ति की भावभूमि से सर्वथा मुक्त था। एक प्रकार से वाजिद अली शाह का यह रहस रास की नवीन श्रृंगारपरक, ऐसी व्याख्या थी जो प्राचीन रास-परम्परा से कटी हुई और अलग-थलग थी। इस काल में कथक-विलासी नरेशों के मनोरंजन तथा मुजरों का माध्यम बन गया था।

उधर जैसा आप जानते हैं, रास भारत के उन प्राचीनतम मंचों में से है जिसका उल्लेख भरतमुनि ने उपरूपकों में 'रासक' और 'नृत्य-रासक' दो नामों से किया है। रासक शुद्ध नृत्य रूप था जो शायद तब था जबकि 'नाट्य रासक' में कथानक का समावेश करके उसे नृत्य के रूप में पृथक से विकसित किया जा चुका था। यह उस युग की नृत्य नाटिका जैसा था। रासकों के यह दोनो ही स्वरूप कृष्णकालीन

माने जाते हैं। रास नृत्यों के जनक स्वयं नटवर भगवान कृष्ण थे जो अहीर युवतियों के साथ इन्द्र विजय के उपरान्त प्रचलित हल्लीसक नृत्य में प्रवृत्त हुए थे।[1] इसी नृत्य को राम के नाम से नवीन स्वरूप कृष्ण द्वारा प्राप्त हुआ था। कृष्ण की बाल-लीलाओं को प्रथमतः प्रस्तुत करने का श्रेय ब्रजगोपिकाओं को है जिन्होंने भागवत के अनुसार श्रीकृष्ण के वियोग-दुःख को भूलने के लिए उनकी लीलाओं का पहली बार अनुकरण किया था।[2] रास नृत्य और रास शैली की यह नृत्य नाटिकाएं उस काल में ही लोकरंजन का माध्यम बन गई थीं ऐसा प्रतीत होता है।

ऐसी अनेक नृत्य-नाटिकाओं के प्रदर्शन की चर्चा विस्तार से हरिवंश पुराण में मिलती है जो श्रीकृष्ण की उपस्थिति में ही पिंडारक क्षेत्र में यदुवंशियों के एक उत्सव में प्रदर्शित की गई थीं।[3] इन नाटिकाओं की अभिनेत्रियों में अप्सराओं के योगदान का वर्णन आया है, परन्तु उनके प्रस्तुतकर्ता पुरुष पात्रों में कथक थे या नहीं इसका कोई स्पष्ट कथन वहाँ नहीं है। परन्तु जैसा कि हम ऊपर कह चुके हैं प्राचीन भारत में पौराणिक कथाओं की प्रस्तुति कथक करते रहे थे, अतः इन कथाओं के प्रस्तुतीकरण के कथकों का सम्बन्ध अवश्य रहा होगा, भले ही वह बाद में जुड़ा हो। अनेक परवर्ती ग्रंथों में 15वीं शती में रास के प्रदर्शनकर्ताओं में नटों का उल्लेख हुआ है। यह नट कथकों की एक उपजाति थी ऐसा मत भी अनेक विद्वानों का है, परन्तु निश्चित रूप से इस सम्बन्ध में अभी अधिक कुछ नहीं कहा जा सकता।

कथक नृत्य से रास का बहुत घनिष्ट संबंध रहा है। इसको निम्नलिखित आधार पर स्वीकार किया जा सकता है—

1. कथक स्वयं अपने नृत्य को 'नटवरी-नृत्य' स्वीकार करते हैं और उनकी मान्यता है कि इस नृत्य को सर्वप्रथम भगवान कृष्ण ने ही नाचा था। उनकी यह धारणा प्रकट करती है कि कथक नृत्य का जनक श्रीकृष्ण द्वारा प्रदर्शित वह 'रास नृत्य' ही है जिसकी जीवित और जाग्रत परम्परा कृष्ण-काल से आज तक किसी-न-किसी रूप में विद्यमान चली आ रही है, प्राचीन रास-नृत्य तथा उसका मूल स्वरूप हल्लीसक नृत्य (जो मुख्यतः मंडलाकार नृत्य था) कथक नृत्य का स्वयं कथकों द्वारा ही स्वीकृत मूल रूप है, जिससे कथक ने जन्म पाया है।

2. कथक नृत्य में पग संचालन की गति को जो सर्वाधिक महत्व दिया जाता है वही रास नृत्यों की भी प्रमुख विशेषता है। वर्तमान रास की हस्त मुद्राओं में भी कथक की मुद्राओं से साम्य है। कथक जिन हस्त मुद्राओं को अलंकरण के साथ सुकमारतापूर्वक प्रस्तुत करता है रास उन्हीं मुद्राओं को मूल रूप से अपने में संजोये हुए है।

3. कहा जाता है कि कथक का उदय तांडव और लास्य, दोनों ही नृत्य के समन्वय से हुआ। रास के विकास के साथ भी इसी प्रकार के सम्मिश्रण

की कहानी जुड़ी है। 'हरिवंश पुराण' ब्रज में कृष्ण के जिस 'हल्लीसक नृत्य' का वर्णन करता है, वह उन्होंने इन्द्र-विजय के उपरान्त एक बीर पुरुष के रूप में अहीर युवतियों के साथ किया था। उसे हमने हरिवंश के वर्णन के आधार पर तांडव नृत्य का रूप माना है।[4] जब अनिरुद्ध का विवाह वाणासुर की पुत्री उषा से हुआ तब नृत्य की उस बिशेषज्ञा ने जिसने स्वयं पार्वती जी से लास्य नृत्य सीखा था रास प्रेमी द्वारका की रमणियों को नृत्य की शिक्षा दी।[5] इसका स्पष्ट अर्थ यही है कि हल्लीसक या रास नृत्य में लास्य की कोमल भावनाओं का समावेश करके उषा ने उसके उस रस-स्वरूप को विकसित किया। इस प्रकार कथक व रास ऐतिहासिक रूप से तांडव व लास्य से समान रूप से जुड़े हैं।

कथक के राजदरबारों में चले जाने तथा नटों द्वारा राधा-कृष्ण के नाम पर भद्द व भोंड़े प्रदर्शनों से दुखी होकर 15वीं 16वीं शताब्दी के भक्ताचार्यों ने नटों का बहिष्कार करके ब्रज के ब्राह्मणों के सहयोग से रास मंच का कृष्ण भक्ति के प्रचार के लिए पुनर्गठन किया था। उस समय इसके नृत्यों को भी सजाया और संभाला गया। उस समय नारद जी का अवतार माने जाने वाले प्रसिद्ध भक्ताचार्य और गायक तथा कवि गो. नारायण-भट्ट जी ने रास के पुनरुद्धार का बड़ा काम किया था और उन्होंने राजदरबार के एक अवकाशप्राप्त नर्तक को जिसका नाम वल्लभ या ब्रजवल्लभ था इन नृत्यों को ठीक रूप देने का कार्य सौंपा था। इस वल्लभ नर्तक की प्रशंसा में श्री नाभादास भक्तमाल में लिखते हैं—

नृत्य भानगुन निपुन, रास में रस बरसावत।
अब लीला, ललितादि, वलित, दंपतहि रिझावत।
अति उदार निस्तार, सुजस ब्रजमंडल भ्राजत।
महामहोच्छव करत सदा, सबही सुख साजत।
श्रीनारायण भट्ट प्रभु, परम प्रेम रस बस किए।
ब्रजवल्लभ बल्लभ परम, दुरलभ सुख नैंनन दिये।

यह ब्रजवल्लभ नर्तक दरबार से अवकाश प्राप्त करके ब्रज में बसा था और वर्तमान रास के नृत्यों का यहीं पुनरुद्धारक माना जाता है। इतिहास से स्पष्ट है कि उत्तरी भारत के राजदरबारों में मध्यकाल में कथक नृत्य का ही बोलबाला था। अतः वर्तमान रास नृत्यों का प्रणेता यह वल्लभ निश्चित रूप से कथक ही था जो वर्तमान रास की नृत्य-परंपरा का निर्माता था।

परन्तु इस साम्य के होते हुए भी रास-नृत्य और कथक की प्रदर्शन पद्धति में कुछ मौलिक अंतर है :

रास के नृत्यों का प्रारंभ प्राचीनता के अनुरूप एक प्रभावी भूमिका से होता है। राधा कृष्ण की झांकी, समाजियों द्वारा उनका स्तवन उसके उपरान्त मुख्य सगाजी द्वारा (जो मंडली में स्वामी कहा जाता है) ध्रुपद गायन होता है और

तब राधा-कृष्ण की आती के उपरान्त सखियों के अनुरोध पर राधा-कृष्ण रास में पधारते हैं। यह पूरा विधान नृत्य के लिए जहां एक प्रभावी भूमिका का निर्माण करता है वहां रास को प्राचीन प्रबंध-गान की परम्परा से भी जोड़ता है। वर्तमान कथक नृत्य के प्रारम्भ में ऐसी कोई भूमिका नहीं रहती। शायद कथक के मुसलमानी दरबारों में आश्रय लेने पर उसकी यह कड़ी टूट गई। रास-दरबार से प्रथक था अतः उसमें यह परम्परा अभी विद्यमान है।

रास व कथक में दूसरा मुख्य अन्तर यह है कि रास का परम्परागत नृत्य खेमटा ताल में निबद्ध है जबकि कथक नृत्यों में त्रिताल का सर्वाधिक महत्त्व है। प्राचीन रास नृत्य चर्चरी ताल में भी होता था, जो लगभग 40 वर्ष पूर्व लुप्त हो गया। कथक के स्वरूप में यह ताल भेद इन दोनों परम्पराओं में मौलिक रूप से अन्तर ला देता है। कथक अपने जीवन-काल में अनेक उतार-चढ़ावों से गुजरा है, जबकि रास की नृत्य-परम्परा 16वीं शती से ज्यों की त्यों रूढ़ रही है। कथक को परिस्थिति के अनुरूप अपना स्वरूप बदलना पड़ा है, कदाचित् इस मौलिक भेद का यह भी एक प्रमुख कारण हो।

कथक नृत्य 19वीं शताब्दी के अन्त और 20वीं शताब्दी के प्रारम्भ में राज-दरबारों से बहिष्कृत होकर जब गणिकाओं के कोठे पर जा चढ़ा तब वह संगीत शास्त्र व शिक्षा से कटकर रास की भांति ही परम्परागत प्रशिक्षण के द्वारा ही वहाँ जीवित रहा। जैसे रास नृत्य पुराने रासधारियों से नये रासधारियों की परम्परा से मिलता है जो उसके शास्त्रीय स्वरूप के पंडित होकर केवल अनिश्चित परन्तु कट्टर परम्परा-पालक होते हैं वही दशा इस काल में कथक की हो गई। उस समय नर्तकों व कथक के उस्तादों की रक्षा व कथक नृत्यकला के संरक्षण में वेश्याओं की भूमिका बड़ी महत्त्वपूर्ण रही। उनमें से कई तो विख्यात नर्तकियां हुईं, जिनमें ओरछा की मस्तानी बाई, वाराणसी की पगली, ग्वालियर की चुन्ना तथा पंजाब की गोरखी बाई जैसे अनेक उल्लेखनीय नाम हैं।

भारतीय स्वतन्त्रता के उपरान्त कथक नृत्य में नवीन चेतना का उदय हुआ। सरकार ने संगीत नाटक की अकादमियों की स्थापना की और विभिन्न संस्थाओं व सिनेमा ने भी कथक नृत्यकारों को विशेष रूप से सम्मान व संरक्षण दिया, जिससे उसका वर्तमान युग में अनुपम विकास हुआ है। कथक नृत्य के विकास के लिए केन्द्रीय सरकार ने दिल्ली में 'कथक केन्द्र' की स्थापना की है। उधर 'श्री राम भारतीय कला केन्द्र' तथा 'दिल्ली नाट्य वैले सेंटर' आदि संस्थाओं ने कथक के आधार पर नृत्य नाटिकाएँ तैयार की हैं और उनका देश के साथ विदेशों तक में प्रचार हुआ। 'झनक-झनक पायल बाजे' जैसी फिल्मों ने लोक-रुचि को कथक की ओर आकर्षित किया। वर्तमान में कथक नृत्य का गौरव पुनः स्थापित हुआ है और कथक की प्रगति के द्वार सब ओर से खुल चुके हैं, परन्तु रास की स्थिति

आज भी यथावत् है। स्वतन्त्रता के उपरान्त किसी भी स्तर पर उसको कोई प्रोत्साहन नहीं मिला है, वरन् प्राचीन नरेशों के द्वारा वृन्दावन के मंदिरों को, जो उनके पूर्वजों द्वारा स्थापित हैं—दी जाने वाली मासिक सहायता में भी कटौती हो जाने के कारण इन मंदिरों में बारहों मास नियमित रूप से होने वाले रास के प्रदर्शन भी स्वतंत्रता के बाद बंद हो गये हैं, परन्तु इस स्थिति में भी रास अभी तक जीवित है, यद्यपि उसके स्तर में गिरावट आती जा रही है। रास की यह नृत्य परम्परा हमारी प्राचीन सांस्कृतिक थाती है। इसलिए इसे आज संरक्षण की सर्वाधिक आवश्यकता है।

रास मंच की यह विशेषता है कि इसके नृत्यों में प्राचीन प्रसिद्ध भक्त कवियों की पदावली का प्रयोग होता है और वह शास्त्रानुमोदित ढंग से निर्धारित रागों में गाये जाते हैं। एक पद सदा एक ही राग में गाया जाय यह भी आवश्यक नहीं है। रास किसी भी समय किया जा सकता है और समय के अनुसार जिस समय रास का आयोजन हो उसी के अनुरूप रागबद्ध पदावली के गायन का रास में विशेष ध्यान रखा जाता है। जब रसिया या लोकगीतों पर नृत्य होता है तो लोकजीवन में प्रचलित हाव-भावों का विशेष रूप से प्रदर्शन होता है और नृत्यों में कहरवा का ठेका लगने लगता है।

पिछले 10-15 वर्षों में रास पर कथक नृत्य का सीधा प्रभाव पड़ने लगा है। कुछ रास मंडलियों ने कथकों को मंडली में स्थान देकर रास में उनके द्वारा नये नृत्यों को जोड़ना प्रारंभ कर दिया है। रास की नृत्य परम्परा में ये नवीन प्रयोग उसे उभारेंगे या उजाड़ेंगे यह अभी भविष्य के गर्भ में है, परन्तु वर्तमान में रास कथक के प्रभावक्षेत्र में आ रहा है यह एक उल्लेखनीय तथ्य है। आवश्यकता यह है कि कथक और रास के नृत्यों के मूल रूप की शोध करके इन नृत्यों के वर्तमान स्वरूप का उनकी परम्परा के अनुरूप विकास किया जाए और कथक व रास कहाँ एक-दूसरे के निकट हैं इसे जांचा जाए। कथक के मर्मज्ञ नृत्यकार इस सम्बन्ध में महत्त्व-पूर्ण कार्य कर सकते हैं।

संदर्भ

1. देखें—'हरिवंश पुराण' का 'हल्लीसक क्रीड़न' अध्याय
2. देखें—भागवतकार कृत 'रासपंचाध्यायी' 'श्रीमद्भागवत्'
3. विस्तृत जानकारी के लिए देखें 'हरिवंश पुराण' का 'छालिक्य संगीत'
4. देखें—हमारा ग्रन्थ 'ब्रज का रास रंगमंच' (नेशनल पब्लिशिंग हाऊस द्वारा छापा जा रहा है।")
5. 'शारदातनय' का उल्लेख।

कथक का इतिहास—कुछ नोट्स

रश्मि वाजपेयी

कथक उत्तर भारत का बहुप्रचलित शास्त्रीय नृत्य है। अपने वर्तमान स्वरूप के कारण अपने काल को लेकर यह बहुत विवादास्पद नृत्य प्रकार भी है। कथक की बात करते हुए बुनियादी प्रश्न उठते हैं जैसे—अन्य शास्त्रीय नृत्यों की तुलना में इसकी प्राचीनता ! क्या अन्य नृत्य शैलियों की तरह यह भी अपने अभ्युदय और विकास के लिए उन्हीं पौराणिक कथाओं, किंवदंतियों, नृत्य स्थापनाओं, तकनीकी पक्ष, अंग संचालन और मान्यताओं को आधार मानता है या कि यह मुगल काल में विकसित मुगल दरबार का ही नृत्य प्रकार है। कथक की प्रचलित वेशभूषा और कतिपय अंगभंगिमाओं के कारण प्रायः यह मान लिया जाता रहा है कि कथक नृत्य का अभ्युदय मुगलकालीन दरबारी नृत्य के रूप में हुआ था। यह सही है कि सामान्यतः प्रचलित और स्वीकृत कथक नृत्य के वर्तमान रूप का श्रेय बहुत हद तक मुगलकाल में विकसित विशिष्ट भावभंगिमाओं, तकनीकी पक्ष की बारीकियों और चमत्कारिक अलंकरण को है, जिसने तब प्रचलित कथक नृत्य को प्रभावित किया पर कुछ विस्तृत अध्ययन करें तो यह स्पष्ट हो जाता है कि अन्य नृत्य शैलियों की तरह कथक भी मूल रूप से नटराज शिव की कथा से ही जुड़ा हुआ है। और तब से अब तक के परिवर्तन की यह प्रक्रिया इतनी धीमी है कि कथक ने ठीक कब यह समकालीन स्वरूप लिया कहना कठिन है।

आज 'कथक' शब्द से जिस अर्थ का बोध होता है वह है एक शास्त्रीय नृत्य प्रकार। किन्तु यह एक कथावाचक नर्तक जाति का भी नाम है। अपने में यह बात विशेष महत्व न रखती हो, पर इस शब्द का अपना लम्बा इतिहास है और वह इस नृत्य शैली का भी इतिहास बन जाता है।

संसार की उत्पत्ति के साथ-साथ ही जन्म हुआ उस आदिमलय-विश्वलय का जो नृत्य का आधार है और इसकी उत्पत्ति की कथा बार-बार, अलग-अलग ढंग से कही जाती रही है। उसमें गूढ़ अर्थ को समझाने के लिए तरह-तरह से अनेक चरित्रों, देवी-देवताओं, नायक-नायिकाओं को लेकर कथाएं गढ़ी जाती रहीं। प्राचीन काल में पुराणों, महाकाव्यों आदि की कथाओं के प्रचार और शिक्षा का माध्यम मौखिक ही था। कालान्तर में इस कार्य के लिए कुछ विशिष्ट वर्ग और जातियां पनपीं जिनका काम इन कथाओं को गाकर लोगों तक पहुंचाना था। प्राचीन ग्रंथों में ऐसी गायक, पाठक, कथक, ग्रन्थिका आदि अनेक जातियों का उल्लेख मिलता

है। रामायण में एक ऐसे वर्ग का उल्लेख है जिनका व्यवसाय कथा गायन था। स्वयं रामायण की कथा का 'कुशीलव' द्वारा गायन इसका एक अच्छा उदाहरण है। महाभारत में भी कथक शब्द आया है। ब्रह्मपुराण और जैन ग्रन्थों में नर्तक, गायक, अभिनेता आदि के वर्गीकरण के अन्तर्गत 'कथक' का भी नाम लिया गया है। और बहुत संभव है इन्हीं कथकों ने एक ऐसा नृत्य रूप विकसित किया हो जो कालान्तर में कथक नृत्य के रूप में प्रचलित हुआ। आज भी कथकों में यह कहावत प्रचलित है—'कथन करे सो कथक कहावे।'

बहुत प्राचीन काल से ही नृत्य मात्र मनोरंजन या केवल आत्माभिव्यक्ति का ही माध्यम नहीं रहा है वरन् भगवत् भक्ति और ईश्वर से तदाकार होने का साधन भी रहा है। नृत्यों का आदिम आनुष्ठानिक स्वरूप तथा यज्ञ आदि धार्मिक अनुष्ठानों से जुड़ी अनेक भंगिमाएं जो अन्ततः नृत्य से भी जुड़ गईं, इसके धार्मिक स्वरूप को रेखांकित करती हैं। नृत्य की उत्पत्ति का श्रेय भी एक देवता को ही है। प्राचीन मंदिरों में नटमंडप व मंदिरों में उकेरी नृत्य प्रतिमाएँ इन्हीं धारणाओं की पुष्टि करते हैं। मंदिरों के संरक्षण में नृत्य संगीत आदि कलाओं को बहुत प्रोत्साहन मिला। अनेक देवदासियां, नर्तक, गायक मंदिरों से सम्बद्ध होते थे जो उनमें नृत्य करते थे। ये देवदासियां उसी देवता को समर्पित भी होती थीं, जिनके मंदिरों से वे सम्बद्ध होती थीं। इन देवदासियों के गुरु ब्राह्मण होते थे जो नृत्य, संगीत, कथा गायन आदि की शैली में प्रवीण होते थे। बहुत संभव है प्राचीन ग्रंथों में उल्लिखित वे कथा गायक भी मंदिरों से संबद्ध रहे हों और वहां देवदासियों को नृत्य आदि की शिक्षा भी देते हों। आज भी जो परम्परागत कथक हैं वे भी ब्राह्मण हैं और इन कथकों का उन कथागायकों की परम्परा से जुड़े होने की संभावना को पूरी तरह नकारा नहीं जा सकता। दसवीं ग्यारहवीं शताब्दी तक पूरे देश में प्रचलित शास्त्रीय नृत्य की शैली प्रायः एक ही रही होगी संभवतः इसीलिए विभिन्न प्राचीन मंदिरों में उकेरी मूर्तियों की अंग भंगिमाओं में विशेष अन्तर परिलक्षित नहीं होता। स्थान विशेष के प्रभाव से आए अन्तर ही रहे होंगे। यों भी मार्गी और देशी नृत्यों का उल्लेख प्राचीन नृत्य ग्रंथों में मिलता ही है। फिर भी मार्गी नृत्य का मूलाधार एक ही प्रतीत होता है। शारंगदेव का 'संगीत रत्नाकर' नृत्य के देशज प्रभावों के कारण बदलते स्वरूप को अधिक स्पष्ट रूप से रेखांकित करता है। इससे लगता है कि ग्यारहवीं, बारहवीं शताब्दी के आस-पास यह बदलाव आने शुरू हुए होंगे! पर तत्कालीन साहित्य में भी जो नृत्य का उल्लेख है उससे शैलियों की विविधता का आभास प्रायः नहीं होता। बल्कि 12वीं 13वीं शताब्दी तक भी उत्तर-भारत के बुन्देलखण्ड, गुजरात, राजस्थान आदि के मंदिरों में उपलब्ध मूर्तियों की नृत्य भंगिमायें दक्षिण भारत की नृत्य भंगिमाओं से बहुत भिन्न नहीं हैं। इससे एक बात और भी स्पष्ट होती है कि इस समय तक भी उत्तर

भारत के कुछ हिस्सों में न केवल मंदिरों में नृत्य प्रचलित था—वह साधना, उपासना का प्रमुख अंग भी था। आज विभिन्न कालों में प्रचलित नृत्य का सर्वोत्तम साक्ष्य ये नृत्य मूर्तियां तथा चित्रांकन ही हैं। इनके आधार पर तत्कालीन नृत्य का सही स्वरूप उसकी भंगिमायें, हस्तक मुद्रायें, उसके लिए प्रयुक्त अलंकरण, वस्त्र साज-सज्जा और साथ के वाद्ययंत्र आदि सभी की बहुत ही स्पष्ट और सही जानकारी उपलब्ध होती है। यों इनसे संबंधित कुछ ग्रंथ भी उपलब्ध हैं पर ऐसी दृश्य कला का चित्र वर्णन से इतना स्पष्ट नहीं होता जितना इन नृत्य मुद्राओं को देखने पर संभव होता है।

प्राचीन ग्रंथों में नृत्य का उल्लेख बार-बार, अलग-अलग रूपों में आता है। रामायण और महाभारत से लेकर जैन, बौद्ध धर्म ग्रन्थों में नृत्य सामाजिक जीवन के अभिन्न अंग के रूप में वर्णित है। हल्लीशक, चरचरी और रास का उपरूपकों में स्थान था। भास, हर्ष, कालिदास आदि के नाटकों में इनका प्रयोग भी हुआ है। ये नृत्य प्रकार अपनी शैली में शास्त्रीय थे और नाट्य शास्त्र के सिद्धान्तों का पालन करते थे। विविध ग्रन्थों में भी जिन नृत्यों का उल्लेख हुआ है वे शास्त्रीय सिद्धान्तों पर आधारित उस समय में प्रचलित नृत्य थे। नाट्यशास्त्र काल तक संपूर्ण भारत में सामान्यतः एक ही शास्त्रीय नृत्य शैली का प्रचलन था किन्तु भगवत् पुराण के समय तक जिस नृत्य का विकास हुआ वह वैष्णव धर्म से प्रभावित था। भागवत् में भी रास का उल्लेख है जिसका चरमोत्कर्ष है महारास—जिसमें आठ गोपियों और आठ कृष्ण के सम्मिलित नृत्य का वर्णन है। इसी से संभवतः नटवरी नृत्य अर्थात् नटवर कृष्ण के नृत्य का विकास हुआ जो कालान्तर में कथक का पर्याय बन गया। आज भी उत्तर-भारत का यह नृत्य परम्परागत तो है ही पर कुछ अर्थों में उससे भिन्न, समृद्ध और अधिक साधन सम्पन्न भी है।

आठवीं शताब्दी के आसपास जिस समय देश पर विदेशी आक्रमण हो रहे थे चारों ओर एक अव्यवस्था और असुरक्षा की भावना का साम्राज्य था, कलायें अपनी स्थापित मान्यताओं और आश्रय को त्यागने को विवश हो रही थीं तभी देश के दक्षिणी हिस्से से भक्ति आन्दोलन की लहर उठी, जिसने धीरे-धीरे पूरे देश को अपने में समेट लिया। पूरा देश, सम्पूर्ण सांस्कृतिक चेतना, सामाजिक दृष्टि और कलात्मक अभिव्यक्ति इस एक भावधारा से आन्दोलित हो उठा। इस चेतना का साहित्य, संगीत, चित्रकला और नृत्य पर बहुत व्यापक और गहरा प्रभाव पड़ा। दक्षिण में तो आज भी भक्त कवियों की रचनायें शास्त्रीय संगीत और नृत्य का अभिन्न अंग हैं। उत्तर-भारत में संपूर्ण ब्रजभाषा काव्य नृत्य बिम्बों और ऐसे उद्धरणों से भरा पड़ा है जिनसे भक्त कवियों का भावोन्माद में अपने आराध्य के सम्मुख नृत्य करते हुए काव्य रचना का आभास होता है। बारहवीं शताब्दी में जयदेव रचित 'गीत गोविन्द' और अन्य कीर्तन इसके उत्कृष्ट उदाहरण हैं। कहा

जाता है स्वयं जयदेव की पत्नी नृत्य द्वारा इन कीर्तनों को भावाभिव्यक्ति देती थी। उसके बाद चण्डीदास, विद्यापति, कबीरदास, सूरदास, तुलसीदास, मीराबाई आदि कितने ही भक्त-कवि और संगीतज्ञों की ऐसी रचनाओं का साहित्य में बाहुल्य है जिनमें अनेक नृत्य शब्द्र, बिम्ब, बोल प्रयुक्त हुए हैं। इस काल में भी नृत्य एवं संगीत कलाएं साधना पद्धति का अभिन्न अंग थीं। वैष्णव धारा के अभ्युदय का कथक नृत्य पर भी व्यापक प्रभाव पड़ा। मध्ययुगीन कला कृष्ण कथा से भरी पड़ी है और कथक में कृष्ण संबंधी लीलाएं, उसके भाव पक्ष का प्रमुख अंग बन गईं। कथक की खड़े होने की एक प्रमुख मुद्रा ही इस बात को सूचित करती है जिसके अनुसार ऊपर उठा दायां हाथ कृष्ण के मुकुट का प्रतीक है और बायां फैला हुआ हाथ राधा को कन्धे से घेरे हुए कृष्ण की मुद्रा का परिचायक है। कथक की यही मुद्रा विष्णु के मोहिनी रूप में नृत्य की ओर भी इंगित करती है जब मोहिनी नृत्य के बहाने भस्मासुर को अपने सिर पर हाथ रखवाने में सफल होती है और इस तरह उसका अन्त होता। इस संकेत के द्वारा तो वह मुद्रा कथक को और भी पहले ले जाती है और बहुत संभव है यह कथकों के कथा गायन से ही नृत्य में आई हो।

मध्य युग में साहित्य, संगीत, नृत्य आदि में जो श्रेष्ठ था वह इसी भक्ति आन्दोलन और वैष्णव सम्प्रदाय से संबद्ध था। राम-सीता, कृष्ण-राधा इनके आराध्य थे। इस काल में यद्यपि विष्णु के अवतार राम और विशेष रूप से कृष्ण की लीलाओं का प्रचार और प्रभाव अपने चरम उत्कर्ष पर था किन्तु उसका इतिहास महाभारत, रामायण और पुराण काल तक जाता है। श्रीमद्‌भागवत् का दशम स्कंध कृष्ण की विविध लीलाओं का प्रमुख आधार है। वैष्णव धर्म के इतने विस्तृत प्रभाव और लोकप्रिय होने के प्रमुख कारणों में उसके लोकभाषा में प्रचार के अतिरिक्त उसका माध्यम संगीत, नृत्य, नाट्य, काव्य, चित्र आदि कलाओं का होना भी था। ब्रजभूमि बहुत प्रारम्भ से कलाओं का केन्द्र रही है। यहां चारण, कलावन्त कीर्तनियां, ढांढी, नटवा, कथक आदि अनेक जातियां पनपती रही हैं। वैष्णव धर्म के प्रभाव और प्रोत्साहन से उत्तर में जो नृत्य विकसित हुआ वह अपनी शैली, शिल्प और प्रकार में वस्तुतः कथक ही प्रतीत होता है। वैष्णव काव्य में वर्णित नटवर कृष्ण और उनकी संगिनी राधाही कीर्तन तथा नृत्य-एकल, युगल और समूह नृत्य के दैवी नायक-नायिका हैं। कीर्तन तथा पद नृत्य बिम्ब और शब्दावली से भरपूर हैं। कई पदों की रचना तो नृत्य के लिए ही हुई लगती है। उनमें नृत्य बोल और टुकड़े गुम्फित हैं। कृष्ण को नटवर, नटनाट्यर-सिकवर, अभिनय निपुण, लास्यविद्या निपुण, के रूप में सम्बोधन उनके नृत्य से जुड़े होने का प्रतीक है। उनकी त्रिभंगी मुद्रा, हंस, मृग, मयंद जैसी विविध गतियां और विशिष्ट नटवर-गति का प्रयोग, उस्प, तिरप, भ्रमरी, मण्डल, हस्तक भेद और ग्रीवा, भौं, नेत्र हस्तक के विविध संचालन और उनकी मुद्राओं, भंगिमाओं की चर्चा, बिना एक विकसित

शास्त्रीय नृत्य परम्परा के संभव नहीं थी। इसका अर्थ यह भी है कि यह परम्परा पदों के रचयिताओं से भी प्राचीन थी। ब्रज में अनेक नृत्य जैसे चांचर, धमार, फाग, होरी तथा कृष्ण की विविध लीलाओं पर आधारित रासलीलायें एवं महारास आज भी प्रचलित हैं जो यहां के सामाजिक, धार्मिक जीवन का अभिन्न अंग हैं। कीर्तन ध्रुपद गायिकी का ही अंग था और नृत्य कीर्तन तथा ध्रुपद दोनों से संबद्ध रहा है। मंदिरों में नृत्य का आधार कीर्तन और ध्रुवपद गायन आदि ही थे। ध्रुपद गायकी ताल वैविध्य और लय के अनेक स्तरों को उभारने के हिसाब से अभी भी कथक के बहुत करीब पड़ती है। ध्रुपद अपने स्वरूप में धार्मिक था और कथक भी प्रारम्भ से ही उससे संबद्ध होने के कारण उसमें अपने संगीत के अनुरूप ही गाम्भीर्य और गरिमामय भव्यता थी। इस तरह कथक नृत्य का पूरा स्वरूप, कथ्य, संगीत, केन्द्र, आधार सब पूरी तरह धार्मिक था और इसका विकास भी धीरे-धीरे मंदिर में ही हुआ जहां कृष्ण और राधा इसके आराध्य थे। कथक को आज भी नटवरी नृत्य भी कहा जाता है। कथक ने एक निश्चित अलग शैली का रूप संभवतः इसी समय से लेना शुरू किया। कालान्तर में मुस्लिम शासन और दरबारी संस्कृति से प्रभावित होने पर इसमें अनेक परिवर्तन हुए। कई चीजें सम्मिलित हुईं, कई कट भी गईं पर इसका मूल स्वरूप वही रहा। कथक के विकास की बात करते समय यह बात याद रखना अत्यन्त महत्त्वपूर्ण है।

प्राचीन भारत में यों तो नृत्य, नाट्य से सम्बन्धित अनेक जातियां थीं—दाघी, नटवा, भगतिया, कीर्तनियां, भवैया, रासधारी। पर लगता है मुगलकाल में किसी कारण से कथक अधिक प्रतिष्ठित हो गए। पर इससे यह धारणा बना लेना कि मुगल दरबार के बाहर नृत्य रह ही नहीं गया था या बाकी सारी जातियां नष्ट हो गईं, बहुत ही भ्रामक है। वास्तविकता यह है कि दरबार का नृत्य होने के कारण इस नृत्य को चित्रों और साहित्य आदि में प्रधानता मिल गई किन्तु अधिक सहज और प्रामाणिक नृत्य प्रवाह दरबार के बाहर ही था, जो इस तरह के विदेशी प्रभाव में अपेक्षाकृत कम आया और इसलिए अपना प्राचीन स्वरूप काफी हद तक बरकरार रख सका। सामान्यतः भारत में विदेशी आक्रमणों, विशेषकर इस्लाम धर्म के प्रसार का कलाओं पर बहुत व्यापक प्रभाव पड़ा। नृत्य जैसी विधायें जो न केवल ईश्वर को समर्पित थीं उसके विविध रूपों, कर्मों और कथाओं को मूर्त भी करती थीं, साथ ही ईश्वर उपासना का साधन भी थीं, उनका इस्लाम धर्म में कोई स्थान नहीं था। फलस्वरूप इससे प्रभावित क्षेत्रों में न नृत्य रहा न नृत्य मूर्तियां। अधिकांश कलाकार या तो ऐसे स्थान पर चले गए जहां वे स्वतंत्र रूप से कला साधना कर सकें या हिन्दू राजपूत राजाओं के आश्रय में। यहां ये कलाएँ मंथर गति से ही सही पनपती रहीं, जीवित रहीं।

यह सही है कि इस्लाम धर्म में संगीत, चित्रकला, नृत्य, मूर्तिशिल्प आदि का

कोई स्थान नहीं था और ना ही वे कला को ईश्वर साधना का अंग मानते थे। पर धर्म से पृथक विविध कलाओं में कुछ शासकों को रुचि थी। अपने इस शौक को पूरा करने के लिए कुछ मुस्लिम शासकों ने स्थानीय कलाकारों के अतिरिक्त फारस और मध्य एशिया से संगीतज्ञ और नर्तक भी बुलवाए थे। हंसिनी, डोमिनी, हरकिनी आदि नामों से विख्यात इन नर्तक जातियों की अपनी पृथक विशेषताएं थीं। दरबारों में स्थान पाने वाले हिन्दू नर्तकों पर इनके नृत्यों का पर्याप्त प्रभाव पड़ा और इस तरह उत्तर भारतीय नृत्य एक नए रूप में सामने आया और विकसित हुआ। साहित्य और संगीत के क्षेत्र में अमीर खुसरो ने पहले ही दोनों देशों की शैलियों के सम्मिलन से कुछ अभिनव और सफल प्रयोग किए ही थे। तबला, सितार जैसे वाद्य, यमन, काफी जैसे राग और खड़ी बोली में काव्य अमीर खुसरो की ही अमूल्य देन है। किन्तु प्रारम्भिक दौर के ऐसे छिटपुट उदाहरण के अतिरिक्त भारत में इस अव्यवस्था के काल में कला के क्षेत्र में विकास प्रायः अवरुद्ध ही रहा। कालान्तर में अधिक सहिष्णु और कला प्रेमी अकबर, जहाँगीर जैसे मुगल बादशाहों के राज्य में इन कलाओं ने पुनः सर्वथा भिन्न धरातल पर एक प्रतिष्ठा प्राप्त की जिसमें लक्ष्य ईश्वर साधना नहीं अपने आश्रयदाताओं का मनोरंजन करना, उन्हें उससे चमत्कृत करना था। जाहिर है लक्ष्य के इस परिवर्तन ने समस्त कलाओं के पूरे दृष्टिकोण में मूलचूल परिवर्तन ला दिया।

भारत में संगीत-गायन, वादन और नृत्य—इन तीनों को साथ लेकर चलता रहा है। इसलिए संगीत चाहे वह लोकसंगीत हो या शास्त्रीय उसके साथ नृत्य किसी-न-किसी रूप में जुड़ा रहा। या यह कहें कि शास्त्रीय नृत्य के साथ शास्त्रीय संगीत का होना उसकी बुनियादी जरूरत थी और इसीलिए वह उसका अभिन्न अंग रहा। यों कई बार ये स्वतन्त्र रूप से भी लोकप्रिय होते रहे हैं जैसे मुगल दरबार में नृत्य की अपेक्षा संगीत के प्रति अधिक रुझान और रुचि थी जिससे इस काल में ख्याल ठुमरी, आदि कई गायन-शैलियों का विकास हुआ। दक्षिण भारत की तरह उत्तर में भी तत्कालीन संगीत-शैलियों ने नृत्य को बहुत अधिक प्रभावित किया पर वह नृत्य का उस तरह अभिन्न अंग या उससे उस तरह एकाकार नहीं हो सका जैसा दक्षिण में। इसका प्रमुख कारण सम्भवतः दक्षिणी संगीत की अपनी वह शैलीगत विशेषता थी जिसका विस्तार नृत्य में उसी ढंग से सम्भव था। यों तो उत्तर में भी नृत्य का सम्बन्ध ध्रुपद-गायन से बहुत पहले से रहा है। पर अब ख्याल-गायिकी का भी नृत्य पर परोक्ष रूप से प्रभाव पड़ने लगा। ख्याल-गायिकी में स्वरों के आरोह-अवरोह द्वारा बुने बारीक और विविध स्वर समूह और टुकड़ों का स्थान नृत्य में तालबद्ध चमत्कारपूर्ण और लयात्मक पैरों के चलन और बंदिशों ने ले लिया। नृत्य बोलों के विविध संयोजन और एकीकरण द्वारा बोलतान और तान के समकक्ष ही अंकगणित की तरह निश्चित अंकों में तालबद्ध अलंकारी

फरमाइशी टुकड़ों और परण का प्रचलन बढ़ा। इस तरह ख्याल-गायिकी के अनुरूप एक अपूर्व नृत्यरूप विकसित हुआ जिसमें कलापक्ष प्रधान था और भावपक्ष अपेक्षाकृत गौण। धीरे-धीरे कथक नृत्य में साहित्य गौण होता गया और उनके भावों को बिना शब्द के ही प्रदर्शित किया जाने लगा जो गत, गतभाव आदि कहलाया।

भावपक्ष में संगीत और साहित्य के लिए भी उत्तर में नृत्य ने ध्रुपद और कीर्तन के स्थान पर ठुमरी, गजल, भजन आदि का सहारा लेना शुरू किया। ठुमरी-गायन में एक ही प्रमुख भाव को स्वरों के माध्यम से अनेक अर्थ देने का प्रयास होता है। नृत्य में नर्तक ठुमरी की प्रमुख पंक्तियों को दोहराते हुए विविध भाव-भंगिमाओं, मुद्राओं, चलन द्वारा अनेक अर्थ देकर उसे वही विस्तार और सौन्दर्य प्रदान करता है जो गायक उसे स्वरों द्वारा। गजल और ठुमरी में शृंगारिक लौकिक भाव का बाहुल्य था। इसलिए इनसे प्रभावित नृत्य में भी इन्हीं हावभावों को प्रधानता मिली। भजन भक्तिभाव प्रधान थे पर उनका अधिकार-क्षेत्र दरबारों के बाहर ही अधिक था। दरबार में नृत्य और संगीत अपने भावपक्ष के लिए हिन्दू पौराणिक धार्मिक कथानकों तक सीमित नहीं रह गए थे। उसमें ऐन्द्रिकता आती गयी। साहित्य और चित्रकला आदि की भाँति नृत्य में भी ताल-लय के चमत्कार तथा अलंकरण पर अधिक जोर हो गया। भावपक्ष धर्म से हटकर राधा-कृष्ण की आड़ में सामान्य नायक-नायिकागत शृंगार पर अधिक केन्द्रित होता गया। कथक में ध्रुपद की गांभीर्यपूर्ण भाव-प्रवणता अब क्षीण होने लगी थी। दरबारी संस्कृति से प्रभावित नृत्य जहाँ शृंगारबहुल और कला-प्रधान हो गया वहीं नृत्य-पक्ष प्रबल होने के कारण इसमें संगीत और साहित्य का वैविध्य भी क्षीण होता गया और संगीत ने तो अन्ततः एक लहरे (नगमे) का रूप ले लिया, जिसमें एक आवृत्ति की धुन (गत) ही बार-बार बजाई जाती थी और जिसका मुख्य काम ताल कायम रखना था। इसकी एक उपलब्धि यह जरूर थी कि एक ही स्वरसमूह बार-बार बजते रहने के कारण सारा ध्यान नृत्य पर, उसके विभिन्न लयात्मक बुनावट पर केन्द्रित रह सकता था। किन्तु संगीत-नृत्य का अभिन्न और अत्यन्त महत्वपूर्ण अंग है। उससे इस तरह एकदम कटकर कथक नृत्य बहुत हद तक सीमित भी हो गया। यह बात आज का नर्तक समझने लगा है और अब इस दिशा में ठोस और रचनात्मक काम हो रहा है।

नर्तक जो कथक दरबारों में करते रहे हैं केवल वही कथक नृत्य नहीं था। उनसे अलग मन्दिरों में, उत्सवों में, धार्मिक अनुष्ठानों में जो पारम्परिक नृत्य उत्तर भारत में होता रहा होगा वह या तो कथक ही रहा होगा या उससे मिलता-जुलता कोई रूप। यों भी उत्तर भारत का एक पारम्परिक नृत्य रहा होगा ही जिसने बाद में विभिन्न रूप लिए। उसका कुछ अंश ओडिसी में है, कुछ कथक में,

कुछ रासलीला जैसे नृत्य-प्रकारों में। आज भी ओडिसी और कथक के कुछ बोल, पैरों के विन्यास आदि में जो हल्का साम्य है वह इतने वर्षों के परिवर्तन और विविध प्रभावों के बावजूद बचा रह गया लगता है। प्रारम्भ में एक ही स्रोत से निकली इन नृत्य-शैलियों की एकरूपता, अभिन्नता कहीं अधिक स्पष्ट रही होगी। यह भी सम्भव है कि आज का ओडिसी उस नृत्य के अधिक समीप हो, क्योंकि उत्तर भारत के जिस क्षेत्र में कथक बाद में पनपा और विकसित हुआ वहाँ वह निरन्तर और कहीं अधिक विदेशी प्रभाव में आया। बारहवीं, तेरहवीं शताब्दी में उकेरी नृत्य भंगिमाएं भी ओडिसी नृत्य के अधिक समीप पड़ती हैं। किन्तु 16-18वीं शताब्दी के कांगड़ा, राजपूत, पहाड़ी आदि शैली के चित्रों में जो नृत्य-मुद्राएं अंकित हैं वे स्पष्ट ही कथक नृत्य के निकट हैं। ब्रज भाषा और राजस्थान के कुछ अंचलों के साहित्य में भी जिस नृत्य के चित्र मिलते हैं वे कथक के अधिक समीप हैं। यों भी ब्रज-काव्य में प्राप्त नृत्य से प्रभावित, सम्बन्धित अनेक बिम्ब और प्रतीक कम-से-कम एक विकसित प्रचलित नृत्य-परम्परा का इंगित तो करते ही हैं। जैन मिनिएचर चित्रों में चित्रित 'कल्पसूत्र' या अन्य पाण्डुलिपियों में चित्रित नर्तकी की भंगिमाएं अधिकांशतः अर्धमण्डली की है। राजपूत शैली के चित्रों में कृष्ण और गोपियाँ कितनी ही तरह से नृत्य-मुद्राओं में अंकित हैं। चित्रों में वाद्य संगत करने वाली प्रायः स्त्रियाँ रही हैं—मृदंग, झाँझ और मंजीरा बजाते हुए, कृष्ण स्वयं बाँसुरी या इकतारा लिए प्रदर्शित हैं। इन चित्रों में ये 'नाट्यशास्त्र' में वर्णित ऊर्ध्वजानु, स्वास्तिक-चारी और अर्धमंडली की स्थिति में अंकित हैं। 18वीं शताब्दी के बाद के चित्रों में तबले का प्रयोग स्पष्ट है। नृत्य भंगिमाएं भी अधिक सीधी स्थिति में हैं। पैरों के घुटनों से बाहर मुड़े होने की स्थिति, जो नृत्य-भंगिमा की प्रमुख विशेषता थी, धीरे-धीरे खत्म हो गई। जिस तरह की शिल्पगत विशेषताओं और तैयारी पर जोर बढ़ा उसमें पैरों की यह स्थिति और शरीर का कमर आदि से विभिन्न स्थिति में झुकाव या मोड़ बहुत सुविधाजनक नहीं रहा होगा। तेज चक्कर (भ्रमरियों) का चलन और पैर की द्रुत तत्कार में भी इसका कोई स्थान नहीं था। उसके लिए तो शरीर को सीधा रखकर एक स्थान पर ही शरीर में सन्तुलन बनाए रखना जरूरी था। बिना उसके इतनी तेज भ्रमरी और तत्कार दोनों ही सम्भव नहीं हैं। तेज लय के परण टुकड़ों आदि में भी इन भंगिमाओं को बनाए रखकर नृत्य करना कठिन रहा होगा। और इस तरह बहुत सम्भव है नर्तकों को नए विदेशी प्रभाव के कारण विकसित इस नृत्य-शैली में इस स्थिति में नृत्य करना अधिक आसान रहा हो और उन्होंने धीरे-धीरे इसी को अपना लिया।

वेशभूषा में भी अन्तर कुछ तो तत्कालीन दरबारों में प्रचलित वस्त्रों के कारण रहा होगा और फिर कुछ बदलाव नृत्य में सुविधा की दृष्टि से भी आया होगा। चूड़ीदार पजामा और उसके ऊपर पतला नीचे पैरों तक अंगरखा जहाँ एक ओर

शरीर के विन्यास और मोड़ों के ठीक और सही होने की पहचान में मदद करता था तो स्वयं नर्तक के लिए हल्के होने के कारण अधिक सुविधाजनक रहा होगा। सोलहवीं शताब्दी के आसपास मोहम्मद शाह ने अपनी पुस्तक 'संगीतमालिका' में अपने समय में प्रचलित नृत्य का उल्लेख करते हुए लिखा है कि उस समय ताण्डव की अपेक्षा लास्य नृत्य का प्रचलन अधिक था। नृत्य करते हुए नर्तक सिर, वक्ष, हस्त, कमर, पैरों, आँखों और भौंहों के विविध चलन और गतियों का उपयोग करता है और इनकी व्याख्या करते हुए उनकी गतियों की संख्या का भी उल्लेख किया है। इसके अतिरिक्त उन्होंने नेरी नृत्य, शब्द नृत्य, गीत नृत्य आदि अनेक ऐसी नृत्य रचनाओं की चर्चा करते हुए उनकी प्रकृति और विशेषताओं की विशद् व्याख्या भी की है। इससे स्पष्ट होता है कि इस समय में प्रचलित शास्त्रीय नृत्य काफी विकसित और जटिल विधा थी। दूसरे यह कि संगीत विशेषकर ध्रुपद इस नृत्य का अभिन्न अंग था। इस रूप में प्रचलित यह नृत्य कथक ही रहा होगा।

मुगल साम्राज्य के पतन और ब्रिटिश राज्य के अभ्युदय के साथ-साथ कलाओं के राजकीय संरक्षण के अभाव में काफी कलाकार फिर बेसहारा हो गए और अपनी आजीविका के लिए वे अनेक तरह के पेशे करने को मजबूर हो गए। इसका सबसे अधिक बुरा परिणाम नृत्य पर पड़ा और धीरे-धीरे अन्य नृत्य-शैलियों की तरह दरबार में पोषित कथक नृत्य भी अपनी गरिमा और प्रतिष्ठा खोने लगा और अन्ततः वह कामोत्तेजक और एन्द्रिक विलासमय नृत्य के रूप में परिणत होता गया। इसकी चरम परिणति थी इसका तवायफों के नाच के रूप में बदनाम होना। कोठेवालियों से संबद्ध हो जाने के कारण भले घर की लड़कियों का इसे सीखना और देखना तक वर्जित हो गया। दूसरी ओर अंग्रेजी शासन के समय यों भी हर देशी चीज को हेय दृष्टि से देखने का एक माहौल-सा बन गया था चाहे वह समाज हो, लोग हों, उनका रहन-सहन, वेशभूषा, शिक्षा आदि या संगीत नृत्य, शिल्प आदि कलाएँ। यह सही है कि भारत की अतीत संस्कृति की गौरवगाथा और अपनी कलाओं की उत्कृष्टता की पहचान और उन पर अभिमान भी बाद में हमने विदेशियों से ही सीखे, पर बहुत समय तक वह दृष्टि भी विदेशी ही थी। उन सब वर्जनाओं और सामाजिक बन्धनों के बावजूद ये नृत्य बचे रह गए इसके कई कारण थे। एक तो यह कि इन नृत्यों की एक अविच्छिन्न धारा लोक-रूपों में अभी भी प्रवाहित थी, दूसरे, नियमित न सही पर कुछ विशेष अवसरों पर मन्दिरों में नृत्य अभी भी सुरक्षित था। कुछ ऊंचे घरानों और हल्कों में अभी भी ललित कलाओं की जानकारी, उनके प्रति रुचि शिक्षा का अभिन्न अंग समझी जाती थी। पर ऐसी शिक्षा और उसका प्रदर्शन पारिवारिक जलसों और त्यौहारों तक ही सीमित था।

उन्नीसवीं शताब्दी में गोसाईं पन्नालाल ने अपनी रचना में नृत्यभेद तथा हंस,

मयूर, कुक्कुट, कुंजर, तीतर, मीन आदि गतियों की चर्चा की है। ताण्डव को पुरुष का और लास्य को स्त्रियों का नृत्य बताया है। यहां भी नृत्य संगीत के रूप में ध्रुपद की चर्चा है और उसे स्वयं नर्तकी गाती है। नर्तकी का गायन में निपुण होना तथा नृत्य के साथ-साथ गा सकने के गुण की चर्चा 'नाट्यशास्त्र' काल से होती आई है। उन्नीसवीं शताब्दी में इस तरह के नृत्य के उल्लेख से एक बात तो बिल्कुल स्पष्ट है कि उत्तर भारत में शास्त्रीय नृत्य की एक अधिक गम्भीर, प्रामाणिक और सशक्त परम्परा इस काल में भी विद्यमान थी, जिसमें ध्रुपद गायकी नृत्य से संबद्ध थी और इस तरह यह कहीं-न-कहीं अभी भी उस भक्ति-परम्परा से जुड़ी थी। बहुत सम्भव है कि लखनऊ घराने के मिश्र ब्राह्मणों के जिस परिवार ने अवध के नवाब के यहाँ रहकर कथक को नए ढंग से पुनर्जीवित किया वे इसी धारा के नर्तक रहे हों। इनसे पृथक एक बाजारू किस्म का नाच भी प्रचलित रहा ही होगा, जिसमें कथक के कुछ अंश हों और जिसके कारण कथक कोठेवालियों के नाच के रूप में बदनाम हुआ। आज भी ब्रज में रासधारियों द्वारा जो रासलीलाएँ की जाती हैं उनकी एक निश्चित परम्परा और पद्धति है जिनका इनमें उसी शुद्धता से पालन होता है। वसन्त ऋतु और होली के अवसर पर होने वाले धमार, फाग और चाँचर नृत्यों की भी विशिष्ट परम्परा है। वैष्णव मत से प्रभावित एक और जाति ढाँढी—जिसका उल्लेख 'आईने अकबरी' में भी मिलता है, आज भी ब्रज में कृष्णजन्म के अवसर पर जो नृत्य किया जाता है वह अपने शिल्प और स्वरूप में कथक के बहुत नजदीक है।

कथक को लखनऊ घराने के वर्तमान रूप में विकसित और सुरक्षित रखने वाले मिश्र परिवार के विषय में जनश्रुति है कि अठारहवीं शताब्दी के पूर्वार्द्ध में इस परिवार के ईश्वरी प्रसाद जी को नृत्य की चरम अवस्था में श्रीकृष्ण ने दर्शन दिए थे और उसके बाद उन्होंने विष्णु परण की रचना की थी। ये भक्त थे और इनके नृत्य में कृष्ण के प्रति राधा-गोपी-जन्य भक्तिभाव था। इनके पोते बाबा प्रकाश जी नवाव आसफुद्दौला के दरबार में नर्तक के रूप में आए थे। स्वयं काली के भक्त होने के कारण उन्होंने गणेश वन्दना, जो अब गणेश परण के रूप में रह गई और ताण्डव अंग के टुकड़े परणों की रचना की। इनके बाद इनके पोते ठाकुर प्रसाद और उनके भतीजे बिन्दादीन और कालकादीन नवाब वाजिदअली शाह के राज नर्तक थे। कथक को सबसे अधिक प्रसिद्धि दिलाने और उसका क्षेत्र विस्तृत बनाने का श्रेय इन दो भाइयों को ही है। बिन्दादीन महाराज रचित ठुमरी, दादरा भजन आदि आज भी कथक में भावप्रदर्शन के महत्वपूर्ण अंग और आधार हैं।

राजस्थान में बीकानेर सम्भाग का इलाका कथिकों का गढ़ था। आज भी पूरे देश में फैले अधिकांश कथिक राजस्थान के ही हैं। हिन्दू राजाओं के प्रश्रय के कारण इनमें धार्मिक स्वरूप का बचा रहना अधिक स्वाभाविक था। इनमें से कई

मंदिरों से भी जुड़े रहे होंगे। राजदरबार के जनानखाने से अनेक संगीतकारों, नर्तकों, नर्तकियों के संबद्ध होने का उल्लेख मिलता है। कई नर्तकियां मंदिरों से जुड़ी थीं। बहुत संभव है इनके नृत्य-गुरु ये कथिक ही रहे हों। वृन्दावन में रास के संदर्भ में राजस्थान के एक नर्तक वल्लभ का जिक्र आता है, जिसने वहां की रास-लीला के लिए नृत्य की शिक्षा भी दी। वहां की रासलीला में कथक नृत्य की भंगिमाओं और बंदिशों का एक कारण यह भी हो सकता है। दूसरी तरफ यह भी संभव है कि अनेक भक्तों ने वहां के नृत्य से प्रभावित होकर तत्कालीन कथक नृत्य को प्रभावित किया हो। जयपुर घराने से सम्बद्ध पुराने ज्ञात कथक भानूजी शिव-भक्त थे। कहा जाता है, उन्होंने एक संत से शिव परण सीखा था। अन्य अनेक नर्तकों की भी भक्ति-विषयक कथाएं प्रचलित हैं। इससे कथक के धार्मिक संस्थानों से भी जुड़े होने का पर्याप्त आधार मिल जाता है। इस घराने की शिष्य परम्परा में अनेक ख्यात नर्तक हुए जिनमें पं० जयपाल, सुंदर प्रसाद, हनुमान प्रसाद, नारायण प्रसाद आदि प्रमुख हैं।

'राधागोविन्दसंगीतसार' में नृत्य प्रस्तुति का विशद वर्णन है। वह यद्यपि दरबार में प्रदर्शन के वर्णन हैं, किन्तु उसमें उसके धार्मिक तत्व तथा शास्त्रीयता के पूरे तत्व विद्यमान हैं। यों तो प्रायः सभी नृत्यशास्त्र-संबंधी ग्रन्थों का आधार 'नाट्यशास्त्र' या 'अभिनयदर्पण' रहा है, फिर भी कुछ बदले तत्वों का समावेश इस ग्रन्थ में मिलता है। इसमें वर्णित बोल और पद्धति आज के कथक नृत्य के समीप हैं। जिससे यह निष्कर्ष निकाला जा सकता है कि इसकी रचना तत्कालीन प्रचलित नृत्य के संदर्भ में हुई, जो निश्चित ही कथक रहा होगा।

कथक इतिहास के निकटस्थ अतीत में दो शासकों ने महत्वपूर्ण भूमिका निभाई थी। पहले तो अवध के नवाब वाजिद अली शाह जो स्वयं नृत्य और संगीत के प्रशंसक ही नहीं अच्छे ज्ञाता और कलापारखी थे। इन्होंने स्वयं कालकादीन और बिन्दादीन की सहायता से अनेक 'रहस' की रचना की थी—जिसमें वे स्वयं भी नृत्य करते थे। दूसरे रायगढ़ के राजा चक्रधरसिंह, जो नृत्य, संगीत के बेहद शौकीन और ज्ञाता थे। इन्होंने स्वयं भी इन विषयों पर अनेक पुस्तकें लिखी थीं, जो दुर्भाग्य से अभी भी सुलभ नहीं हो सकी हैं। कथक के बड़े गुरुओं को अपने दरबार में रखने तथा उनके प्रदर्शन प्रायः आयोजित कर उसे जीवित रखने का श्रेय इनको भी जाता है। कुछ स्थानीय लोक-कलाकारों को भी इन्होंने इन गुरुओं से विधिवत कथक शिक्षा दिलवाई।

इनके अतिरिक्त आधुनिक युग में कथक-सम्बन्धी वर्जनाओं को तोड़कर समृद्ध घर से आने वाली प्रथम महिला श्रीमती मेनका सोखे थीं। इन्होंने कथक के बड़े गुरुओं से शिक्षा पाई थी और कथक को देश-विदेश में लोकप्रिय बनाने और कथक को पुनः प्रतिष्ठित करने में इनकी बहुत बड़ी भूमिका रही है।

कथक के पुनरुत्थान की बात करते हुए श्रीमती निर्मला जोशी के नाम और योगदान को अनदेखा नहीं किया जा सकता। संगीत भारती और बाद में भारतीय कला केन्द्र की स्थापना और उसमें कथक और हिन्दुस्तानी संगीत के गुरुओं का समागम इनके ही अथक परिश्रम का परिणाम था। एक समय ऐसा था जब स्व० शम्भू महाराज, स्व० सुन्दर प्रसाद और बिरजू महाराज जैसे कथक के नृत्याचार्य, ध्रुपद गायक डागरबन्धु (उस्ताद नसीर मोइनुद्दीन तथा नसीर अमीनुद्दीन डागर), ख्याल गायक मुस्ताक हुसैन खां, सरोद वादक हाफिजअली खां और पखावज के पुरुषोत्तमदास—ये सब भारतीय कलाकेन्द्र में नृत्य और संगीत के शिक्षक के रूप में एकत्र थे।

कथक आज जिस रूप में उपलब्ध है—वह अपने प्राचीन रूप से काफी बदल गया है, इसमें सन्देह नहीं। पर फिर भी 'नाट्यशास्त्र' सम्मत अनेक रूढ़ियां मुद्राएं, भंगिमाएं, गति और भाव-निरूपण आदि उसमें आज भी सुरक्षित हैं। 'हस्तमुद्राएं' अलग से हस्तमुद्रा के रूप में नहीं सिखायी जाती हैं, पर कई हस्त-मुद्राओं का प्रयोग कथक में होता है, जो प्रायः गत भाव के रूप में सुरक्षित हैं। वस्तुतः ये मुद्राएं सम्पूर्ण शरीर से व्यक्त भाव का, नृत्य का अंग बन जाती है। उन्हें भरतनाट्यम् या कथकलि की तरह अलग से प्रयुक्त नहीं किया जाता। जैसे अर्धचन्द्र दिखाना हो तो न केवल हस्तक से वह दिखाया जाता है, बल्कि पूरा शरीर ही अर्धचन्द्र का आकार ग्रहण कर लेता है। या चकोर दिखा रहे हों तो न केवल हाथ से बल्कि गर्दन, आंखें, भौं—सभी उस चकोर की गति को निरूपित करते चलते हैं। कथक की यह विशेषता जहां नृत्य में एक लास्य और लयात्मक गति पैदा करती है वहीं कई बार स्पष्ट मुद्रा-भाषा के अभाव में कुछ भावों को संक्षेप में और सीधा व्यक्त करने में आड़े भी आती है। दूसरी तरफ यह भी है कि सम्पूर्ण शरीर क्योंकि कोई भी भाव व्यक्त करता है इसलिए कथक में बिना शब्दों के भी बहुत सारे भाव, स्थितियां कथाएं व्यक्त की जा सकती हैं जो प्रायः अन्य नृत्यों में इतनी सहजता से नहीं हो पाता।

कथक में पैरों की चलन-गति का बहुत ही कल्पनाशील और सुन्दर प्रयोग है। शिल्प में विविध विन्यास और संयोजन की विपुलता तो है ही भावात्मक प्रसंगों में भी पैरों का चलन बहुत बड़ी भूमिका अदा करता है। हल्की या तेज फुहार, तेज बारिश या भौंरों का गुंजार, चमकती कड़कती बिजली या शान्त बहती नदी की ध्वनि जिस खूबसूरती और प्रभावशाली ढंग से कथक में पेश की जा सकती है अन्य नृत्यों में नहीं। 'नाट्यशास्त्र' में वर्णित अनेक गतियां कथक में प्रयुक्त होती हैं। अलग-अलग नायिकाएं, विभिन्न स्थितियों में उनकी चाल कथक की अपनी विशेषता है। कथक नृत्य अपनी शैली में लास्य अंग प्रधान नृत्य है, इसके कई कारण हैं। एक तो यही कि लास्य में अभिनय का, उसकी अभिव्यक्ति का क्षेत्र कहीं

अधिक विस्तृत है। दूसरे, वैष्णव भक्ति के जिस रूप से वह प्रभावित हुआ उसमें मधुर, कोमल, लास्य गुण ही प्रधान था। यों ताण्डव अंग एकदम उपेक्षित हो गया ऐसा भी नहीं है। कालियादमन, द्रोपदी-चीरहरण, शिव-ताण्डव या गणेश परण आदि ये ताण्डव अंग ही हैं। इसके अतिरिक्त परण भी अपनी शैली में ताण्डव अंग के ही रूप हैं। भरत के 'नाट्यशास्त्र' में ताण्डव की कल्पना अलंकारिक अधिक है। यह एक प्रकार से अमूर्त नृत्य का पर्याय था। जिसमें अभिनय का अभाव कहा जा सकता है; जबकि लास्य गीत युक्त भावप्रवण नृत्य है। इस दृष्टि से कथक का द्रुत नृत्तांग एक तरह से ताण्डव प्रधान और नृत्यांग-लास्य प्रधान कहा जा सकता है।

कथक बहुत समय तक छोटी महफिलों तक केन्द्रित रहा जहाँ दर्शक भी कला-पारखी और जानकार होते थे। दूसरे, नर्तक को बहुत समीप से देख सकने के कारण बहुत ही बारीक भाव, एक हल्का सा अंदाज भी दर्शक की निगाह से नहीं बच पाता था। आज के मंच पर दूर तक बैठा दर्शक-समुदाय उन बारीकियों से अनभिज्ञ ही रह जाता है। केवल आंगिक और कुछ स्थूल भाव ही उस तक पहुंच पाते हैं। इसकी वजह से कथक को प्रायः इस आलोचना का शिकार होना पड़ा है कि भतरनाट्यम् की तुलना में कथक का भावपक्ष कमजोर है। जिन लोगों ने शम्भू महाराज, लच्छू महाराज या अच्छन महाराज के भाव देखे हैं और महसूस किया है कि एक ही पंक्ति, एक ही शब्द कैसे-कैसे अर्थ ग्रहण कर लेता है—वे कथक के इस पक्ष के सौन्दर्य-विस्तार और साथ ही उसकी यह मजबूरी समझ सकते हैं। भरतनाट्यम में भाव सम्राज्ञी श्रीमती बाला सरस्वती से एक बार जब मैंने भाव सिखाने का आग्रह किया तो उन्होंने कहा था तुम्हारे यहां शम्भू महाराज जैसे गुरु और भाव-विशेषज्ञ हैं, उनके सामने मैं क्या सिखा सकती हूं। यह भले ही एक कलाकार का दूसरे के प्रति अतिरंजनापूर्ण आदर और नम्रता हो, पर इसमें छिपी सचाई को पूर्णतः नकारा नहीं जा सकता। बिन्दादीन महाराज के विषय में कहा जाता है कि एक बार एक ही पंक्ति पर बिना दोहराये उन्होंने शाम से भाव दिखाते हुए भोर कर दी थी। बेहद श्रृंगारिक-सी दीखती पंक्ति कब लौकिक श्रृंगार से धीरे से धार्मिक और फिर दार्श-निक आध्यात्मिक अर्थ ग्रहण कर लेती है, पता ही नहीं चलता। किन्तु इस तरह के भाव के लिए छोटी महफिल ही उपयुक्त हो सकती है। आज का विस्तृत मंच और बहुत हद तक उदासीन-सा दर्शक नहीं। इस दृष्टि से कथक को आज के दर्शक के अनुरूप बनाने में किंचित् कठिनाई होती है। कथक में शिल्प और चमत्कार को आज भी बल्कि कुछ अधिक ही प्रधानता देने का एक कारण यह भी है कि वह दर्शक को सीधे जल्दी ही प्रभावित और उत्तेजित कर देता है।

नृत्य, संगीत जैसी कलाएं भावाभिव्यक्ति के लिए प्रायः मनुष्य के शाश्वत भावों को ही अपना आधार बनाती हैं, व्यक्त करती हैं और उन्हें उजागर करती हैं।

इसीलिए इनमें आज भी सदियों से चले आते वे ही प्रसंग प्रस्तुत किये जाते हैं, केवल उन पर बल (एम्फेसिस) बदल जाता है। प्रस्तुति का ढंग भी प्रायः बदलता है, पर यही कारण है कि वे प्रसंग आज भी कई अर्थों में हमारे जीवन में अर्थ रखते हैं— महत्व रखते हैं और हम उन्हें देखते रहते हैं। कथक में भी कृष्ण की बाल-लीलाएं, किशोर-लीलाओं के प्रसंग, गोपियों का उल्लास-विरह, दैनंदिन जीवन की झांकियां, 'द्रोपदी-चीरहरण', 'गीतोपदेश' या 'रामायण' के प्रसंग आज भी उसके भाव पक्ष के अभिन्न अंग हैं और इनका नृत्याभिनय हमें अपने उस सांस्कृतिक ऐश्वर्य से, आदिम चेतना और कलात्मक अभिव्यक्ति से जोड़ता है। संभवतः यही कारण है कि आज जब हम नृत्य में आधुनिक भावबोध और चेतना में बदलाव के अनुरूप एक ठोस और प्रत्यक्ष बदलाव की मांग करते हैं तो वह एक नए नृत्य-प्रकार में तो संभव होता है पर शास्त्रीय नृत्य-शैलियों में नहीं। फिर भले ही वह नया नृत्य-प्रकार शास्त्रीय नृत्य-शैलियों से बहुत प्रभावित हो जाए और उनकी अनेक चीजें भी उधार ले लें। यों अप्रत्यक्ष रूप से शास्त्रीय नृत्य-शैलियों में भी बदलाव आया ही है। कथक में ही नवीनता के प्रति आग्रह के कारण कथक की अपनी विशिष्टता बनाए रखते हुए भी उसकी रचनाओं में वृद्धि, कई तरह के संयोजन (कम्बीनेशन्स) द्वारा नई नृत्य-संरचनाएं, संगीत का अधिक काल्पनिक और रचनात्मक प्रयोग, विविध और कलात्मक वेशभूषा आदि ऐसे बहुत से बदलाव आए जरूर हैं, पर उनका प्रभाव अभी सीमित ही है, क्योंकि बदलाव और नवीनता के नाम पर एक सस्ते किस्म की लोकप्रियता बनाए रखने के लिए अधिकांश कथक नर्तक बड़े फूहड़ किस्म के प्रयोग भी करते रहते हैं और इसलिए यह डर बराबर बना रहता है कि कथक कहीं फिर उसी मानसिकता का शिकार न हो जाए, जिससे उबर कर आज वह एक सम्माननीय प्रमुख नृत्य-शैली के रूप में प्रतिष्ठित हुआ है। कथकों में शिक्षा और अन्य कला-विधाओं में रुचि का अभाव भी इसके लिए जिम्मेदार है।

प्रारम्भ में कथक धर्माश्रय में जन्मा, पनपा विकसित हुआ तब कथक नर्तक का मुख्य ध्येय धर्म ही था। इष्टदेव को प्रसन्न करना, रिझाना और दर्शकों को भी धर्म में प्रवृत्त करना, उनकी आस्थाओं को कलात्मक अभिव्यक्ति देना धार्मिक प्रसंगों के नृत्य द्वारा नृत्य की उपलब्धि थी, दर्शक भी धार्मिक था। भक्ति भाव में डूबे दर्शक के लिए भगवान की लीलाओं का नृत्याभिनय असीम सुख और आत्मिक उपलब्धि का साधन था। धीरे-धीरे मध्य युग में दरबार से सम्बद्ध होने पर राजाश्रय और दरबारी संस्कृति का प्रभाव सबसे अधिक कथक पर ही पड़ा। उसका शिल्प, संगीत, भाव सभी एक चमत्कार और वैशिष्ट्य से चालित होने लगे। दर्शक वर्ग भी प्रायः एशो-आराम में डूबा, पर कलामर्मज्ञ भी था। उसको सरल-सहज भावों और भावाभिव्यक्ति द्वारा आकर्षित और सन्तुष्ट करना संभव नहीं रह गया था। इस पूरे परिवेश में कलात्मक मूल्य भी बदल गए थे जिसका सर्वांगीण प्रभाव कथक

पर पड़ा। इन दोनों कालों में दर्शक की रुचि और मानसिकता नृत्य को इन संस्कृतियों के अनुरूप बनाए रखने की प्रमुख शक्ति और मापदन्ड थी। आज नर्तक अपेक्षाकृत अधिक स्वतंत्र है इसीलिए स्वयं नर्तक का आत्मसंयम, सही दृष्टिकोण और कला के प्रति सच्चा अनुराग एवं साधना नृत्य के स्तर को बनाने के लिए जरूरी शर्त बन गई है। धर्मनिरपेक्ष दर्शक की विविधतापूर्ण रुचि, कलात्मक अन्वेषण और नृत्य की अपनी सीमाओं के बीच सन्तुलन बनाए रखना और सस्ती लोकप्रियता से अपने को बचाए रखना एक सच्चे और ऊंचे नर्तक के लिए जरूरी भी है और कठिन भी।

कथक का अभी भी कोई प्रामाणिक इतिहास नहीं है। इसके प्रारम्भिक विकास और रूप की ठीक-ठीक जानकारी के लिए अभी भी विस्तृत अध्ययन और खोज बाकी है। देश के कितने ही स्रोत हैं जैसे साहित्य, चित्र, मूर्तिशिल्प तथा प्रचलित लोक-शैलियां जिनके सूक्ष्म और अन्वेषणपूर्ण अध्ययन से कथक पर बहुत प्रकाश पड़ सकता है। प्रायः समझा जाता रहा है कि कथक नृत्य का केंद्र मूलतः ब्रजभूमि ही था, किन्तु अभी भी अवध के मंदिरों में कुछ अवसरों पर जो नृत्य होता है अपनी प्रकृति में वह कथक से बहुत साम्य रखता है। दरअसल उसे करने वाले कथिक ही हैं। कथक का लखनऊ नवाब के दरबार में विशिष्ट स्थान रखना और उनके गुरु ठाकुर प्रसाद का इलाहाबाद जिले के हांडिया गांव का होना इसका प्रमाण है कि उत्तर भारत के उस क्षेत्र में भी कथक नृत्य की एक परम्परा थी जो केवल दरबारों तक ही सीमित नहीं थी उसका मूल स्रोत मंदिर ही था। राजस्थान के चुरू, सुजानगढ़ इलाके में कथिकों के गाँव हैं और संगीत-नृत्य ही उनका व्यवसाय है। यों भी राजस्थान कथकों का गढ़ रहा है और लखनऊ घराने के परिवार और शिष्य परम्परा के नर्तकों को छोड़ अधिकांश नर्तकों का सम्बन्ध जयपुर घराने से है। जाहिर है ये सभी दरबार से संलग्न नहीं रहे होंगे। इस तरह एक बात तो स्पष्ट होती ही है कि कथक केवल दरबार का ही नृत्य नहीं था उसके पीछे नृत्य की एक विकसित और ठोस परम्परा थी, इन दोनों के मिले-जुले रूप का ही परिणाम आज का कथक नृत्य है।

शिल्प और शैली

नृत्त अंग

एम० एस० कल्याणपुरकर

भारत में कला की अवधारणा एक विशेष अर्थ में रूपगत रही है। इसका एक कारण तो सम्भवत: हमारे पुरखों की अत्यधिक बौद्धिक औपचारिक जीवन पद्धति है। यह सिर्फ नृत्य में ही नहीं, बल्कि कला के अन्य रूपों के प्रसंग में भी सही है। जिस तरह एक भारतीय प्रतिमा "न तो सिर्फ एक स्मृति बिम्ब है, और न ही एक आदर्शी-करण, वरन् वह एक चाक्षुष प्रतीक भी है। गणितकीय अर्थ में वह आदर्श है।"... या वाद्य संगीत जो स्वर संयोजन की पूर्णता को प्रस्तुत करता है। उसी तरह नृत्य का नृत्त पक्ष पैर, हाथ और शरीर के अन्य अवयवों के द्वारा कतिपय लयात्मक संरचनाओं की प्रस्तुति है। अभिनय दर्पण में 'नृत्त' शुद्ध नृत्य माना गया है।

"भावाभिनयहिनम् तु नृत्तमित्याभिधीयते"।

दशरूपक आगे कहता है :

"नृत्तम् तालयाश्रयम्"।

नृत्त इस प्रकार गति और लय के विशुद्ध आनन्द के भाव को संप्रेषित करता है। लेकिन अपनी अमूर्त प्रकृति के बावजूद वह 'रस' से विहीन नहीं है, जैसा कि अकसर, गलत समझा जाता है। जिस तरह वाद्य संगीत या गायन के आलाप में स्वर के सही इस्तेमाल और उनके संयोजन में ही रस का वास होता है, उसी तरह नृत्त में अवयवों की ललित गति और पैरों की लयात्मक संरचनाओं की सही प्रस्तुति में ही रस निहित है। इस तरह के शुद्ध कलारूपों में संवेदनशील रसिकजन अपने मानस में उन अंशों की पुनर्रचना करते हैं और अपने व्यक्तिगत अनुभवों की क्षमता के अनुसार आनन्द की प्राप्ति करते हैं। हर व्यक्ति नृत्य के अंश से अपने ही ढंग से आनंदित होता है। "कामधेनु की तरह वह दर्शक को वही फल प्रदान करता है, जिसकी उसे इच्छा है या जिसकी उसमें क्षमता है।"

नृत्त में प्रवीणता, नृत्य कला के अंतर्निहित सौन्दर्य के अलावा हमेशा उसका अनिवार्य तत्व भी माना गया है। अच्छे अभिनय की प्रस्तुति के लिए भी उसका ज्ञान एक आधारभूत जरूरत है।

कथक में 'नृत्त' पक्ष प्रमुख है। नाचे गए हिस्से सौन्दर्य या लय को उनके सारे विविध रूपों में प्रस्तुत करता है।

ये लयात्मक संरचनाएं 'बोल' कहलाती हैं। बोलों के विभिन्न लक्षण और संरचनात्मक विशेषताएं होती हैं। इस आधार पर उनका वर्गीकरण इस प्रकार किया गया है :

1. गणेश वन्दना, 2. आमद, 3. थाठ, 4. नटवरी, 5. परमेलु (प्रमलू), 6. परन, 7. क्रमालय, 8. कवित्त, 9. तोड़ा, 10. टुकड़ा, 11. संगीत, 12. पढ़न्त।

गणेश वन्दना—उत्सव के आरम्भ में, विघ्न और बाधाओं का हरण करने वाले भगवान गणेश की वन्दना, युगानुयुगीन परम्परा है। सारे धार्मिक अनुष्ठान 'श्री गणेशाय नमः' से आरम्भ होते हैं। 'अभिनय दर्पण' सलाह देता है कि "नृत्य का आरम्भ गणपति वन्दना से किया जाए जो 'मुरज' (मृदंग) और आकाश के देव हैं। इसके बाद धरती की प्रार्थना भी की जानी चाहिए" (मंगलाचरण)। जयपुर का 'संगीत सार' इस प्रसंग में अधिक स्पष्ट है। "नृत्य के आरम्भ में गणेश पर रचनाओं का पाठ करें और तदनुसार नृत्य करें।" गणेश वन्दना एक ऐसी संरचना है जिसमें भगवान गणेश की स्तुति नृत्य के अन्य 'बोलों' के साथ सम्मिलित होती है और दोनों मिलकर एक सम्पूर्ण लयात्मक अंश का निर्माण करते हैं। पहले, कथक नर्तकों द्वारा नाचा जाने वाला यह पहला अंश हुआ करता था। यह दिलचस्प है कि यह लगभग लुप्त परम्परा आधुनिक कथक गुरुओं द्वारा पुनरुज्जीवित की जा रही है।

गण-गण गणपति गज मुख मंगल गित गिड़ गित
गिड़ थुन थुन तत तत थेइ—जय जग वंदन
वक्र तुण्ड दा नी धा ता—विघ्न हरन,
सुख कर नधा गेना धागे धिमि किट
धिमि किट थुड़ंग-थुड़ंग दधी गन थेई
थुड़ं-ग थुड़ं-ग दधिगन थेई, थुड़ं-ग
थुड़ं-ग दधि गन थेई।

आमद—आमद फारसी का शब्द है। इसका मतलब है आगमन या आना। यह अंश प्रदर्शन के आरम्भ में प्रस्तुत किया जाता है और नटवरी बोलों की विशिष्ट संरचनाओं से निबद्ध होता है इसीलिए अलग से 'आमद' के रूप में वर्गीकृत किया जाता है। इसमें प्रयुक्त नटवरी बोल इस प्रकार हैं :

ता थेई तत् थेई ता थेई तत् थेई थेई ता थेई—
ता थेई थेई थेई तत् तत् ता।

इसे अधिक प्रभावशाली बनाने के लिए ही सम्भवतः एक पारम्परिक पखावज (परन) या परमेलु उसके पहले इस प्रकार लगाया जाता है।

धा त का थुं गा—धा गे दिं गे ता—

धा दिन ता धेत्ता किड़ धा त क्का थुं गा
तकि टत का—तिट कता गदी गन ता थेई तत्
थेई ता थेई तत् थेई थेई ता थेई—ता थेई थेई तत् तत् ता।

कुछ लोगों का मत है कि आमद नृत्य शुरू करने के तत्काल पहले पखावज या तबले पर बजाया जाने वाला लयात्मक पूर्वरंग है। यद्यपि यह सिद्धान्त विवादास्पद है लेकिन इसे अनदेखा नहीं किया जा सकता।

थाठ—थाठ का सामान्यतः अर्थ है अलंकरण या एक लावण्ययुक्त मुद्रा। ये मुद्राएं और भंगिमाएं (थाठ बांधना) आमद के पहले प्रस्तुत किए जाते हैं। 'थाठ' एक दूसरे अर्थ में भी प्रयुक्त होता है—जैसे 'थाठ का बरतना'। इसमें नर्तक एक हाथ बाजू की ओर फैलाता है और दूसरा ऊपर की ओर ऊंचा उठाकर अपनी आंखों, भवों, गर्दन, कंधों, बाहों, छाती और कलाइयों को तबले पर बिलम्बित लय की संगत में नचाता है।

नटवरी—नटवरी भगवान कृष्ण का एक विशेषण है जिसका मतलब है नर्तकों में सर्वश्रेष्ठ। यह विश्वास किया जाता है कि जब नटवर ने भीमाकार सर्प 'कालिया' का दमन किया और उसके फनों पर नृत्य किया तब ता-थेई और तत् की ध्वनियां उत्पन्न हुईं। संभवतः इसी विश्वास के कारण सारे बोल ता, थेई, तत् और उनसे निकले हुए अक्षरों से बनते हैं जैसे—

दिगि-दिगि, त्राम, तिगधा, इन्हें कथक गुरुओं के द्वारा नटवरी में वर्गीकृत किया जाता है।

परमेलु—परमेलु दो शब्दों से बना है। पर, जिसका अर्थ है—भिन्न, अन्य, पृथक, असाधारण या विशिष्ट। और मेल जिसका अर्थ है—संयोजन। नगाड़ा, पखावज, झांझ, मंजीरा, ताशा, ढप आदि विभिन्न ताल वाद्यों के बोलों को नटवरी बोलों के साथ बड़ी निपुणता से संयोजित कर परमेलु के टुकड़े रचे जाते हैं। इनके स्वराक्षर, बहरहाल, उपयोग के दौरान पारंपरिक हो गये हैं। इनमें से कुछ ये हैं—थरी, कुकु, झनक, दिवंग, थिलांग, झंगर, जगजग, थुड़ंग, झंग झंग इत्यादि।

जग जग थरी थरी कुकु थरी नग थरी
धिमि किट तक नग थरी किट थुं गा
थरिक थरिक थरिक तनग धिमिक तत् तक
जगज गजग थुन-थुन-थुन-ता-थुं-गा—
तकथुं-गा धिमित थुंगा।
धिमिक ततक जग नग थरि
धिमिक ततक थेईता थेईता
थेई-थेईता थेईता थेई-थेईता थेईता थेई।

परन—अब विशेष रूप से पखावज पर बजायी गई विभिन्न संरचनाओं पर

आते हैं। इन्हें परन कहा जाता है। ये आवेगपूर्ण संरचनाएं हैं और ओजस्वी गति के साथ नाची जाती हैं—

किड़तक थुन् थुन् न ति टता—

धा धिंता किड़धा दिंता कति टधा दिंता कत

तिट धाधिन ता किड़धेत-था दिंता कति टधा थुन

ता धा कति टधा-थुन ता धा कति टथा-थुन ता धा

क्रमालय—इसे आमतौर पर 'तत्कार' की बढ़त या केवल 'पैर बजाना' के रूप में जाना जाता है। इसमें नर्तक ताल की बुनियादी तत्कार से शुरुआत करता है—मसलन त्रिताल की—ता थेई थेई तत् और फिर विभिन्न लय जाति को प्रदर्शित करता हुआ द्रुत लय से अंत करता है। विद्यार्थियों के लिए इसकी निश्चित संरचनाएं हैं। लेकिन कला गुरु तत्काल निर्मित संरचनाओं में इसे प्रस्तुत करते हैं। दरअसल, यह नटवरी का हिस्सा होना चाहिए लेकिन अपने विशिष्ट चरित्र के कारण इसका अलग वर्गीकरण किया जाता है।

कवित्त—कवित्त, ताल के अनुसार रची गई काव्यात्मक-संरचना है। आम तौर पर सवैया, धनाक्षरी, पंचचमर आदि छंदों का इसमें प्रयोग होता है और अकसर अन्त में नटवरी का टुकड़ा जोड़ दिया जाता है। अर्थ को विभिन्न मुद्राओं से प्रस्तुत किया जाता है, जबकि लय का संकेत पैर से दिया जाता है। यद्यपि इन रचनाओं में अभिनय स्पष्ट होता है इसका वर्गीकरण नृत्त के अंतर्गत किया जाता है, क्योंकि इसमें लयात्मक पक्ष की प्रधानता है—

मुर लिकि धुन सुन बाजत मृदंग धुन
धुधु किटधुधु किट धुकिट धकिट थेईं
तन तक रत उठ हेर तफे रत चित
चंद्रचपल दिग दिगन दिग दिगन दिग दिग
दिगदिग थोदिग दिग थो दिग दिग दिग दिग कड़ान
किड़ता थेईयक थेई किड़ता थेईयक थेई किड़ता थेईयक थेई।

तोड़ा और टुकड़ा—इन पदों के बारे में कुछ भी निश्चित ज्ञात नहीं है। कुछ लोग इसका इस्तेमाल संपूर्ण नृत्त प्रस्तुति के अर्थ में करते हैं—जब वे कहते हैं—"तोड़े, टुकड़े नाचो"। दूसरों का मत है कि नृत्य में तोड़ा सितार के तोड़े की पद्धति पर निर्मित होता है जिनकी अपनी निर्धारित संरचना होती है। उसमें दारा दिदा, दान, दादिदा के बोल होते हैं। टुकड़ा नटवरी किस्म का एक छोटा अंश है।

संगीत—जब कोई नृत्य बोल, चाहे वह नटवरी, परमेलु या परन हो स्वरों में प्रस्तुत किया जाता है तो संगीत कहलाता है। स्व० महाराज बिन्दादीन शायद यही

कहना चाहते थे जब वे अपने एक पद में कहते हैं, "संगीत नाचत तगुन थरि किट तत्ता थेई थेई त्राम धेत्ता" क्योंकि इस 'तगुन थरि किट' में परमेलु है, 'तत्ता थेई थेई त्राम' में नटवरी है और 'धेत्ता' परन का एक अंश है। मथुरा और वृन्दावन के रासधारी, रासलीला के समस्त बोलों को राग में प्रस्तुत करते हैं। मेरी दृष्टि में 'संगीत' का यही विशुद्ध रूप है। इस तरह 'संगीत' बोल का एक प्रकार नहीं, बल्कि किसी भी बोल की सांगीतिक प्रस्तुति है।

पढ़ंत—पढ़ंत शब्द संस्कृत के पठन से निकला है जिसका अर्थ है—पढ़ना। कथक प्रस्तुति में गुरु या स्वयं नर्तक नृत्य किये जाने वाले बोलों को पढ़ता है और अपनी तालियों से ताल का संकेत करता जाता है। पढ़ंत में जिन मूल बिन्दुओं पर ध्यान दिया जाना चाहिये वे हैं बोलों का शुद्ध उच्चारण, स्वराघात और स्वर-शैली। 'संगीत रत्नाकर' में नृत्य शिक्षक की एक विशेषता यह बताई गई है—'मुखवाद्येषु-कोविद'। टीकाकार इसको समझाते हुए कहता है कि मुखवाद्य का मतलब है मुरज (मृदंग) पर निकले गये स्वरों का पठन।

विभिन्न बोलों की संरचना में जाति और यति का प्रयोग किया जाता है।

जाति—जाति पांच प्रकार की हैं—चतुस्त्र, तिस्त्र, खंड, मिश्र और संकीर्ण। इनसे प्रयुक्त लय के प्रकार का बोध होता है। चतुस्त्र में बोल की चार मात्रायें होती हैं जो ताल के चार मात्राओं की संवादी होती है, तिस्र की तीन मात्राएं होती हैं, जो ताल की चार मात्राओं के समान होती हैं। खण्ड में पांच मात्राएं होती हैं जो लय की चार मात्राओं के बराबर होती हैं। मिस्र में सात और संकीर्ण में नौ मात्राएं होती हैं, जो चार मात्राओं के समयानुपात में आती हैं।

यति—यति भी पांच होती हैं, और वे लय की चाक्षुष प्रस्तुतियाँ हैं।

सम : बराबर

गोपुच्छः गाय की पूंछ के समान। विलंबित या विस्तृत लय से शुरू करके जो क्रमशः पतली होती जाती है और तीव्र लय में समाप्त होती है।

स्रोतगता—सरिता की तरह शुरू में तीव्र और मुखर और क्रमशः धीमी होती हुई।

मृदंग—पखावज के आकार की दोनों ओर क्रमशः पतली (संकीर्ण) अथवा तीव्र और बीच में विस्तृत या विलंबित।

पिपीलिका या डमरू—एक चींटी या डमरू के आकार की, दोनों ओर विस्तृत और बीच में संकीर्ग।

ये जातियां और यतियां किसी भी प्रकार की संरचना में प्रयुक्त की जा सकती हैं।

नृत्त की सांगीतिक संगत 'लहरा' कहलाती है, जो एक पंक्ति का सांगीतिक टुकड़ा है। यह एक अर्थ में एकरस होता है क्योंकि एक पंक्ति बार-बार दोहराई जाती है तथा इसका महत्व सांगीतिक कम समयानुपातिक अधिक होता है।

मैंने समकालीन कथक में नृत्त की स्थिति का संक्षिप्त विवरण भर दिया है। इसमें नवीनता और पूर्णता की पूरी गुंजाइश है। नई अभिव्यंजनाओं की जरूरत है लेकिन वे उत्कृष्ट कलाकारों के द्वारा की जानी चाहिए, जो तकनीक से पूरी तरह परिचित हों और जिनमें कल्पना की भी कमी न हो, क्योंकि इस तरह की रचना के लिए एक रचनात्मक और अनुशासित मानस की जरूरत है। त्रिवट, चतुरंग, तराना और सरगम तरीखे प्रसंगों पर रचना करते हुए प्रयोग किये जा सकते हैं।

अभिनय और प्रयोग

रोहिणी भाटे

अभिनय

राष्ट्रीय ख्याति के दोनों कथक गुरुओं, पंडित लच्छू महाराज तथा पंडित मोहन राव कल्याणपुरकर से नृत्य सीखने का सौभाग्य मुझे मिला है। पंडित कल्याण पुरकर से एक दशक तक मुख्य रूप से कथक नृत्य संबंधी प्रारम्भिक शिक्षा मैंने प्राप्त की और गुरु लच्छू महाराज की निगरानी में अभिनय का प्रशिक्षण अभी भी चल रहा है। उनके शिक्षण और मार्गदर्शन में ही मैं कथक के अभिनय का महत्त्व समझ सकी। जैसे कथक में ठुमरी के अर्थभाव को प्रकट करने का सूक्ष्म तरीका, दोहे की व्याख्या या श्लोक प्रस्तुतीकरण, मेरे प्रारम्भिक शिक्षण दौर में नृत्य का अधिक प्रचार नहीं था, कथक का तो और भी नहीं, उसे ब्रिटिश राज्य के अंतिम दौर में शक की नजर से देखा जाता था। केवल पैर का काम, चक्कर और घूमना तथा एक खास किस्म की भाव अदा को ही कथक माना जाता था जिसका किसी भी अर्थ में अभिनय से संबंध नहीं कहा जा सकता।

भरतनाट्यम के मेरे शिक्षक की भी लगभग यही धारणा थी। यद्यपि उन्होंने कथक सीखा था और गुरु लच्छू महाराज, तथा पं० शम्भू महाराज जी जैसे कलाकारों का नृत्य देख चुके थे। अपनी प्रिय नृत्य शैली कथक के संबंध में ऐसी राय से मैं प्रभावित नहीं थी। फिर भी भरतनाट्यम के पदों के शिक्षण के दौरान ही जो चर्चा और विचार-विमर्श होता था उससे इस सम्बन्ध में सोचने की एक निश्चित दिशा मुझे मिली।

मेरे भरतनाट्यम के शिक्षक का मानना था कि कथक में अभिनय ऊँचे दर्जे का नहीं होता है। विशेषकर इसलिए कि उसमें किसी नाट्यधर्मी विशेषीकृत हस्त मुद्राभाषा का प्रयोग, अर्थ के विभिन्न स्तर भावों और मनोदशाओं को प्रकट करने के लिए नहीं होता है। इस तरह कथक अभिनय के संबंध में दिए गये निर्णय और विचार सम्भवतः कुछ लोगों को सही लगें, किन्तु उस समय भी मेरी धारणा अलग थी और अभी तक कोई कारण मुझे उसे बदलने के लिए नहीं मिला। मैंने सोचा कि एक विशिष्ट और बहुत बार कल्पित मुद्राओं का कोष जो किसी विशेष बोल-चाल वाली भाषा पर आधारित हो अभिनय संपदा का एकमात्र मापक या नियंत्रक नहीं हो सकता है। मेरी समझ से स्थानक, मंडल, अंगहार या मुख्य तथा अन्य

अंगों के नाट्यधर्मी मुद्राओं के कम प्रकार होने के बावजूद एक नृत्य शैली अधिक अतिकात्म और अपने अन्तर्निहित ओज के कारण गीतात्मक भावों को सक्षम ढंग से प्रकट कर सकती है। निश्चित ही कथक में वह अत्यधिक सहज गहरा, और आन्दोलित करने वाला व्यक्तित्व है। नृत्यकला के मूलभूत चरित्र को ध्यान में रखते हुए इस आखिरी बात को मैं रेखांकित करना चाहूँगी।

भाषा की बनिस्बत नृत्य का विकास, जैसा कि सभी जानते हैं, पृथक ढंग से हुआ है। शब्द, जानबूझकर चेष्टा द्वारा एक अत्यावश्यक किन्तु संप्रेषण और अभिव्यक्ति के कृत्रिम माध्यम के रूप में विकसित हुआ। दूसरी ओर नृत्य अपने चरित्र में ही सहज स्वाभाविक है। वह मनुष्य के अस्तित्व के बिल्कुल अन्तरतम स्तर से निकलता विक्षब्ध भावों का प्रस्फुटन है। कथक नृत्य इस आन्तरिक आवेग के प्रति पूर्ण रूप से सजग है और उसने उस स्वाभाविक सहज स्वरूप को अपने विकास के तमाम स्तरों पर बनाए रखने की कोशिश की है। यह शैली, इसीलिए नृत्य की मुद्रा भाषा की सीमा को जानती और स्वीकार करती है और अर्थ के गहरे स्तरों को खोलने के लिए बोले गए शब्द और भाषा के ऊपर अपनी सहज श्रेष्ठता को स्वीकार करती है। कथक नृत्य बोली भाषा का प्रतिस्पर्धी नहीं है किन्तु बिना हिचक के और अपने को छोटा महसूस किए बिना उसकी सहायता लेता है। दरअसल कथक में अभिनय अपने स्वरूप में स्वाभाविक रहा है और पर्याप्त प्रतीकात्मक और सांकेतिक मुद्राओं के भण्डार के बावजूद उसने अपने सहज चरित्र को बरकरार रखा है।

हर नृत्य शैली के दो अंग होते हैं एक ओर 'नृत्य' या अर्थपूर्ण नृत्य दूसरी ओर 'नृत्य' या आलंकारिक नृत्य। आवश्यकतानुसार दोनों का उपयोग होता है किन्तु कुछ नृत्य शैलियाँ नृत्य पर अधिक जोर देती हैं और कुछ नृत्त पर महारत हासिल करती हैं। कथक बिना भेद-भाव के इन दोनों अंगों पर जोर देता है। कथक में नृत्त अंग प्राय: थाठ, आमद, परन, टुकड़े, तत्कार या पैर के काम द्वारा प्रस्तुत किया जाता है। तराना, सरगम अथवा नृत्य और नृत्य नाटिका के बीच भावनात्मक संप्रेषण या दृश्यों आदि को जोड़ने के लिए प्रयुक्त शुद्ध संरचनाएँ भी नृत्तांग का ही रूप हैं।

यहाँ कथक के नृत्तांग की चर्चा करने का विशेष कारण है उसकी प्रस्तुति, जैसे थाठ के दौरान नर्तक के चेहरे के भाव का अनूठापन। इस भाव का, यदि भाव की संज्ञा दे सकें तो कोई सुनिश्चित अर्थ नहीं है, और न ही वह कुछ विशेष भाव संप्रेषित करना चाहता है, किन्तु फिर भी नर्तक के हृदय में उपजे आनंद की आभा से वह संपूर्ण शृंखला संवर्धित होती जान पड़ती है। यदि भरतनाट्यम् नर्तक की नृत्त शृंखला के दौरान उसके चेहरे के भाव से इसकी तुलना करें तो बात स्पष्ट हो जायेगी। भरतनाट्यम् नर्तकी के चेहरे पर लम्बी मुस्कान होती है जो उसके नृत्य

अंग संचालन के आकर्षण की सचेत सराहना स्वरूप लगती है, जो अन्ततः शारीरिक सौन्दर्य पर बल देती प्रतीत होती है। दूसरी ओर कथक नर्तक अपने अन्दर देखता है। मेरे मत से इसका महत्त्व और अधिक गहरा है। यह अनुभव कुछ इस प्रकार है—हरेक की तरह नर्तक को भी मालूम है कि वह ईश्वर का अंश है किन्तु यह ज्ञान मात्र उसे संतुष्ट नहीं करता, अन्तर में जाकर वह ईश्वर के चरित्र में अपने आपको ढालकर संसार की निरन्तर लय, स्वर और गति को स्वयं अनुभव करना चाहता है। थाठ के लिए खड़े होते ही गुरु लच्छू महाराज के चेहरे पर दीप्त आत्मविश्वस्त सौम्य आभा से मेरी बात की पुष्टि होगी। मुझे इस बात का अहसास है कि चेहरे पर ऐसा भाव आज प्रायः कम ही देखने को मिलता है, विशेषकर तब जब दर्शकों की रुचि के अनुरूप प्रदर्शन सफलता और लोकप्रियता का सबसे आसान तरीका है। फिर भी मैं शैलीगत आंतरिक सौन्दर्य की बात कर रही हूँ और उसे निश्चय ही सीमित गुरुओं की कला में ही देखा व सराहा जा सकता है।

नाच के दूसरे अंग अर्थात्, नृत्य की ओर मुड़ें तो पता चलेगा कि इसी अंश से अभिनय का सरोकार है। नृत्य की परिभाषा नाट्य के अनेक ग्रंथों में उपलब्ध है। विस्तृत अध्ययन में उनमें थोड़ा भेद जरूर है पर संक्षेप में उनकी परिभाषा एक ही है। जैसे, 'नाट्य शास्त्र', नृत्य और नृत्त विषयक जानकारी का सबमें होना मानकर चलता है और एक खास किस्म के गाने को नृत्य के लिए अनिवार्य मानता है। जबकि 'अभिनय दर्पण' नृत्य में रस, भाव और व्यंजना की उपस्थिति मानते हुए गीत अथवा पृष्ठभूमि में प्रत्यक्ष और अप्रत्यक्ष गाने के द्वारा अभिनय में अंतर और बदलाव की गुँजाइश भी छोड़ता है। हालाँकि 'संगीत रत्नाकर' केवल इतना ही उद्धृत करता है—

"आंगिकामिनयेरेव भावानेव व्यनक्ति यत्।
तन्नृत्यं मार्गशब्देन प्रसिद्धं नृत्यवेदिनाम्"।

और 'नाट्य संग्रह' इस स्थापना की पुष्टि करते हुए रसोत्पत्ति को नृत्य का अंतिम लक्ष्य मानता है और नृत्य में आँगिक अभिनय द्वारा विभिन्न भावों की अभिव्यक्ति पर जोर देता है।

यहाँ इस बात की ओर इंगित करना जरूरी है कि अधिकाँश रचनाकार नृत्य के मुख्य अंग रस, भाव, व्यंजना के सम्बन्ध में सहमत हैं पर गाने की चर्चा कभी-कभार ही, और इसे मैं दौहराना चाहूँगी कि एक सर्वसम्मत मोहक बदलाव के रूप में करते हैं। यदि कोई जानना चाहे कि समस्त भारतीय शास्त्रीय नृत्य शैलियों में से किसने इस परिभाषा के महत्व को अपने में सबसे अधिक समाहित किया है और जिसने अपने नृत्याभिनय का विकास गाने और बिना गाने के अथवा पृष्ठभूमि

के संगीत के किया है तो निश्चित ही वह कथक नृत्य है। कथक अभिनय के क्षेत्र में गतभाव अधिकाँशतः भागवत, रामायण और महाभारत के कथा खण्ड हैं जिनका नर्तक में मानसिक प्रतिक्रिया जागृत करके आँगिक अभिनय द्वारा अभिनटन किया जाता है। इसके लिए न तो किसी संगीत अथवा गीत की जरूरत होती है और न ही विशिष्ट तबला या पखावज संगत की। शायद ही कोई अन्य नृत्य शैली 'नृत्य' की इस परिभाषा को सम्पूर्ण रूप से इस तरह समझ सका हो और जो बिना गाने की मदद के इस तरह अभिनय प्रस्तुत कर सकता है।

यह सर्वज्ञात है कि इस शैली में नाट्यधर्मी अंग मुद्राएँ और गतियाँ अपेक्षाकृत कम हैं। पर यह कमी नर्तकों के लिए एक तरह से वरदान सिद्ध हुई है, क्योंकि आवश्यकतानुसार उन्हें अपने अभिनय को असरदार बनाने के लिए पूरा हृदय उसमें उड़ेलना पड़ता है, प्रत्येक गीत में जान फूंकनी पड़ती है और उनके विशेषीकृत भंगिमाओं के बदले प्रत्येक अणु में अर्थपूर्ण इंगित को स्फुरित करना पड़ता है। जरूरत पड़ने पर उनके पास आँगिक अभिनय के अतिरिक्त दूसरा विकल्प नहीं है और ना ही इस तरह भावनात्मक मनःस्थिति से संचालित अंग-संचालन के बजाय अंग, उपाँग, प्रत्याँग द्वारा याँत्रिक ढंग से की गई चेष्टाओं द्वारा वही प्रभाव उत्पन्न कर सकने की सुविधा। मैं इसे और अधिक स्पष्ट करने की कोशिश करूँगी। कल्पना करिए, एक युवती घड़ा भरकर उसे सिर पर साधे, घर की ओर जा रही है। नर्तकी तभी इस चित्र को पूरी तरह साकार कर सकेगी जब वह न केवल घड़े को एक खास अंदाज में पकड़ने का अभिनय करेगी, बल्कि यह भी अनुभव करेगी कि यह साधारण गृहिणी के हर दिन के कामकाज में से एक व्यवहार है जिसमें वह गृहिणी पूर्ण रूप से सहूलियत महसूस करती होगी। और इसी अंदाज में पूरे प्रसंग को प्रस्तुत करे। विशिष्ट भंगिमाओं का कौशलपूर्ण प्रस्तुतीकरण अन्य नृत्य शैलियों में तो गहराई का आभास दे सकता है, किन्तु कथक में इसकी सम्भावना कम ही है।

कथक अभिनय के सामान्य स्वरूप की चर्चा के साथ कथक में गतभाव, ठुमरी, दोहा आदि की पृथक से व्याख्या करके उनकी तकनीकी विभिन्नता करना लाभदायी होगा।

गतभाव में अभिनय अपेक्षाकृत स्पष्ट व सीधा है। घटनाएँ और कथाएँ प्रायः समझ में आने वाली होती हैं। गत का शीर्षक और कथा का संक्षिप्त निवेदन उस वातावरण की निर्मिति में सहायक होता है। अभिनय के द्वारा जिस कथा की नर्तक पुनर्रचना करना चाहता है उसे वह अपनी नृत्य भंगिमाओं द्वारा चित्रित करता है और मंच पर प्रस्तुति के दौरान उन स्वरचित अदृश्य सीमाचिह्नों की निरन्तर चेतना के द्वारा वह इस दृश्य भ्रम को कायम रखता है।

आने वाले विशिष्ट पलटे से, जो सामान्यतः क्रम के पहले और बाद में आता

है वह दृश्य चित्र बदल जाता है। इस तरह नर्तक गिरगिट के बदलते रंग की तरह तेजी से बदलते विविध भावों को विस्तार से दिखाते हुए अनेक घटना क्रमों को दिखाता चलता है।

किसी देवी-देवता की स्तुति में श्लोक उपयुक्त हस्तमुद्रा और भंगिमाओं के द्वारा नृत्य परिभाषा के दूसरे पक्ष को व्यक्त करता है। जिसमें सम्बद्ध साहित्य और गीत भी प्रस्तुति प्रभाव में सहायक होता है। श्लोक मुख्य रूप से उन शब्दों के निर्देशन की माँग करता है जो अधिकाँश दिव्य व्यक्तियों के विशेषण या उपनाम आदि होते हैं।

ठुमरी या दादरा में अभिनय अपेक्षाकृत कम सीधा है। इसमें नर्तक से पर्याप्त कल्पना की अपेक्षा की जाती है जिससे वह उस प्रेमगीत की पंक्तियों और शब्दों में निहित अनेक स्तर और अर्थ की अनंत परतें सामने ला सके। शुरू में प्रारंभिक भंगिमाओं और अर्थपूर्ण दृष्टियों से मूड स्थापित किया जाता है। उसके बाद नर्तक गीत के अर्थ को मुख्य रस की स्थापना के लिए विविध संचारी भावों के माध्यम से खोलना शुरू करता है। इसमें गतभाव की तरह घटना के विस्तार में जाने की उसे जरूरत नहीं पड़ती। उदाहरणार्थ 'मोहे छेड़ो न नंद के सुनहु छैल' जैसी ठुमरी में नर्तक पंक्ति के अर्थ विस्तार के लिए कृष्ण द्वारा रास्ते में गोपी को छेड़ना, उसकी चोटी खींचना, आँखों में धूल झोंकना, घर से मक्खन-दही चुराना आदि दिखा सकता है। उसे ब्रज की गलियाँ, यमुना का तट या पनघट अथवा घर का विस्तृत वर्णन प्रस्तुत करना जरूरी नहीं होता है। वह किसी घटना को कितने विस्तार से दिखाए या इंगित भर करे यह नर्तक पर निर्भर है।

कथक में अभिनय की एक और विधि है जिसे अर्थभाव कहते हैं। इसमें किसी विचार या शब्द का काव्यात्मक उपमाओं द्वारा विस्तार किया जाता है। ये शब्द अपने सीमित अर्थ में महत्वपूर्ण होने पर भी जरूरी नहीं है कि उनका मुख्य कथ्य या भाव से सीधा संबंध हो। एक-दो उदाहरण इसे स्पष्ट करने को पर्याप्त होंगे। 'कौन गलिन गयो श्याम' जैसी ठुमरी में गली-वालों में माँग की ओर इशारा करके दिखाई जा सकती है। श्याम-काजल या आँखों की पुतली या ऐसी ही अन्य उपमाओं द्वारा दिखाया जा सकता है। गुरु लच्छू महाराज और शम्भू महाराज जी जैसे बड़े कलाकार, जिनकी संवेदनशीलता और कल्पना अपार है अपने अर्थभाव के द्वारा घंटों दर्शकों को बाँधे रख सकते हैं।

ठुमरी अथवा भजन में प्रस्तुति की गति अपेक्षाकृत धीमी और गरिमामय होती है जिससे तात्पर्य जरूरी नहीं, धीमी लय से चलना भी हो। दादरा और गजल अपेक्षाकृत हल्के-फुलके ढंग से किये जाते हैं।

दोहे में चित्रात्मक और व्याख्यात्मक दोनों प्रकार के अभिनय होते हैं। उसे पृथक रूप से या कथा क्रम को जोड़ने वाली कड़ी के रूप में अथवा ठुमरी की

प्रस्तावना स्वरूप भी प्रस्तुत किया जा सकता है। दोहे का प्राय: बिना ताल के पाठ होता है और जब भी ऐसा होता है तो जहाँ उसके द्वारा संप्रेषित किये जाने वाले भाव के अनुरूप उसकी लय तय करने की स्वतंत्रता मिल जाती है, वहीं उसे पढ़े जाने वाले समय के अंदर ही सीमित भी होना पड़ता है। उदाहरण के लिए दोहे 'बाजी घर आई' के शब्दों को केवल इसी तरह नहीं दर्शाया जाता कि उनमें से 'एक घर चली गई' जैसा कि उसका सीधा अर्थ है बल्कि उसे इस तरह भी प्रस्तुत किया जा सकता है कि बाँसुरी की धुन सुन कर एक गोपी कदम्ब तले जाने की अपनी अदम्य इच्छा को यथासंभव दबा कर चुपचाप रोती हुई घर की ओर चल दी। यहाँ नर्तकी को नए ढंग से अपनी गतियाँ स्थिर करनी होंगी जिससे वह पुनर्निर्धारित लय पर उसी पंक्ति के पढ़ने के समय में ही अपनी सम्पूर्ण चेष्टा को पूरी अभिव्यक्ति दे सके। अभिनय प्रस्तुति में लय और गति के इस सूक्ष्म निर्धारण की विद्या या इसकी महत्ता की पहचान हर एक अभ्यासक को पूर्णरूप से होना आवश्यक है। क्योंकि वह विद्या ही अभिनय की गहराई का प्रमुख आलम्बन है।

कथक नृत्य में अभिनय की तकनीक में पर्याप्त स्वच्छंदता और कुछ क्रान्तिकारक तत्व भी हैं इसलिए लगभग सारी ही कथावस्तुएँ इसके माध्यम से प्रस्तुत हो सकी हैं। नायिका भेद का दिलचस्प सर्वमान्य कथ्य भी इसमें यथेष्ट रूप से प्रयुक्त हुआ है जो प्राय: ठुमरी के माध्यम से प्रस्तुत किया जाता है। ये अधिकाशत: स्व० बिंदादीन महाराज द्वारा रचित हैं, तथा कुछ अन्य कवियों द्वारा भी। 'उठी है घनघोर घटायें बरसन लागी' तथा 'काहे को मेरे घर आए हो' या 'तोरी मैं ना मानूंगी झूठी बतियाँ' विरहोत्कंठिता और खंडिता नायिका के बिन्दादीन महाराज से उद्धरण हैं जबकि 'पैंया पड़ूँ पलका न चढूँगी, पलका के औरे धौरे ठाड़ी रहूँगी', 'रून-झुन बाजे पायलिया, सुन जागे बैठी ननदिया' और 'सजन हमसे नहीं बोले सखी री' मुग्धा, अभिसारिका तथा पश्चात्ताप में डूबी कल्हन्तारिता के अज्ञात कवियों से उदाहरण हैं।

कथक अभिनय के एक और नए पक्ष की चर्चा भी जरूरी है जो किसी भी तरह महत्वहीन नहीं। इस ओर ध्यान दिया जाना चाहिए कि न तो कथक में बैले (नृत्य नाटिका) ही अब कोई नई चीज रह गई है और न ही अभिनय के क्षेत्र में इनसे अलग कोई बहुत ही चौंकाने वाला नया आविष्कार ही संभव हुआ है। फिर भी प्रमुख नर्तकों के प्रयोगों द्वारा अभिनय प्रस्तुति के रूप और अंदाज में निरन्तर और निश्चित बदलाव आया है। दूसरी ओर पं० लच्छू महाराज जी जैसे कल्पनाशील गुरु पारम्परिक नृत्य के बिना भी कथक अभिनय का पूरा कार्यक्रम प्रस्तुत करने की तैयारी कर रहे हैं। कथक अपने मूल रूप में कथा पर आधारित नृत्य रहा है। इसलिए आमद, परन, टुकड़ों को एक नये अंदाज में प्रस्तुत किया है और उनको इस संदर्भ में विविध दिलचस्प कथाओं के वाहक के रूप में इस्तैमाल किया है। इनमें

मूल नृत्य पदों की अनन्यता और लयात्मक अनुशासन एकपल में मुद्रापरक सूक्ष्मता और नमनीयता में बदल जाती है।

उपरोक्त विवेचन से सिद्ध होता है कि कथक शैली में न केवल नृत्त और नृत्य इन विभिन्न पक्षों का अतिसुन्दर संतुलन दिखाई देता है, बल्कि इस शैली के सत-रंगी नृत्याविष्कार में नृत्त जितना सूक्ष्म लयकारी, संगीतात्मता तथा ललित अंग-संचलन आदि गुणों से ओतप्रोत है, उतना ही अभिनय पक्ष भी सूक्ष्म, गहरा, तीव्र तथा रसवैचित्र्य आदि गुणों से परिपूर्ण है।

प्रयोग

कथक, यह एक ऐसी अभिजात नृत्य शैली है जिसके रूप में निर्मित काल से आज तक बहुत परिवर्तन होते हुए आए हैं। सदियों पहले मंदिर से संबंधित कथावाचकों की परम्परा से निर्मित हुई यह नृत्य कला मुगलकाल में दरबार में जा बसी और अंग्रेजों के राज्य में तो इस नृत्य को इतनी कठिनाइयों में लड़ना पड़ा कि अगर इस कला में एक आन्तरिक सामर्थ्य न होता तो इसका नामोनिशान मिट जाता। दैववश स्वतंत्रता प्राप्त होने के बाद भारतीय संस्कृति के पुनर्जीवन की विचारधारा से सभी कलाओं को नव संजीवन मिला और पुनः एक परिवर्तन का युग आया। वैसे परि-वर्तन दो तरह का होता है—आन्तरिक तथा बाह्य। अधिकांश बाह्य-परिवर्तन तो भारत की सभी अभिजात नृत्यशैलियों के लिये तारक ही सिद्ध हुआ है, क्योंकि इसका संबंध स्वतंत्रता-युक्त समाज जीवन में समय के अनुसार जो परिवर्तन हुआ है, उसी के साथ है।

छोटी-छोटी महफिलों के लिए छोटे कलांदोलनों की जगह आज के बड़े रंग-मंच, समय का बंधन, परिवहन सुविधा तथा दूरदर्शन के आगमन से, अन्य नृत्य शैलियों तथा कलाविष्कारों से दर्शकों का परिचय और परिणामवश रुचि-भिन्नता बदलते हुए सांस्कृतिक जीवन के कुछ दो-चार प्रतिनिधि उदाहरण हैं। इस सद्यः स्थिति का सामना करते-करते नृत्य का आज का स्वरूप मेरे ख्याल से कुछ चुस्त, गतिमान तथा गायन-वादन की कुशल संगत से नाद मधुर और एक 'दृश्यश्रव्य सौंदर्यानुभूति' अवश्य बन गया है। नृत्याविष्कार का यह स्वरूप कुछ हद तक सफल, सार्थक करने लगा है। तदपि यह परिवर्तन पूर्ण रूप से इस शैली के आन्त-रिक सामर्थ्य के बल नहीं हुआ है। अगर नृत्यकारों को अपनी कला को आज के समाज के सांस्कृतिक जीवन का एक प्रमुख अंग बना के अपना विशेष स्थान प्रस्था-पित रखने की व्यवसाय वश आवश्यकता न होती तो नृत्यकला के रूप में तथा प्रस्तुतिकरण में आज जैसा और आज जितना परिवर्तन होता या नहीं, यह शोध का विषय हो सकता है।

प्रयोग पर विचार करते हुए भी मैं परिवर्तन की बात कर रही हूँ, इसकी एक

सुयोग्य वजह है। परिवर्तन और प्रयोग इन दो संज्ञाओं का अर्थ साधारण तौर पर समान तो नहीं है, यह जानते हुए भी बहुत बार परिवर्तन के परिणाम को प्रयोग का श्रेय दिया जाता है, किन्तु असल में जानबूझकर तथा सोच-समझकर सद्य: स्थिति में परिवर्तन कराने की जो कोशिश की जाती है उसी की व्याख्या 'प्रयोग' शब्द से होनी चाहिए और इसी भावार्थ से मेरे 32-33 वर्षों के अध्ययनकाल की अवधि में खास करके कथक के रूप में तथा आविष्कार के ढंग में जो परिवर्तन मैंने महसूस किया उसमें प्रयोग संज्ञा से किन नृत्य घटनाओं का निर्देश हो सकता है, यह देखने की मैं कोशिश करती हूँ।

तीस पैंतीस सालों की इस अवधि में पूर्ण रूप से कथक तन्त्र पर आधारित नृत्य-नाट्यों का प्रथम प्रस्तुतीकरण हुआ, और इस महत्वपूर्ण प्रयोग के साथ कथक की प्रदर्शन पद्धति में बहुत सारे नये पहलुओं का समावेश होने लगा। नेपथ्य, प्रकाश योजना तथा वाद्यवृन्द द्वारा संगीत, इन चीजों के साथ नृत्य-नाट्य का प्रयोग कथक नृत्य के लिए बहुत परिणामकारी सिद्ध हुआ। इसी घटना के समांतर काल में व्यक्तिगत कथक आविष्कार के साथ युगल-नृत्य तथा सीमित रूप से समूह-नृत्यों की भी योजना होने लगी। अभिनय पक्ष में ठुमरी, दादरा, भजन, गजल आदि उप-शास्त्रीय गीत प्रबन्धों के माध्यम से होने वाला भावार्थ तथा अर्थान्तर प्रकटन के अतिरिक्त छोटे-बड़े कथा प्रसंग संगीत या साहित्य के बिना प्रस्तुत करने का 'गतभाव' का प्रयोग भी किया गया, गद्य छन्दात्मक कविता-पठन के साथ अभिनय का आविष्कार करने का प्रचार भी साथ ही होने लगा तथा ताल निबद्ध बोलों की बंदिशों का अभिनय के लिए उपयोग करने का भी प्रयोग हुआ। आज जितने गुरुकुल कथक के क्षेत्र में प्रतिष्ठित हैं, उन सभी गुरुकुलों से सम्बन्धित प्रथित यश तथा प्रतिभाशाली कथकाचार्यों का इस कलात्मक परिवर्तन में बेजोड़ योगदान रहा है। मेरे मत से कथक के ये सभी 'रूपांतर' प्रयोग कहलाने लायक हैं, किन्तु इसी नींव के ऊपर सम्बन्धित कथक के स्वरूप के सम्बन्ध में आज भी प्रयोग की आवश्यकता है, इसमें कोई सन्देह नहीं।

किसी भी कला का रूप प्रवाहहीन पानी की तरह बासी न हो जाए और कला सदा विकासोन्मुख रहे, इस हेतु कला क्षेत्र में प्रयोग की आवश्यकता नित्य होती है किन्तु कला के मूल रूप में छिपे हुए बीज को विकसित करने के उद्देश्य से योग्य दिशा में प्रयोग किए जाते हैं तभी कला क्षेत्र में प्रगति होती है, अन्यथा अनुचित प्रयोगों से तो कला के स्वरूप वैशिष्ट्य तथा परम्परा विशिष्ट सौन्दर्य मूल्यों की, हानि होने की ही सम्भावना अधिक है।

कथक के विशिष्ट सन्दर्भ में आज करने लायक प्रयोगों के उदिष्ट तथा दिशा का विचार करने से पहले मैं कथक के सौन्दर्य मूल्यों का थोड़ा विवरण देना चाहूँगी।

ठोस रूप से 'अंग', 'भाव' तथा 'तालयांकन' ये तीन पहलू कथक के 'नृत्त' तथा 'नृत्य' इन दोनों घटकों के लिए मौलिक महत्त्व रखते हैं। 'अंग' का अर्थ है— कथकवाचक सरल रेखाओं और अंशमात्र वक्राकारों का सन्तुलनपूर्वक ललित मेल, 'भाव' पक्ष में अंगोपांग, हस्त, गतिसंचलन, पैंतरे आदि माध्यमों द्वारा सरल तथा सूचक भाव एवं अर्थान्तर का प्रकटन और 'ताललयपक्ष' में लक्षणीय तालबद्धता तथा पदन्यास द्वारा संकीर्ण लयकारी आदि चीजों का अन्तर्भाव होता है। अंग, भाव तथा ताललयांकन इन तीन घटकों का कथक के आविष्कार में सन्तुलित रूप से मेल होना चाहिये। कथक के विशिष्ट स्वरूप का निर्धारण करने के लिए इनमें से जिस घटक का जिस प्रमाण में योगदान आवश्यक महसूस होता है उसी प्रमाण के अनुसार उस घटक का आविष्कार में महत्त्व होना चाहिए, इस प्रमेय के बल तथा 'कथा करें तो कथक कहलावें' इस कथक नृत्य की पूर्व परम्परा की सूचना करने वाली व्याख्या के अनुसार कथक के आविष्कार में नृत्त पक्ष से नृत्य पक्ष का आधिक्य रखने की आवश्यकता मेरे विचार से एक गृहित तथ्य के समान है।

आज के दर्शक अधिक से अधिक दो-ढाई घण्टों का ही नृत्य कार्यक्रम एकाग्रता के साथ देख सकते हैं। समय की यह पाबन्दी ध्यान में रखते हुए नृत्त तथा नृत्य के सभी पहलुओं को स्पर्श करने की नर्तकों की अच्छी कोशिश दिखाई देती है। आकर्षक वेश, रंगभूषा, सूचक नेपथ्य तथा चतुर प्रकाश संयोजन, कर्णमधुर एवं भावमधुर संगीत आदि सहित प्रदर्शन कला का परिणामकारी उपयोग, सभी छोटे-बड़े नृत्य कार्यक्रमों का आकर्षण कई गुना बढ़ा देते हैं। भ्रमरी तथा पदन्यास में तैयारी का अंग बहुत ही विकसित हुआ है। व्यक्तिगत नृत्याविष्कार में आज के रंगमंच के विस्तारित अवकाश का पूरी तरह संग्रमण करना आवश्यक लगने से, नृत्य गतिमान विस्तृत रेखाओं से सम्पन्न हुआ है। अभिनय पक्ष में ही केवल लक्षणीय प्रगति नहीं है इसलिए प्रयोग करने की आवश्यकता तो पहले अभिनय क्षेत्र में है। नये कथा विषयों की खोज तथा उन कथा विषयों के आविष्कार की सफलता के लिए नये सहज तथा सूचक नृत्यकारों का निर्माण आदि में प्रयोग की आवश्यकता बहुत महसूस होती है।

कथक के अतिरिक्त अन्य नर्तन शैलियों में जो हस्त परिभाषाएँ प्रचलित हैं उनसे कथक की हस्त परिभाषा बहुत निराली है। इसमें बोली भाषा के एक-एक शब्द के लिए एक-एक समान्तर संकेत नहीं हैं, किन्तु एक चीज के तत्व का सूचक निचोड़ दिखाने वाला आविर्भाव है। ऐसी तर्कप्रणित हस्त परिभाषा का अधिकाधिक विकास होना बहुत आवश्यक है, जिससे नये-नये कथाबीज नृत्याभिनय द्वारा अंकुरित होकर अभिनय की आर्तता तथा गहराई बढ़ाने की क्षमता पायेंगे।

नृत्त विभाग में गतिबंध और रचनाबन्ध के तन्त्र में प्रयोगों की बड़ी गुंजाइश है, इसका कारण यह है कि 'देश' और 'काल' इन मूल तत्वों में से 'काल' तत्व का

आविष्कार तो 'ताल लय विचार' के रूप में कथक में बहुत गहराई तक हो चुका है। तथापि 'देश' पर न पूरी तरह से विचार हुआ है न कृति। हो सकता है कि इस दिशा में प्रयोग होने से व्यक्तिगत नृत्य के कारणों में तथा गतिविधियों में और कथक के सामूहिक प्रस्तुतीकरण के अन्तर्गत रचनाबन्धों में नयी कल्पनायें, नये स्तर और चिर वैचित्र्य निर्माण होगा।

अन्त में आन्तरिक परिवर्तन का एवं कथक नृत्य के प्रस्तुतीकरण के प्रयोजन का एक ही विषय रह गया है, जो बहुत महत्त्वपूर्ण है। इतिहासवशात इस नृत्य शैली का मन्दिर परम्परा से सम्बन्ध टूटने के बाद इसके प्रदर्शन का देवताओं की आराधना का अंगभूत भाव पूरा खो गया था तथा मध्यकाल में दरबारों में और शाही महफिलों के वातावरण में पलने के कारण 'दर्शकों' का मनोरंजन एकमेव प्रयोजन हो गया था, जो दुर्भाग्य से आज के कथक प्रदर्शन में भी अंशत: उसी तरह महसूस होता है। वैसे दर्शकों के साथ संवाद बनाये रखना तो कथक का एक असाधारण गुणवैशिष्ट्य है ही परन्तु संवाद का अर्थ है कला के आनन्द की 'लेन-देन' न कि केवल दर्शकों के उत्तेजित प्रतिसाद की अपेक्षा में चमत्कृतिपूर्ण प्रदर्शन अथवा केवल मनोरंजन।

हस्तक

माया राव

रचना की रंगारंग समृद्धि को प्रस्तुत करने के लिए कथक संकेतों की एक शृंखला का प्रयोग करता है। इसके बावजूद 'भरतनाट्यम' या 'कथकली' की तरह, स्वीकृत नामों के अन्तर्गत एक संहिता के रूप में, हाथों की स्मरण पद्धति का वह अनुसरण नहीं करता। कथक में सम्पूर्ण शरीर ही अभिव्यक्ति के प्राथमिक माध्यम के रूप में कल्पित किया गया है। इसलिए उसकी सांकेतिक भाषा का अलग से वर्गीकरण नहीं किया जाता।

मसलन यदि नर्तक चन्द्रमा को प्रस्तुत करना चाहता है, तो न केवल वह अपने हाथों से 'अर्द्धचन्द्रहस्त' मुद्रा प्रदर्शित करेगा वरन उसका शरीर भी एक चाप में मुड़ जायेगा ताकि अर्द्धचन्द्र के भाव को संकेतित किया जा सके।

संकेतों की संहिता के स्थान पर कथक ने स्वयं अपनी एक पद्धति का विकास किया है, जिसमें 'गत', 'गत-निकास' और 'गत-भाव' के माध्यम से संकेतों की भाषा में प्रशिक्षण दिया जाता है।

गत में नर्तक 'हस्त' के उपयुक्त मुद्रा रचता और किसी विशेष भाव को प्रतीकीकृत करता है। जबकि गत-निकास में वह एक चाल के साथ एक ऐसी भंगिमा बनाता हुआ आगे बढ़ता है, जो प्रस्तुत किए जाने वाले चरित्र के उपयुक्त होती है। गत-भाव सघन-कथा-कथन के रूप में होती है। उसमें प्रिय देवी-देवताओं से संबद्ध महाकाव्य या निजंधरी कथाओं से सामयिक प्रसंग और कथ्य प्रस्तुत करने वाले छोटे-छोटे टुकड़े हाथों के विविध उपयोग के माध्यम से प्रस्तुत और उपयुक्त अभिव्यक्तियों तथा मुद्राओं से अलंकृत किये जाते हैं।

इस तरह हम देखते हैं कि हाथों के माध्यम से भाव और वस्तुओं को प्रस्तुत करने की एक ऐसी निश्चित पद्धति है, जो नृत्य और नाट्य-शास्त्र के प्राचीन ग्रन्थों में प्रस्तुत किये गये नियमों की पुष्टि करती है। दुर्भाग्य से ये 'हस्त' कथक-नर्तकों को उनके मूल नामों से मालूम नहीं हैं।

फिर भी हम यह अनुमान कर सकते हैं कि कथक के इतिहास में एक ऐसा चरण अवश्य रहा होगा, जहाँ शास्त्रों की पूरी समानुरूपता में संकेतों का अध्ययन किया जाता रहा होगा। लेकिन बाद को गुरुओं ने शास्त्र से किनाराकशी की होगी,

और केवल ऐसे संकेतों के उपयोग को सुरक्षित रख लिया होगा, जिन्हें उन्होंने अपने शिष्यों को हस्तांतरित कर दिया। अपने विचार के समर्थन में मैं कथक के आरम्भिक 'विषय' का उदाहरण देना चाहूँगी, जो रंगमंच के अधिष्ठाता 'देव' की स्तुति में प्रस्तुत किया जाता है और जो शंभु महाराज द्वारा सिखाया गया है। वह 'रंगमंच का टुकड़ा' के नाम से जाना जाता है। वह इस क्रम में प्रस्तुत किया जाता है।

मंच पर अपना स्थान ग्रहण करने के बाद नृत्यांगना आगे आती है, पहले दाहिनी ओर बढ़ती है, दाहिना हाथ उस दिशा की ओर बढ़ा होता है और बायाँ हाथ वक्ष पर होता है, दोनों हाथों की हथेलियाँ नीचे की ओर होती हैं, हाथों में क्रमानुसार परिवर्तन के साथ यह बायीं ओर भी दोहराया जाता है। इसके बाद सिर पर फूल रखने के प्रतीक के साथ नृत्यांगना घूम जाती है। और फिर बायीं ओर पुष्पांजली अर्पित करती हुई हाथों को नीचे ले आती है। क्रियाओं का यह क्रम दूसरी बार दोहराया जाता है। लेकिन फूल रखे हुए हाथों के स्थान पर इस बार हाथ, नमस्कार की मुद्रा में होते हैं। फिर 'ठाह', 'दुन' से लय 'चौगुन' में उठ जाती है और कतिपय सुंदर गतियाँ उद्घाटित होती हैं। समापन नमस्कार से होता है। इसके बाद नृत्यांगना मंच की बायीं ओर अपना स्थान ग्रहण कर लेती है।

इस टुकड़े के विश्लेषण से चतुर-दामोदर के 'प्रबन्ध-संगीत-दर्पण' में वर्णित 'पुष्पांजली' से एक आश्चर्यजनक समानता उद्घाटित होती है। चतुर दामोदर ने यह ग्रंथ 17वीं शताब्दी में लिखा था। वे बादशाह जहाँगीर के संरक्षण में रहते थे। इस पुस्तक के अनुसार जिसमें तत्कालीन प्रचलित नृत्य-क्रमों का विस्ततृ वर्णन है, नृत्यांगना अपना प्रदर्शन पार्वती के आशीर्वादों के आह्वान से शुरू करती थी। पार्वती लास्य नृत्य की प्रवर्तक हैं। शुरुआत इस पद से की जाती थी।

"भावतम् भूताये भूयत भवानी भववल्लभा—
अंगीकृत सुसंगीत भंगी मुदिता मनसा ॥"

इस पुस्तक में इस प्रस्तुति के लिए 'हस्त' का वर्णन भी है। भावत्तम 'पताका हस्त' के साथ आगे बढ़कर दिखाया जा सकता है। भूताये सिर के ऊपर 'अपल्लव हस्त' से भूयत 'पताका हस्त' के साथ चक्राकार गति से और भवानी सिर के ऊपर 'अंजली हस्त' से प्रस्तुत किये जाते थे। इसके आगे लेखक कहता है कि इस श्लोक को ताल की तीनों लयों में प्रस्तुत किया जाना चाहिए। अंग, उपांग, और प्रत्यंग का उपयोग करते हुए नृत्यांगना को पहले दाहिनी ओर मुड़ना चाहिए फिर बायीं ओर, और फिर सारी दिशाओं को प्रणाम करने की अभिव्यक्ति स्वरूप गोल घूम जाना चाहिए। इसके बाद 'पुष्पपुट हस्त' से पुष्पांजली अर्पित करते हुए वह झुकती है और 'अंजली हस्त' से समापन करती है।

उपर्युक्त दोनों अंशों में जो निकट समानता है उससे यह स्पष्ट होता है कि कथक-नर्तकों में पुष्पांजली के लिए निर्धारित संकेत और मुद्राओं के रूपाकार को एक प्रयोगाश्रित पद्धति में आगे बढ़ाया गया लेकिन उससे संबद्ध साहित्य की उपेक्षा की।

स्वाभाविक हस्त—इसी प्रकार एक सावधान दर्शक आसानी से यह देख सकता है कि कथक-नर्तक अपने गत और गत-भाव की लचीली लौर प्रवहमान मुद्राओं में हाथ का उपयोग करते रहे हैं। पताका, त्रिपताका, शिखर, कपित्थ, कटकमुख, चतुर, हंसास्य आदि की तरह हाथ अपने विभिन्न संयोजनों में और अकेले में भी उन वस्तुओं और चरित्रों को व्यक्त करने के लिए प्रयुक्त किये जाते हैं, जो शास्त्रों में उल्लिखित हैं। लेकिन उस कथक-नर्तक के लिए जिसे उनके तकनीकी नाम मालूम नहीं हैं, इन हस्त-मुद्राओं की कोई अपनी स्वतन्त्र और अलग सत्ता नहीं है। उन्हें वह स्वाभाविक हस्त की तरह प्रयुक्त करता है। दूसरे शब्दों में संकेतों के रूप में उनका स्वतः स्फूर्त प्रयोग होता है। मसलन वह राम का प्रतिरूप रचने के लिए कपित्थ और शिखर सरीखी हस्तमुद्राओं के संयोजन का प्रयोग कर सकता है। लेकिन उसे वह सिर्फ 'राम की गत' के रूप में ही स्वीकार करेगा।

जीवन से स्पंदित हस्त—यह उल्लेख किया जा सकता है कि कथक में सांकेतिक भाषा न तो नियमबद्ध हस्त तक सीमित हैं और न ही वे आंतरिक रूप से अलंकारिक हैं। इस पद्धति में हर उँगली जीवन से स्पंदित होती है। और कथ्य की परिवर्तनशील तरंगों की अनुगूंज के लिए हाथ की गतियों को नियन्त्रित करती हैं।

उदाहरण के लिए पताका हस्त लें—यह लहरों की गति और हवा के प्रवाह का संकेत देने के लिए प्रयुक्त किया जाता है। यदि नर्तक लहरों के प्रकोप को दिखाना चाहता है तो यह स्थिति पताका हस्त की प्रखर, प्रसूत और विस्फारित गतियों में बाँधी जाती है। दूसरी ओर यदि वह प्रशान्त लहरें दिखाना चाहता है, तो एक दुर्लभ लचीलापन उसी हस्त में गलियों की तरंगायित उँगतियों से दिखाया जाता है। फिर जहाँ वसन्त की सुगन्धित बयार पताकाहस्त की एक विह्वल लहर से दिखाई जाती है, वहीं शिशिर की शीताहत वायु उसी हस्त में उँगलियों की अनमनीयता से दिखाई जाती है।

इसी तरह एक चरित्र की मनोदशा की सूक्ष्म भावच्छटाओं को प्रस्तुत करने के लिए विविध हस्त प्रयुक्त किये जाते हैं। उदाहरण के लिए अपने प्रेमी के आगमन की उत्सुकता से प्रतीक्षा करती हुई नायिका के प्रसंग में 'कटक मुख हस्त' से उसके आनन पर अवगुंठन के छोर का धीरे से उतरना और 'त्रिपताका हस्त' से उसका मन्द गति से हटना, उसकी आँखों की उत्कंठा को उद्घाटित करते हैं। उस नायिका के प्रसंग में, जो अपने प्रेमी की निष्ठा के प्रति निश्चिन्त है। अवगुंठन उसके

चेहरे पर तेजी से दायें हाथ से, कटक मुख हस्त मुद्रा में खींच लिया जाता है और उतनी ही तेजी से 'अर्द्धपताका हस्त' में बायें हाथ से हटता है और ओठों पर एक विजयी मुस्कान खिल उठती है।

इस प्रकार कम-से-कम दस विविध हस्त मुद्राओं से एक नायिका की विविध भावात्मक दशाएँ प्रदर्शित की जा सकती हैं। लेकिन एक कथक नर्तक के लिए यह सब घूंघट के प्रकार के रूप में जानी जाती है। राम, अर्जुन या किसी भी अन्य निजंधरी नायक को प्रस्तुत करने वाले हस्त उस स्थिति के अनुसार बदले जाते हैं, जिसमें वो होते हैं। उदाहरण के लिए अयोध्या में राजकुमार के रूप में राम राजदरबार के विशिष्ट प्रतीक और मुकुट को प्रस्तुत करने वाली हस्त मुद्राओं से दिखाए जाते हैं। लेकिन बनवास करते हुए राम के प्रसंग में हस्त मुद्राएँ बदल जाएँगी।

अभिव्यंजक संकेत—जीवन और अनुभव से निर्धारित इन हस्त मुद्राओं के अलावा कथक में महती सफलता से संकेतों के अभिव्यंजक रूपाकारों को अपना लिया गया है, जिसमें वस्तु की प्रस्तुति भाव-संयोगों के माध्यम से होती है।

उदाहरण के लिए एक सरिता का भाव, नौका चालन अथवा तैरने के संकेतों से प्रदर्शित किया जाता है। मुकुल और पद्मकोष हस्त के उपयोग में हरिण की उछलकूद और तत्परता दिखाई जाती है, उसकी फुर्ती भी कटाक्ष की त्वरा से संप्रेषित होती है।

सावन या वर्षा ऋतु दर्शकों के सामने इस ऋतु से सम्बद्ध सारे लोकप्रिय मनोरंजनों के उपकरणों के माध्यम से दिखाई जाती है। बिछड़े हुए प्रेमियों पर इसका प्रभाव दिखाकर भी इसे विस्तार से प्रस्तुत किया जाता है। अभिव्यंजक संकेतों के एक दूसरे उदाहरण के रूप में मेघों और वर्षा का संकेत देने के लिए मयूर की प्रस्तुति है, जिसमें दोनों वस्तुएं इस सुन्दर पक्षी के गायन और नर्तन को प्रेरित करती हैं।

फिर नायिका की वियोग वेदना, सुदूर चन्द्रमा की ओर चकोर की बेचैन उड़ान के द्वारा अत्यन्त तीव्र रूप से सम्प्रेषित की जाती है। यह 'कर्तरी मुख हस्त' मुद्रा में उँगलियों के कुशल संयोजन के माध्यम से प्रदर्शित की जाती है और साथ ही भवों की चेष्टाओं से इनका प्रभाव विकसित किया जाता है, जिसमें पंखों की फड़फड़ाहट का संकेत, भवों के प्रत्यावर्ती आरोह-अवरोह से संकेतित किया जाता है।

हिन्दू और मुसलमान संस्कृतियों के संश्लेषण के द्वारा कथक में आलंकारिक संकेतों की एक ऐसी पद्धति का विकास हुआ है, जो दरबारों की विशेषताओं के अनुकूल गतों का एक अविभाज्य हिस्सा बन गयी हैं। पिछली शताब्दी के दौरान लिखी गयी अनेक पुस्तकों में इन गतों का वर्णन मिलता है। इनमें से प्रत्येक गत न

केवल एक मूर्त वस्तु वरन एक अमूर्त विशेषता को भी प्रतीकीकृत करती है। ये गतें जो 'भारतार्णव' और 'नाट्य शास्त्र संग्रह' में उलिखित अंगहार द्वारा प्रतीकीकृत हैं हाथों की स्थिति के साथ संरचनाओं के स्पष्ट ब्यौरे देती हैं। इनका सावधानी पूर्वक अध्ययन इस तथ्य की सम्पुष्टि करता है कि इनकी रचना सौन्दर्य-शास्त्र की एक निश्चित पद्धति के अनुसार की गयी है। जिन विद्वानों ने इनके विषय में लिखा है, वे इन गतों की सौन्दर्यात्मक विशेषता और प्रामाणिकता की सुरक्षा के प्रति इतने सचेत थे कि उन्होंने उनके उदाहरण देना भी जरूरी समझा ताकि उनके बारे में कोई भ्रम न रह जाये। पिछली शताब्दी में रचित 'नगमत-उल-हिन्द' के लेखक के अनुसार श्री शंभु महाराज के प्रपितामाह श्री प्रकाश कथक द्वारा लिखी गयी पुस्तक में 360 गतों का वर्णन है। दुर्भाग्य से हमारे पास इन सभी गतों के ब्यौरे नहीं हैं। यह प्राप्त कर लिये जायें तो संकेतों का सम्पूर्ण सरगम उद्घाटित हो जायेगा। फिर भी पिछली शताब्दी के दौरान लिखी गयी किताबों में उस वक्त केप्रचलित कुछ गतों का विस्तृत ब्यौरा है। वाजिदअली शाह के द्वारा लिखी गयी 'गुंच-ए-राग' और 'सौत-उल-मुबारक' तथा 'नगमत-उल-हिन्द' में 14 गतों का उल्लेख है जबकि 'मदन-उल-मौसिकी' में 21 गतों का विवरण है।

इन गतों का संक्षिप्त विवरण संकेतों की उस नयी पद्धति को स्पष्ट कर सकेगा, जो पिछले 100 वर्षों के दौरान प्रचलित रही थीं।

परी—अपने हाथों को परी के पंखों की तरह फैलाकर नृत्यांगना दर्शकों की ओर पीठ किये बिना ही आगे और पीछे गतिमान होती है, उसकी भंगिमा से यह संकेत मिलता है कि वह प्रेम के समुद्र में निमग्न है। (हाथों की स्थिति पताका हस्त के समान होती है।)

सलामी—अपने दायें हाथ को मस्तक पर रखकर हथेली को अर्चना की मुद्रा में मोड़कर और उँगलियों को किंचित झुकाकर नृत्यांगना पिछली गत की तरह आगे और पीछे चलती है। उसकी नजर बायें हाथ पर होती है, जो अपनी सामान्य स्थिति में होता है। (दायें हाथ की स्थिति सर्प शीर्ष हस्त के समान अंदर की ओर होती है, जबकि बायां हाथ दोलहस्त के समान होता है।)

फरियाद—हथेली में उंगलियों को झुकाकर सिर के ऊपर उठा हुआ दाहिनी हाथ, अंगूठा तर्जनी पर रखकर नृत्यांगना आगे बढ़ती है। बायां हाथ अपनी सामान्य स्थिति में होता है। अभ्यर्थना करती हुई उसकी आँखें दाहिने हाथ पर टिकी होती है। (दाहिना हाथ का रूपायन मुष्टिहस्त की तरह होता है।)

मुकुट—मुकुट को रूपायित करते हुए दोनों हाथ सिर के ऊपर उठे होते हैं। अंगूठे परस्पर सम्बद्ध होते हैं और नृत्यांगना उठे हुए हाथों की उँगलियों की ओर देखती हुई आगे बढ़ती है। (हाथ वैष्णव हस्त के समान होते हैं।)

आंचल—दाहिना हाथ सिर पर यूँ रखा होता है जैसे कि घूँघट पकड़ा गया

हो और बायाँ हाथ अपनी सामान्य स्थिति में होता है। नृत्यांगना अपनी नजर बायें हाथ पर टिकाये हुए लज्जालु भाव से चलती है।

मुस्कुराती—दाहिना हाथ निचले ओठ पर रखा हुआ, विशेषतः बीच की उँगली निचले होठ को स्पर्श करती हुई और बायाँ हाथ कमर पर मुट्ठी बन्द करके रखा हुआ, अंगूठा निकला हुआ, नृत्यांगना आगे की ओर थिरकती हुई चलती है। वह अपनी झुकी कोहिनी और प्रेमी-संरक्षक की ओर क्रमशः देखती है। (दायें हाथ की स्थिति 'पताका' और बायें हाथ की स्थिति 'शिखर' के समान होती है।)

मुअद्दब—दाहिने हाथ की हथेली बाये हाथ की हथेली पर रखी हुई उँगलियाँ बाँधी हुई, नृत्यांगना अपने हाथों को नाभि पर रखे हुए एक सगर्व चाल से चलती है। (हाथों का रूपाकार सम्पुट हस्त के समान होता है।)

हुस्न—दाहिना हाथ वक्ष पर रखा हुआ, बायाँ हाथ अपनी सामान्य स्थिति में, नृत्यांगना अपने वक्ष और फिर बायाँ हाथ की ओर क्रमशः देखती हुई आकर्षक ढंग से चलती है। दाहिने हाथ की उँगलियां मिली हुई होती हैं।

घूँघट—दाहिना हाथ घूँघट के सिरों को मजबूती से पकड़े हुए, सिर पर रखा होता है, और दूसरा हाथ घूँघट को चेहरेसे उठाता हुआ। नृत्यांगना वक्ष पर अपनी नजरें टिकाये हुए आगे बढ़ती है।

मेहबूब—घूंघट चेहरे पर पड़ा हुआ और हाथ अपनी सामान्य स्थिति में। नृत्यांगना संकोचशील कदमों से आगे बढ़ती है, जिसका संकेत होता है कि वह मिलनातुर है।

नाज—दाहिना हाथ वक्ष के बीच में एक स्तंभ की तरह रखा हुआ, उसकी कोहिनी बायें हाथ की हथेली पर रखी हुई, बायाँ हाथ कमर के आरपार स्थित। नृत्यांगना आगे बढ़ती है। उसकी ठुड्डी दाहिने हाथ की उँगलियों पर टिकी होती हैं।

गम्जा—दाहिना हाथ सिर पर, बायाँ हाथ सामान्य स्थिति में। नृत्यांगन एक दोलायमान गति से चलती है। दाहिने हाथ की उँगलियाँ मुड़ी होती हैं और आँखें वक्ष पर टिकी होती हैं।

अदा—दोनों हाथ बाजुओं पर रखे हुए, नजरें आसमान की ओर उठी हुईं। नृत्यांगना विनम्रता से आगे चलती है।

ये गतें जिन्होंने सार्वजनीन स्वीकृति अर्जित की हैं, ऊपर बताई गई पुस्तकों में समान हैं। मदन-उल-मौसिकी में इनके अलावा सात गतों का उल्लेख और मिलता है।

कृष्ण या कन्हैया गत—हाथ, ओठों पर मुरली पकड़े जाने के संकेत में, नृत्यांगना आगे बठती है और घुटनों पर बैठती हुई एक चक्राकार का प्रदर्शन करती है (हाथों की स्थिति चतुरहस्त की तरह होती है।)

सायक—हाथ आकाश की ओर फैले हुए, नृत्यांगना एक संकोचशील चाल से चलती है। उसकी चंचल भयभीत-सी चितवन से, बिजली के भाव का संकेत मिलता है।

करिश्मा—दाहिना हाथ सिर के दाहिनी ओर तिर्यक रूप से रखा हुआ, उँगलियाँ आँखों के स्तर पर, बायाँ हाथ ठुडडी पर। नृत्यांगना एक संयम से आगे की ओर बढ़ती है। आँखें वक्ष की ओर होती हैं।

दो-दस्ती—दाहिना हाथ बायें कंधे के पास और बायाँ हाथ सीधा नृत्यांगना के पहले दायीं ओर घूमती है और फिर बायीं ओर नजरें, दोनों हाथों की स्थिति की ओर।

जादू—दाहिने हाथ की दो उँगलियों से पेशवाज को पकड़ कर अपने सिर पर रखे हुए नृत्यांगना आगे बढ़ती है। बायाँ हाथ अपनी सामान्य स्थिति में होता है। (उसके दाहिने हाथ की स्थिति नाट्य-शास्त्र के 'हंसास्य हस्त' की तरह होती है।)

मेहबूबा—पेशवाज के छोरों को दोनों ओर से पकड़े हुए नृत्यांगना संरक्षक की ओर नजरें टिकाये आगे बढ़ती है। (हाथों की स्थिति 'अभिनय दर्पण' के 'हंसास्य हस्त' की तरह होती है।)

बर्क—पेशवाज के छोर को बायें हाथ से पकड़े उसे अपनी कमर पर रखती हुई नृत्यांगना पहले दाहिनी ओर मुड़ती है और फिर बायीं ओर वापस आती है। दाहिनी ओर जाते हुए, उसके पदन्यास तीव्र गति में होते हैं और लौटते हुए उनकी गति धीमी और कोमल होती है।

नृत्त हस्त—नृत्य और भाव में प्रयुक्त संकेतों के इस घोष के अलावा नृत्त में, प्रयुक्त कुछ और हस्त मुद्राएँ हैं, जो 'अभिनय दर्पण', 'भारतार्णव' और 'नाट्य-शास्त्र' में प्राप्त हस्त-मुद्राओं के समान हैं। इनमें से अधिकांश कथक की 'थाठ' प्रस्तुति में प्रयुक्त किये जाते हैं, जो इस नृत्य रचना का आरम्भिक अंग है।

नृत्त-हस्त परमेलु, संगीत और परन सरीखी लयात्मक-संरचनाओं की प्रस्तुति में भी प्रयुक्त होते हैं। यहाँ मृदंग, पखावज, मंजीरा और अन्य वाद्यों पर निकाली गयी गतियाँ हाथों के संकेतों से प्रस्तुत की जाती हैं। दरअसल, उत्तर भारत की संगीत पर लिखी गयी पुरानी पुस्तकों में से एक में 'हस्तक' की परिभाषा हाथों के ऐसे संकेत के रूप में की गयी है, जो परमेलु की कदम-ताल की लय की अनुगूंज उत्पन्न करते हैं।

कथक के जयपुर घराने में 'नृत्त-हस्त' की एक समृद्ध विविधता टुकड़ा परन और लयात्मक-संरचनाओं में प्रयुक्त अक्षरों की बारीकियों की विशिष्टता को उद्-घाटित करने के लिए प्रयुक्त होती हैं।

इस प्रकार इस संक्षिप्त सर्वेक्षण से यह स्पष्ट होता है कि कथक में प्रयुक्त हस्त और मूल-पाठों में प्राप्त हस्त-मुद्राओं में एक निकट साम्य है। 'अभिनय दर्पण'

'भारतार्णव' और 'नाट्य-शास्त्र संग्रह' में प्राप्त हस्त मुद्राओं से तादाम्यीकृत कुछ हस्त-मुद्राओं का मैं उल्लेख करना चाहूँगी।

असंयुक्त-हस्त––(एकाकी हस्त-संकेत) पताका, त्रिपताका, अर्द्धपताका, कर्तरीमुख, अर्द्धचन्द्र, अराल, मुष्टि, शिखर, कपित्थ, कटक-मुख, सूची, पद्मकोष, सर्प-शीर्ष, मृग-शीर्ष, सिंह-मुख, कंगूल, अलपल्लव, चतुर, भ्रमर, हंसास्य, समदंश, मुकुल।

संयुक्त-हस्त—(सम्मिलित हस्त-संकेत) : पुष्पपुट, अंजलि, चतुरस्र, डोला, अविहित्त, पताका-स्वस्तिक, कलश, वैष्णव, हंस-पक्ष, कर्कट, स्वस्तिक, उत्संग, चक्र, पाश, कलक, संपुट, मत्स्य, शंख, नागबंध, खट्व, गरुड़, कटक वर्द्धमान, तिलक।

नृत्त-हस्त—'भारतार्णव' और 'नाट्यशास्त्र-संग्रह' के अनुसार···उदवृत्त, तालवक्रत, अविद्ध वक्त्र, चतुरस, स्वस्तिक, विप्रकीर्ण, सूचीमुख, रेचित, पल्लव, केशबंध, लता, करिहस्त, दण्डपक्ष, पक्षवंचिता, पक्षप्राद्योतका, उर्द्धवमंडली, पार्श्व-मंडली, अलपद्म, ज्ञान, ललिता, मुद्रा, नलिनी पद्मकोश।

और 'अभिनय दर्पण' के अनुसार : पताका, स्वस्तिक, डोला, अंजलि, कटक-वर्द्धन, संकट, पाश, कीलक, कपित्थ, शिखर, कूर्म, हंसास्य और अलपद्म।

निष्कर्षतः हम कह सकते हैं कि पहले से ही प्रचलित इन संकेतों का अध्ययन और वर्गीकरण किया जाना चाहिए ताकि कथक-नर्तक के प्रशिक्षण के एक मानक रूप का ये अनिवार्य हिस्सा बन सकें।

कुछ मुद्दे कुछ विशेषताएँ

सुशील कुमार सक्सेना

इस लेख में मेरी विनम्र कोशिश कथक नृत्य के बारे में सामान्य धारणा की परीक्षा और सम्भव हो तो उसका परिष्कार करना है। इसके लिए भाषा के तीनों स्तरों पर विचार करने की जरूरत है। उपर्युक्त परिभाषाएँ जहाँ नहीं हैं, वहाँ शब्दों को गढ़ना होगा। अलावा इसके, जहाँ शब्दों का स्वतंत्र लेकिन अनेकार्थी प्रयोग होता है वहाँ अर्थ को स्पष्टता से निर्धारित करने का प्रयत्न किया जा सकता है और अन्ततः (चिन्तन का जो सार है) उस 'अन्तर' को रेखांकित किया जाना चाहिए अथवा जहाँ जरूरी है उसे परिष्कृत भी किया जाना चाहिए।

अब मैं इनमें से पहला काम शुरू करता हूँ—उपयुक्त शब्दों के आविष्कार की जरूरत। कथक प्रस्तुति के प्रसंग में विषय वस्तु के प्रयोग के प्रति विद्वद्जन अक्सर असन्तुष्ट रहे हैं। मैं उनके असंतोष में भागीदार हूँ और उसकी वजह है।

इस शब्द का सामान्य अर्थ सीधे-सीधे एक वस्तु या कार्य का एक हिस्सा है। हम कार्यसूची के विभिन्न विषयों की बात करते हैं। हम खरीदने की वस्तुओं की बात भी कर सकते हैं। इन दोनों में जो समान बात है वह यह है कि विभिन्न विषयों में कोई अनिवार्य सम्बन्ध नहीं होता, और फिर इनका कोई कलात्मक या सौन्दर्यात्मक सन्दर्भ भी नहीं है। अलावा इसके नृत्य प्रदर्शन, एक कलाकृति है। उसमें एक आंतरिक अन्विति जरूरी है। इसलिए कथक नृत्य की वस्तु के बारे में महज विषयों की सूची की भाषा में बात करना अनुपयुक्त है। फिर हम सब जानते हैं कि कथक में प्रस्तुत की जाने वाली हर संरचना को समुचित रूप से सुगठित भी होना चाहिए। उसे 'रूपायित' कहा जाना उचित होगा या वह स्वयं एक 'रूप' है। इन 'रूपों' का एक समग्र प्रदर्शन में, निश्चय ही, अपना वैयक्तिक चरित्र होता है, लेकिन उनका एक दूसरे से विभिन्न तरीकों से सम्बद्ध होना भी जरूरी है ताकि उनकी एक समग्र और अन्वित प्रस्तुति भी निर्मित हो सके। इस तरह उन्हें 'रूपों' के भीतर रूप और 'अन्तररूप' कहा जा सकता है। यहाँ यह उल्लेखनीय है कि मैं शब्द 'अधि-रूप' का प्रस्ताव नहीं कर रहा हूं। शब्द 'अधि-रूप' का संकेत 'नीचे' या 'निम्न' भी है। एक नृत्य प्रस्तुति में, हर संरचना शुरू से लेकर अन्त तक पूरी तरह अभिव्यक्त और स्पष्ट होती है, क्योंकि चित्र या इमारत की तरह वह सिर्फ बाहर से देखी ही नहीं

जा सकती, बल्कि वह दरअसल दर्शकों के द्वारा देखी भी जा रही होती है। लैंगर के साथ कहा जा सकता है कि कोई भी कलाकृति एक प्रस्तुत प्रतीक है लेकिन एक नृत्य (या संगीत) का कार्यक्रम स्वयं एक प्रदर्शन है।[1]

नृत्य, मैं तुरन्त जोड़ता हूँ, गायन की अपेक्षा अधिक प्रदर्शनीय है। पदगति के माध्यम से लय-बन्द यहाँ संगीत की अपेक्षा अधिक स्पष्ट होती है, हालांकि लय का 'चक्राकार' चरित्र-सम पर उसकी होती हुई वापसी-सम्भवतः नृत्य संरचना की तुलना में एक अच्छी बन्दिश के आरोह-अवरोह में अधिक स्पष्टता से देखा जा सकता है। भावात्मक वस्तु नृत्य में अधिक स्पष्टता से प्रस्तुत की जा सकती है, क्योंकि चेहरा और पूरा शरीर ही इसमें शामिल होते हैं। अलावा इसके, वस्तु-विषय के प्रसंग में हमारे पास अभिव्यक्ति के दो शक्तिशाली माध्यम है—अंग और सार्थक शब्दों वाला गायन। संगीत में कोई (शारीरिक) अंग नहीं है। यदि यह माना जाय कि 'गायन' में भी कई औपचारिक मुद्राएँ हैं—जैसी कि अलाप और ध्रुपद शैली की संरचनाओं में होती है तो मेरा जवाब होगा कि नृत्य में हमारे पास उपांगों, भंगिमाओं और मुद्राओं के अनेक और विभिन्न उपयोग हैं।[2]

एक प्रस्तुति, बहरहाल, एक प्रदर्शन ही नहीं होती और दर्शकों के सामने नृत्य करना दर्शकों के लिए नृत्य करना नहीं है।

आजकल, लेकिन एक पूरी कथक प्रस्तुति अक्सर कुछ ऐसे 'विषयों' को समाहित करती है जो स्वयं 'रूप' हैं जैसे कि एक 'धमार' या एक 'तराना जो हमारे उत्तर भारतीय शास्त्रीय (गायन) संगीत के स्वीकृत रूप भी हैं। उन्हें 'अन्तरूपों' के वर्ग में अवनत क्यों किया जाय ? मेरा तुरन्त जवाब है—कि इससे संगीत के रूपों की अव-मानना नहीं की जा रही है। मैं दुहराता हूँ शब्द अन्तः (Intra) है, अधि (Infra) नहीं। एक अन्तरूप, समग्र प्रस्तुति से एकान्वित होता है, जैसा कि मैंने कथक केन्द्र की दो संगोष्ठियों[3] में वास्तविक संरचनाओं की सहायता से कहा है : धमार (या तराना) वस्तुतः नृत्य के मुहावरे से प्रभावित हैं, और जो नवीनता उससे आती है वह इन गायन रूपों की कलात्मक संभावनाओं को उत्तेजित करती है। मैं मानता हूँ कि एक नृत्यकृति में सम्मिलित ध्रुपद/धमार/तराना/, मात्र गायन की सज्जा से सिद्धान्ततः भिन्न हैं। नृत्य के क्षेत्र में एक ध्रुपद रमणीय 'अंग' के लम्हे उत्पन्न करता है। धमार उस सम पर अधिक दीप्ति से पहुँचती है जो नाद साम्य में प्राप्त होती है और तराना अपने आरोह-अवरोह के ताने-बाने में नृत्य प्रयोगों के वास्त-विक दिक् के संतरण के अधिक अवसरों से समृद्ध होता है।[4] इसलिए मेरा निष्कर्ष है कि इन गायन रूपों को नृत्य में 'अन्तरूप' कहने पर हम कोई उचित आपत्ति नहीं उठा सकते।

लेकिन कोई भी पूछ सकता है कि 'त्रिवट' के बारे में क्या कहा जायेगा ? नृत्य में उसको शामिल किये जाने से उसमें कौन से परिवर्तन होते हैं ? यदि कोई भी परि-

वर्तन नहीं होता तो हम उसे 'रूप' के बजाय अन्तःरूप कैसे कह सकते हैं ? मेरा जवाब है कि, कथक प्रस्तुति में 'त्रिवट' को मंदगति के अन्तःरूप का अनुगमन करना पड़ता है, कि यह उसकी अन्तर्निहित दीप्ति की अभिव्यक्ति के लिए जरूरी है और यदि यह अनिवार्य नियमन किया गया तो नृत्य में 'त्रिवट' जगमगा उठेगा। जैसा कि एकल गायन में कभी मुमकिन नहीं है। विकल्प यह है कि किसी भी 'विषय' को कहीं भी रख दिया जाये और पूरी प्रस्तुति को महज कंकड़-पत्थर का एक पिटारा बना दिया जाये।

यहाँ अन्य कलाओं पर विचार कर लेना श्रेयस्कर होगा। ब्रूनों एडियानी कहता है कि 'एक मूर्तिकार एक वास्तुशिल्पीय युक्ति के रूप में मूल्यों के बीच 'तनाव' को प्रस्तुत करता है।''[5] श्रीमती लैंगर साफ-साफ कहती हैं कि 'तनाव' का भ्रम, कला का उपादान है।[6] लोगबाग दो नृत्य सहयोगियों के बीच 'तनाव' का स्वतंत्रता से उल्लेख करते हैं।

हम कथक के प्रसंग में तत्कार के प्रखर जालीदार काम में तनाव को निर्मित होता हुआ देख सकते हैं या समुचित रूप से विन्यस्त सम की उपलब्धि में उसकी मुक्ति देखी जा सकती है। लेकिन हम विभिन्न अधिरूपों के बीच तनाव की बात यदाकदा ही करते हैं। इसके बावजूद एक चतुर नृत्यांगना अपनी प्रस्तुति को सावधानी से नियोजित करती है, ताकि समीपवर्ती अधिरूपों के बीच प्रभाव परस्पर उत्तेजित किया जा सके। एक त्रिवट, जो शुद्ध नृत्य की त्वरित संरचना है, इसीलिए बाद को प्रस्तुत की जाती है। वह अक्सर मध्यम गति अष्टपदी के बाद ही प्रस्तुत की जाती है। तनाव पारस्परिकता का एक संबंध है। वह महज मिला देना नहीं है। दोनों भाग या अधिरूप यहाँ एक दूसरे को स्पंदनशील उत्तेजना प्रदान करते हैं। मैं थाट के स्मित अंग और आमद की स्फूर्त विशेषता के बीच तनाव का संकेत देखता हूँ। गायन के साथ बजाया जाने वाला ठेका इसके विपरीत महज एक पृष्ठभूमि और सम्बल का काम करता है, वह चाहे जितना जरूरी क्यों न हो।

कथक में त्रिवट के एक अन्तःरूप के निर्वाह के प्रसंग को एक सूक्ष्म रूप से 'विवेचित' किया जा सकता है। लोगों का कहना है कि कला सर्जन में सामग्री कभी भी पूरी तरह सीमाबद्ध नहीं होती। उदाहरण के लिए वस्तुकला में ध्वनि एक वास्तविक तत्त्व हो सकती है। एक मीनार में बड़ी-बड़ी घंटियाँ भवन को सजीव बना देती है और उनका निनाद वास्तुशिल्पी की (मीनार की) अवधारणा से संबद्ध होती है।[7] कथक के प्रसंग में यह अन्यथा कैसे हो सकता है ? पैरों में बँधे घुँघरुओं के साथ गति यहाँ न केवल देखी जाती है, बल्कि सुनी भी जाती है। भारतीय नृत्य के विषय में यह कहना सच नहीं होगा कि 'जब हम नृत्य देखते हैं' तो हमारा ध्यान इस बात पर होता है कि नृत्यांगना अपने शरीर को किस तरह आंदोलित करती है।[8] शब्द 'ध्यान' का यहाँ मतलब सिर्फ 'देखना' नहीं है और यह सच है तो प्रस्तुति के पहले

प्रकाश व्यवस्था भी सावधानीपूर्वक की जाती है। तो यह कहना क्या अतिशयोक्ति होगी कि 'वड़ान', जिससे कि त्रिवट की शुरुआत होती है, समानान्तर रूप से, दिक् और समग्र नृत्य को दीप्त करता है? यदि वास्तविक नृत्य में सामग्री के संयोजन की यह ज़रूरत पूरी होती है ती त्रिवट, मैं दौहराता हूँ, की शुरुआत एक ऐसी दीप्ति से होगी, जिसकी समानता महज़ गायन से नहीं की जा सकती।

अब तक अन्तः रूप से प्रसंग में मैंने दो मुख्य मुद्दे उठाये हैं, पहला कि वह आन्तरिक रूप से संगठित होता है और बाह्य रूप में दूसरे अन्तःरूपों से विशिष्ट होता है और दूसरा, यह कि वह सिद्धान्ततः पूरी प्रस्तुति का एक अविभाज्य हिस्सा है। मैं यहाँ यह बात जोड़ दूँ कि एक प्रस्तुति में कोई भी विशिष्ट अन्तःरूप दोहराया नहीं जाता। सच है कि कथक कतिपय सीधे लयात्मक नृत्य के रूपों को प्रस्तुत कर सकता है, लेकिन यद्यपि से सब 'टुकड़ा' या 'परन' कहला सकते हैं, तथापि उनमें से प्रत्येक का अपना एक विशिष्ट लक्षण होता है और वे सब एक साथ ही प्रस्तुत किये जाते हैं।

यहाँ दो प्रश्न उठते हैं: पहला, तत्कार के विषय में हम क्या कहेंगे? दरअसल वह एक अन्तिम अन्तर्रूप की दृष्टि से स्वतंत्र रूप से प्रस्तुत किया जाता है, लेकिन वह दो अन्तर रूपों के बीच भी प्रस्तुत किया जा सकता है। वस्तुतः अपने लिए तय की गयी लय की पुनर्प्राप्ति और उस तक लौटने के लिए वह मानक की तरह काम करता है। इसलिए एक अच्छा गुरु अपने शिष्य से तत्कार की साधना की अपेक्षा करता है, ताकि नयी संरचना की शुरुआत के पहले बुनियादी लय की संवेदना का अनुभव किया जा सके।[9]

दरअसल हम देख सकते हैं कि एक अच्छी नृत्यांगना सामान्यतः एक के बाद दूसरी संरचना की तत्काल शुरुआत नहीं करती। वह लहरा की आवृत्ति के सम्पन्न होने तक समय देती है और उसके बाद ही दूसरी संरचना शुरू करती है। एक सामान्य मनुष्य को इससे महज़ एक शून्य का बोध हो सकता है, लेकिन सौन्दर्यात्मक दृष्टि से नृत्य में इसके दो प्रयोजन हैं: पहले तो वह पहली संरचना के सम को विकसित और प्रभावशील होने का अवसर प्रदान करता है, जिसके बिना संरचना, स्वयं-सम्पूर्ण नहीं लगती, (यद्यपि वह पूरी हो चुकी होती है) और दूसरे वह नृत्यांगना को तत्कार की पुनर्स्थापना के योग्य बनाती है और लय के ऊपर उसके अधिकार को संभव करती है।[10] अलावा इसके विराम का यह अवसर उसे अपने अंग या मुद्रा को भी याद करने का अवसर देता है और मंच पर उसकी समुचित स्थिति को भी मुमकिन बनाता है।

लेकिन (और यह उस प्रतिवाद का सारांश है जिसकी विवेचना की जा रही है) यदि तत्कार, नृत्य का दोहराया जाने वाला सार है तो आपके ही द्वारा तय किये गये प्रतिमान के अनुसार वह एक अन्तर्रूप कैसे है? मेरा तत्काल उत्तर है

कि तत्कार जो एक समापन अन्तर्रूप की तरह प्रस्तुत किया जाता है, दो अन्तर्रूपों के बीच में प्रस्तुत तत्कार के समान नहीं है, एक अनंत विविधता और स्वच्छंदता का जालीदार काम है और दूसरा बुनियादी पदन्यास को सन्तुलित करने का सतर्क प्रयत्न है। एक से उम्मीद की जाती है कि वह स्वयं प्रभावशाली हो, जबकि दूसरा महज़ एक-दूसरे अन्तर्रूप की ओर जाने और उसे शुरू करने का माध्यम है, इसलिए जो तत्कार अंत में आता है वह दोहराया नहीं जाता और इसलिए मेरे ही द्वारा तय किये गये प्रतिमान से भी वह एक अन्तर्रूप है।

यहाँ यह बताना ज़रूरी है कि अपनी अन्तर्निहित सार्थकता के लिए तत्कार को क्या और कैसे होना चाहिए। यदि तत्कार के दौरान कबन्ध (शरीर का ऊपरी हिस्सा) हिल रहा हो तो नर्तन प्रभावशाली नहीं होता। इसलिए आरम्भ-कर्ता को यह सलाह दी जाती है कि वह अपनी भुजाएँ वक्ष पर परस्पर मिला लें। जब शरीर के ऊपरी हिस्से पर अपेक्षित संतुलन प्राप्त कर लिया जाता है, तभी नृत्यांगना को कमर पर अपनी हथेली रखने की अनुमति दी जाती है। अनवरत प्रगति के दौरान जब नृत्यांगना अपनी बाँहों को मुक्त छोड़ने में स्वतंत्रता का अनुभव करती है और उन्हें लय की विभिन्न गतियों के अनुसार दोनों बाजू झुला सकने में इस तरह कामयाब होती है कि मध्यम गति से आन्दोलित होने वाले उसके मस्तक से स्वयं सौन्दर्य उद्भासित होता नज़र आता है।

दूसरे यदि एक अन्तर्रूप वही है, जो कि भीतर रूपायित हो रहा हो तो कथक में जो कुछ भी रूपायित होता है वह क्या तत्काल स्वयं एक अन्तर्रूप हो जाता है? यहां मेरा उत्तर कुछ विभेदीकरण की माँग करता है।

कथक प्रस्तुति का सार क्या है? मेरा उत्तर है उसके अन्तर्रूप, लेकिन इसके साथ ही वो कुछ और भी है, मसलन लहरा-ठेका की जुगलबंदी, वे तत्व जो एक अन्तर्रूप का निर्माण करते हैं और वे भंगिमाएं जो समग्र प्रस्तुति के 'दृश्य रूप' को निर्धारित करती हैं, भले ही ये सब नृत्य के अंश न लगें, लेकिन इसे स्पष्ट करना ज़रूरी है। यहाँ तत्व को एक ओर सामग्री से और दूसरी ओर अन्तर्रूप से अलगाना जरूरी है। लय, अंग और प्रसंग नृत्य की सामग्री है, और किसी भी नर्तक द्वारा प्रस्तुत और मान्य इसका कोई भी एक पहलू तत्त्व हो सकता है। सारे कला तत्त्वों में रचना का एक प्रतिमान होता है। हमें बताया गया है कि 'कविता' के तत्त्व, शब्द नहीं हैं, बल्कि, शब्दों द्वारा रचे जाते हैं। शब्द अपने शाब्दिक और आलंकारिक दोनों अर्थों के साथ सिर्फ कविता की सामग्री है।[11] इसी तरह शारी-रिक अभिप्राय या गति भी सामान्यतः कथक नृत्य की सामग्री ही है। हस्तचालन एक तत्व है, क्योंकि वह भुजाओं के नियमित उपयोग को व्यक्त करता है। बुनियादी तत्कार यद्यपि स्पष्ट रूप से सहज होती है, वह भी एक दूसरा तत्व है, क्योंकि वह संयोजित लय के प्रमुख स्वराघातों को संकेतित करता है। लहरा और

ठेका भी इसी वर्ग में आते हैं। इन सारे तत्त्वों में वैयक्तिक प्रयत्न अन्तर्भूत है और इनमें से नर्तक की वैयक्तिक प्रौढ़ता की मात्रा आसानी से अभिव्यक्त हो जाती है। इसके बावजूद दूसरी ओर इसमें से कोई भी ज्यों-के-त्यों दर्शक वर्ग के सामने प्रस्तुति के रूप में पेश नहीं किये जा सकते।[12] इनमें प्रचुर मात्रा में रचनात्मक जरूरी है और लहरा-ठेका के प्रसंग में तो वे सब उस रचनात्मक कार्य के प्रतिमान ही हैं, क्योंकि वे एक नृत्य प्रस्तुति के समग्र रूप को संयोजित करने वाले होते हैं। एक तत्त्व एक अन्तर्रूप की रचना करता है। अन्तर्रूप किसी हद तक स्वयं प्रभाव की सम्पूर्णता का निर्माण करने वाला मार्ग होता है। इसीलिए मेरा निष्कर्ष है कि कथक का सार महज़ अपनी संयमित और खूबसूरत विशेषता के कारण ही अन्तर्रूप नहीं बन जाता।

यह तब और भी स्पष्ट होता है, जब हम विश्लेषण के दूसरे स्तर पर बढ़ते हैं। कोई भी कलाकृति महज़ तत्त्वों की एकता नहीं है, बल्कि वह अभिव्यंजक भी होती है। लैंगर सच कहती हैं कि 'एक कलाकृति अभिव्यंजक रूप है।' इसलिए हमें कथक की वस्तु के बारे में इस दृष्टिकोण से भी विचार करना होगा कि वह क्या कहती या संकेतिक करती है? यहाँ मुझे दो ऐसी वस्तुओं की विवेचना करनी है, जो परस्पर भिन्न भी हैं :—

एक—हावभाव और दूसरी—मुद्राएँ। दोनों सहजता से अभिव्यंजक और प्रतिरूपी हो सकती हैं।

हावभाव के प्रसंग में, मैं सिर्फ सामान्य सौन्दर्यात्मक महत्त्व की ही नहीं बल्कि कुछ ऐसी विशेषता का भी उल्लेख करना चाहूँगा, जो अक्सर ही नजरअन्दाज कर दी जाती हैं।

कथक प्रस्तुति में हावभाव केवल कल्पित नहीं किये जाते बल्कि धारण और ग्रहण भी किये जाते हैं और मूलतः लयात्मक पद्धतियों की तुलना में प्रासंगिक अन्तर्रूपों में इसकी स्थिति ज्यादा अवधि तक होती हैं।[13] इसके अलावा हावभाव की अवस्थिति यहाँ कम-से-कम दो वर्गों में देखी जा सकती है और इनमें से कोई भी नृत्य का अनिवार्य हिस्सा नहीं है, हालांकि दोनों ही प्रस्तुति के दृश्य रूप को बना और बिगाड़ भी सकते हैं। एक जुगलबंदी। मैं (जहाँ कि कथक दरअसल साथ-साथ नृत्य नहीं करते, वहां) अपनी बारी की प्रतीक्षा करते स्थिर खड़े हुए नर्तक को भी एक ऐसी भंगिमा धारण और ग्रहण करनी पड़ती है जो आँखों को सुन्दर लगे। वह रोजमर्रा तरीके से खड़ा नहीं रह सकता। दूसरे जब नर्तक स्वयं ही संगतकार या वाद्य के लिए कुछ स्वतंत्र लयात्मक रचनाओं को पेश करने का समय देता है, तब भी उसे अपनी भंगिमा के बारे में सावधान रहना चाहिए। हालाँकि वह मध्यम गति से गतिमान रह सकता है, सुरुचिपूर्ण ढंग से ताली बजा सकता है, सिर भी हिला सकता है और इस तरह लय चक्र के कुछ अन्तर-भागों

का संकेत भी दे सकता है।

इस प्रकार के हावभाव नृत्य प्रस्तुति के सार का एक अंश हैं। हालाँकि वह स्वयं न तो कोई अन्तर्रूप हैं और न ही नृत्य। इसलिए एक नृत्य प्रस्तुति महज़ अन्तर्रूपों से समग्र की तरह नहीं मानी जा सकती।

जहाँ तक नृत्य में हावभाव की स्थिति का सवाल है, निम्नलिखित अतिरिक्त टिप्पणियाँ भी की जा सकती हैं :

जहाँ नर्तक की काया छरहरी है और वह स्थूल नहीं है, वहाँ नृत्य का प्रभाव गति के परिष्कार और नृत्य स्थल के विभिन्न रूपों में चक्र लगाने की कुशलता पर निर्भर करेगा, न कि विश्राम करने वाले हावभाव धारण करने से। इसके अलावा हावभाव को नृत्य के ताने-बाने में सिर्फ गति का हिस्सा ही नहीं माना जाना चाहिए।[14] कथक में जैसा कि हम जानते हैं वह अक्सर संरचना का स्रोत और चरम भी होता है। फिर भी जहाँ तक ज़मीन को छोड़ने के क्षणों का सम्बन्ध है, यहाँ (नियमतः) वे अप्रकट ही होते हैं और इस तरह के हावभाव कथक में नृत्य कला की बनावट के लिहाज़ से बहुत महत्त्वपूर्ण नहीं कहे जा सकते। जो भी हो, जिस प्रभाव की चर्चा की जा रही है वह कुछ-कुछ ऐसी विरल गतियों से उपलब्ध किया जा सकता है जो 'उछलने' में विहित है और 'छिलांग' सरीखे बोल में अन्तर्निहित है। कथक में एक छलांग अक्सर ही एक मात्रा का इरादतन लोप है, जिसके द्वारा लय के संयमन के सूक्ष्म प्रभाव को अर्जित किया जाता है।

हावभाव निस्संदेह रूप से नृत्य के भावात्मक पहलू का भी निर्माण कर सकते हैं। यह वियोग शृंगार के अन्तर्रूप के प्रसंग में साफ-साफ देखा जा सकता है या फिर लखनऊ घराने के कथक में जहाँ नर्तक एक संरचना को ऐसे भाव से अक्सर समाप्त करता है, जो स्पष्ट ही ऐन्द्रिय दृष्टि (निगाह) के आकर्षण से ही उत्पन्न हो सकता है।[15]

अन्ततः कथक में कतिपय हावभाव आलंकारिक भी होते हैं, वे प्राति-निधिक नहीं होते।

अब हम मुद्रा पर विचार कर सकते हैं। सामान्यतः मुद्रा को हाथ की भंगिमा के रूप में अनूदित किया जा सकता है। अरूप दृष्टि से ऐसा करना उचित लग सकता है, लेकिन मुद्रा को इस तरह से व्याख्यायित करना सही नहीं है, क्योंकि एक नृत्य में उसकी भूमिका किंचित भिन्न है। मुद्रा का अर्थ तब तक सम्प्रेषित नहीं किया जा सकता, जब तक कि मुखाकृति, और समग्र अभिप्राय विशेष रूप से आँखें भी—समुचित रूप से अनुकूलित नहीं की जातीं। उदाहरण के लिए जहाँ स्वागत को अभिव्यक्त करने के लिए पताका-मुद्रा का प्रयोग किया जा रहा हो, वहाँ नृत्यांगना की भौं या त्यौरी चढ़ी हुई नहीं हो सकती। मुद्दा यह नहीं है कि 'तत्कार' के प्रसंग में एक अकुशल शारीरिक अभिप्राय, नाचे जा रहे अन्तर्रूप के सौन्दर्य को नष्ट

कर सकता है, बल्कि मुद्रा अपने वांच्छित अर्थ को सम्प्रेषित करने में तब तक असफल होगी, जब तक कि उसका अंग उसके समान और समानान्तर नहीं होगा। एक मुद्रा के प्रसंग में यह कहना कि उसका एक अर्थ है, एक चीज़ है लेकिन उससे अर्थ की निष्पत्ति होते देखना एक दूसरी चीज़ है। इसलिए में यह कहना पसंद करूंगा कि एक मुद्रा हाथ की ऐसी भंगिमा है जो मुद्रा के अनुसार और उसके द्वारा अपेक्षित भाव की केन्द्र वस्तु का काम करती है।[16] नृत्य में एक मुद्रा, ताल में सम के दृष्टि-रूप का केन्द्र है। यहाँ अंग की उपयुक्तता का अर्थ केवल प्रभावशीलता नहीं, बल्कि शारीरिक सौष्ठव के अनुसार होगा। (शारीरिक अभिप्राय के अतिरिक्त अंग का एक अर्थ सामान्यत: यह भी लिया जाता है और जब हम अंग की उपांगों या गौण शारीरिक अंगों जैसे आँखों और पलकों से तुलना करते हैं तब इसका अर्थ समग्र शारीरिक रूप भी होता है, न कि उसका कोई एक अंश मात्र) मुद्रा तब तक केन्द्रीय नहीं लगेगी, जब तक कि वह प्रशिक्षिप्त नहीं हो जाती। वह सिर्फ अदृश्य रूप से इस्तेमाल की जायेगी, जैसा कि कथक के घूँघट उठाने के प्रतीक रूप में 'कपित्थ मुद्रा' में होता है।[17] इसलिए मैं यह कहना ज़रूरी समझता हूँ कि जहाँ यह निश्चित ही सही है कि कला में प्रतीकों की स्थिति अभिव्यंजक रूप, और कृति की रचना में योग देना है।[18] वहीं कलाकृति के आवयविक संगठन पर ज़ोर देने की व्यग्रता में यह मानना भी अनुचित होगा कि सारे प्रतीक एक समग्र योग्यता में समाप्त हो जाते हैं। मैं यहाँ अतिरिक्त जोर देने के खतरे की सिर्फ कल्पना नहीं कर रहा हूँ, वह वास्तविक है। उदाहरण के लिए लैंगर के निम्नलिखित शब्दों पर गौर करें—

कलाकृति का अभिप्राय उसका जीवन है जो वास्तविक जीवन की तरह एक अविभाज्य वस्तु है। कौन कह सकता है कि फेफड़ों में जीवन के प्राकृतिक संगठन का कितना हिस्सा है, कितना पैरों में है या कितना अधिक जीवन और जुड़ आयेगा यदि फटकारने के लिए एक जिन्दा पूंछ भी हमारे साथ जोड़ दी जाय? कला का प्रतीक एक 'अकेला' प्रतीक है और उसका आशय या अभिप्राय आंशिक प्रतीकात्मक मूल्यों से संयुक्त नहीं होता।[19]

मुझे यह अहसास है कि यहाँ शब्द 'अकेला' का मतलब सरल नहीं है, बल्कि अविभाज्य है। लैंगर एक कलाकृति के सार में आन्तरिक समृद्धि और विविधता के लिए पर्याप्त अवसर देती हैं, लेकिन जिस तरह वे कृति के अभिप्राय की अवि-भाज्यता का तर्क देती हैं, वह मुझे संदेहास्पद लगता है। उनका तर्क है कि यदि अभिप्राय विभाजित हो सकता होता तो समग्र के प्रत्येक तत्त्व के निश्चित और गुणात्मक योग भी सार्थक होते और चूँकि उत्पन्न सवाल गैरमौजूं है इसलिए कृति की सार्थकता अविभाज्य ही कही जा सकती है, लेकिन मैं पूछता हूँ कि क्या यह सवाल कृति के तत्वों के प्रसंग में नहीं पूछा जा सकता या कि नहीं पूछा जाना चाहिए? एक सम्पूर्ण कृति या कला प्रतीक (जैसाकि श्रीमती लैंगर उसे नाम लेना

पसंद करती है) को ही ले लीजिए, वह किन प्रश्नों को उत्तेजित करती है ?

उसकी सार्थकता 'क्या' है ? वह जो कुछ भी सम्प्रेषित करने योग्य है उसे 'कैसे' सम्प्रेषित करता है, लेकिन यहाँ 'कैसे' का अर्थ कभी भी 'कितना' नहीं होता। यदि समग्र (कला) प्रतीक के अर्थ से हमारा सरोकार गैर-मात्रात्मक है तो उसके तत्त्वों के प्रसंग में उसे अन्यथा क्यों होना चाहिए ? वहाँ भी समुचित जिज्ञासाएँ इस प्रकार होंगी—इस तत्त्व का क्या अर्थ है ? वह समग्र के अर्थ का निर्माण कैसे करता है ? लेकिन इस तरह के सवालों का जवाब आसानी से दिया जा सकता है। एक तत्त्व समग्र कलात्मक अर्थ में किस प्रकार योगदान देता है। यह लगभग निश्चित रूप से बताया जा सकता है। इस लिहाज से कलाकृति का अर्थ विभाज्य है और उसके भौतिक या मात्रात्मक खंडों के अन्य सामान्य अर्थों में उसके इस तरह कोई मानी नहीं होते कि हम उसके अर्थ को प्रयोजनीय बना सकें।

विचार-विमर्श में कुछ मूर्तता लाने के लिए मैं एक वास्तविक कथक प्रस्तुति का जिक्र करना चाहूँगा। मैंने स्वयं मुक्त-भाव से विभिन्न अन्तर्रूपों के बेहतर अन्तर संबंधों की वकालत की है और व्यावहारिक सुझाव दिये हैं।[20] लेकिन कथक के समकालीन परिदृश्य पर विचार करते हुए उसके सर्वाधिक प्रशंसनीय रूप को भी एक मानव-शरीर की अन्विति की तरह संश्लिष्ट नहीं कहा जा सकता।[21] और रसिक या विद्वज्जन एक खास शुद्धता से साफ-साफ यह बता सकते हैं कि कैसे (कितना नहीं) समग्र नृत्य कर्म इस या उस विशिष्ट अन्तर्रूप या पद्धति के ब्यौरों को समाविष्ट कर या निकाल कर कितना समृद्ध हो सकता है।

मैं मुद्राओं का फिर से जिक्र करने पर विवश हूँ। मुद्रा की अवधारणा की अपेक्षा उसके वास्तविक प्रक्षेप की पद्धति पूरी तरह से पूर्व-निर्धारित नहीं होती। कोई विशेष नृत्यांगना किसी मुद्रा को किंचित विस्तार से प्रक्षिप्त कर सकती है, इसका कारण उसकी यह तीव्र इच्छा भी हो सकती है कि वह उसे कितनी निपुणता से दिखा सकती है। एक दूसरी नृत्यांगना अकेली मुद्रा की फिक्र कर सकती है और उसे सुरुचिपूर्ण ढंग से प्रस्तुत करने में खो जा सकती है। पहले प्रकार का प्रक्षेप प्रभाव की विशेषता लिये हुए होगा लेकिन दूसरा संयमित दिखेगा और उसका तरीका मधुर होगा, इसके बावजूद शायद उसकी अपील भी अधिक होगी। यही और ऐसे ही वो छोटे-छोटे ब्यौरे हैं जो नृत्यांगना की व्यक्तिगत शैली का निर्माण करते हैं।

अब मैं एक अन्तिम विश्लेषण पर विचार कर सकता हूँ। यह है 'निजी' के बरअक्स 'सामान्य' शैली या कहें श-1 और श-2[22]। 'श-1' का यहाँ मतलब उन विशेषताओं से है जो सामान्यत: अधिकांश कथक प्रस्तुतियों में पायी जाती है और शास्त्रीय नृत्य रूपों से तुलना में यह उसकी अपने विशेषता भी है। ब्यौरे संक्षेप में इस प्रकार हैं—

लहरा और ठेका का आवश्यक नियोजन, उपांगों (कसक-मसक डोरा आदि) के विशिष्ट काम के साथ थाट, दो अन्तरूपों के बीच स्वयं नर्तक द्वारा लयात्मक स्वरों का समय-समय पर पाठ, एक मैत्रीपूर्ण प्रतिस्पर्धा की भावना से मृदंग वादक के साथ किसी संरचना के हिस्सों में भी भागीदारी या शिरकत। विभिन्न प्रकार के चक्र और फिरकनिया[23] और अंत में ततकार या शुद्ध पैर के काम का प्रदर्शन।

श-2 की जरूरत या श-1 की निजी व्याख्या आवश्यक हो सकती है और वह इस प्रकार है—एक विशाल दर्शक समूह के द्वारा यदि एक थाट के उपांग ठीक से देखे नहीं जा सकते हों तो नृत्यांगना श्लोक की स्वतंत्र प्रस्तुति के रूप में वंदना से प्रदर्शन का प्रारंभ करना तय कर सकती है। यहाँ मात्राओं के द्वारा मापी जाने वाली लय नहीं होगी, लेकिन थाट की विशेषता अधिकांश वंदना में सहजता से उपलब्ध है और वह है गरिमा और प्रशांति, मात्राओं के तीव्र क्रमिक आघातों की बजाय मंद और तरंगायित गति। इसके अलावा विविध रूपात्मक सौन्दर्य के हावों और भावों का समावेश करके उन्नत सम्प्रेषण के लिए सावधानीपूर्वक पाठ का चुनाव, और इस तरह सुचारु रूप से की गयी वंदना विशाल दर्शक-समूह का ध्यान आर्कषित कर सकती है। साथ ही रोजमर्रा जीवन की भावना से ऊपर उठकर कला चिंतन के धरातल पर ले जा सकती है अथवा यदि लय का धारण करना भी जरूरी महसूस होता है तो रचनात्मक ढंग से कथक नृत्य करने वाला एक द्रुत वंदना परक ध्रुपद[24] से अपनी शुरुआत कर सकता है जो अपने मूल पाठ और अंग के द्वारा रचे गये बिम्बों के कारण गंभीर और गरिमामय लगता है।

क्या श-1, श-2 पर कोई कठिन सीमाएँ लगाता है? इस प्रश्न का जवाब सावधानीपूर्वक दिया जाना चाहिए।

सामान्य रूप से प्रस्तुत और मान्य कथक शैली पर विचार किया जाय। निश्चित रूप से उसकी कुछ सीमाएँ नजर आती हैं। उदाहरण के लिए वह भरे-पूरे सौन्दर्य के व्यक्तिगत हाव-भाव से रहित लगता है। साथ-ही-साथ अनेक अन्त-रूपों के बीच एक आन्तरिक संगठन के प्रसंग में भी उसमें कुछ न्यूनताएँ हैं। अब एक चतुर नर्तक इन सीमाओं को साथ-साथ देख सकता है और बदले में वह भरत-नाट्यम या ओडिसी शैलियों की ओर जा सकता है, लेकिन एक नर्तक जो स्वयं रचनात्मक प्रतिभा से संपन्न हो, तुरन्त ही यह भी देख सकता है कि ये सीमाएँ सिर्फ इसलिए हैं कि कथक के विभिन्न तत्त्व कथक नर्तकों के द्वारा उठा लिये गये हैं और एक विशेष प्रकार से संगठित कर लिये गये हैं और इसके प्रति एक नया दृष्टिकोण तत्काल ही कथक नृत्य के समग्र मुहावरे के भीतर प्रयोगों की अनंत संभावनाओं के द्वार खोल सकता है। इस प्रकार, उदाहरण के लिए, यदि कृष्ण अभी तक मूलतः एक प्रेमी के रूप में प्रस्तुत किये गये हैं तो अब उन्हें युद्ध क्षेत्र में एक नायक के रूप में भी दिखाया जा सकता है और कथक के एक विशिष्ट अन्त-

रूप-थाट के मुहावरे को हिन्दुस्तानी संगीत के अपेक्षाकृत अप्रचलित रूप (यानी ध्रुपद) से समन्वित करके एक बिलकुल नयी संरचना का निर्माण किया जा सकता है। उसे थाट-अंग-ध्रुपद[25] कहा जा सकता है। यह सच है कि इस तरह के साहसिक प्रयोगों में नर्तक को ऐसे आरोप भी सहना पड़ें कि वह जो कुछ भी कर रहा है वह कथक ही नहीं है, लेकिन दर्शकों के इस तरह के दृष्टिकोण से सिर्फ वही मालूम होता है कि वे कथक के मुहावरे में रचनात्मक संभावनाएँ नहीं देख पा रहे हैं। उनका आग्रह उचित नहीं कहा जा सकता, क्योंकि यदि उन्हें किसी तरह अन्तर्रूप के निर्माण की प्रक्रिया में तत्त्वों को देखने के लिए प्रेरित किया जा सके और उस आत्मा का वे अनुभव कर सकें जो उन्हें संयोजित करती है, तो वे पायेंगे कि उनका आरोप सही नहीं है। मुश्किल सिर्फ यह है कि यद्यपि क्या अच्छा और क्या बुरा है इसे वह एक पारम्परिक प्रस्तुति में आसानी से देख सकता है तथापि एक औसत कथक प्रेमी के पास ऐसी कोई अन्तर्दृष्टि नहीं होती जो एक नये प्रयोग के उद्भव और उसके ब्यौरों को देख सकें।

हमें याद रखना चाहिए कि यद्यपि शैली का तात्पर्य एक निश्चित और तय शुदा तरीकों का अनुवर्तन है, तथापि वह बिलकुल 'बंद' नहीं हैं, इसके बरअक्स वह उनके लिए चुनौती हैं जो कुछ 'रच' सकते हैं। दरअसल हम साफ-साफ देख सकते हैं कि लय के क्षेत्र में अनंत रूपाकार संभव है और वह कथक नृत्य का अन्ततः केवल एक ही पहलू है। तब परम्परा द्वारा मान्य और संगीत से अविभाज्य कथक के सम्पूर्ण और समृद्ध ताने-बाने में रचना की सीमाएँ क्यों सहन की जानी चाहिए ?

टिप्पणी और सन्दर्भ

1. इस विचार की प्रेरणा डा० कपिला वात्स्यायन के (कथक केन्द्र, नयी दिल्ली, 1978 मार्च 28-30 की गोष्ठी) इस वाक्य से प्राप्त हुई—'कथक के ऊपर कोई आवरण नहीं होता।'
2. मेरे कहने का तात्पर्य सिर्फ यह है कि नृत्य की सार्थकता समग्र रूप से कंठ-संगीत की तुलना में अधिक अभिव्यक्त होती है, इसका तात्पर्य यह नहीं है कि वह उससे अधिक प्रभावशाली भी है।
3. नयी दिल्ली, मार्च 24-26, 1976 और मार्च 10-12, 1977।
4. संदर्भ तराना, सवारीताल और राग हिंडोल : 77 के सम्मेलन में प्रस्तुत।
5. एस० के० लैंगर : माइंडनेस ऑन ह्यूमेन फीलिंग, द जॉन हार्पकिंस यूनीवर्सिटी प्रेस, बाल्टीमोर एंड लंदन, दूसरा संस्करण, 1975, भाग-1, पृष्ठ 104।
6. वही।

7. वही, पृष्ठ 99।
8. द जनरल आव एस्थेटिक्स एंड आर्ट क्रिटिसिज्म : वसंत 1977 में तिमोथी बिन्कले का लेख 'पीस : कांट्रा एस्थेटिक्स', पृष्ठ 270।
9. मैं इस विचार के लिए श्री विक्रमसिंह (लखनऊ) का आभारी हूँ, जिन्होंने कथक केन्द्र, दिल्ली के विद्यार्थियों में से एक से 17-5-1979 के दौरान वस्तुत: यह कहा था।
10. भरतनाट्यम में इस प्रयोजन की पूर्ति साधारणत: रंगमंच पर पीछे लौटती हुई गति, कुहनी से मुड़ी हुई बाँहें और हाथ कमर पर रखी हुई मुद्रा से हो जाती है। यहाँ, बहरहाल, पदन्यास सरल 'एक-दो' शैली के होते हैं। इसका संकेत मुझे श्रीमती रानी करुणा से मिला।
11. एस०के० लैंगर : वही, पृष्ठ 102।
12. लैंगर का विचार है कि 'एक कलाकृति के तत्त्व स्वतंत्र अव्यय नहीं हैं, वे विभिन्न भावात्मक सार के स्वयं अभिव्यंजक नहीं हैं जैसे कि शब्द एक प्रबंध के अव्यय होते हैं।' प्रॉब्लम ऑव आर्ट : रटलज एंड केगन पॉल, लंदन, 1957, पृष्ठ 134।
13. फिर भी मैं तुरन्त जोड़ना चाहूँगा कि कथक चीनी नृत्य में प्रयुक्त हाव-भाव से समान नहीं है, जिनमें हाव-भाव या भंगिमा उन गतियों से अधिक महत्त्व-पूर्ण मानी जाती हैं जो किसी नर्तक या नर्तकों के आसपास होती हैं। (जी० बी० स्त्रास : 'द एस्थेटिक्स आव डॉमिनेन्स', 'द जर्नल ऑव एस्थेटिक्स एंड आर्ट क्रिटिसिज्म' शिशिर 1978, पृष्ठ 74।) यहाँ तक कि थाट जो कथक के कोष में सबसे अधिक प्रशांत है वह भी चीनी नृत्य के समानान्तर नहीं माना जा सकता, क्योंकि यद्यपि यहाँ शारीरिक भंगिमा महत्त्वपूर्ण है, तथापि उपांगों की गति का तत्त्व भी यहाँ उतना ही सार्थक और महत्त्वपूर्ण है।
14. जी० बी० स्त्रास : वही, पृष्ठ 74।
15. यह बलाघात भी मुसलमान दरबारों के विलासी और मादक वातावरण से शुरू होता है जहाँ से लखनऊ घराने ने अपनी वर्तमान विशेषता प्राप्त की, ठीक वैसे ही जैसे कि पश्चिमी बेले में आगे फैला हुआ पैर सौंदर्य और लालित्य की चीज माना जाता है और यह भी दरबारी परिदृश्य से ही शुरू हुआ : वही, पृ० 77।
16. मुद्रा को केवल हाथ की भंगिमा के रूप में व्याख्यायित करके हम अमूर्तन की वैसी ही गलती करते हैं जैसे कि सम को पहली मात्रा मानकर करते हैं, जबकि वह लयात्मक विस्तार के प्रतिमान का केन्द्र है।
17. यहाँ फिर मैं श्रीमती रानी करुणा का अभारी हूँ।
18. एस० के० लैंगर : वही, पृष्ठ 139।

19. वही, पृष्ठ 134।
20. कमज़कम सांगीतिक परिवर्तनों के लिहाज से मैं यहाँ अपने निबंध—कथक नृत्य : कुछ समस्याएँ और सुझाव का उल्लेख कर रहा हूँ। यह निबंध 1976 मार्च 24-26 को कथक केन्द्र, नयी दिल्ली की संगोष्ठी में प्रस्तुत किया गया था। विशेष रूप से मैं अपने उस निबंध का भी उल्लेख करूँगा जो कथक केन्द्र के 1977 की संगोष्ठी में मार्च 12 को प्रस्तुत किया गया था और जिसका शीर्षक था 'कथक और संगीत'।
21. सिर्फ पढ़ंत या दर्शकों से खुले संवाद (जो विभिन्न अन्तर्रूपों के बीच स्वतंत्र रूप से प्रयुक्त होते हैं)।
22. मैं बात को इस तरह से प्रस्तुत करने के लिए जर्नल ऑव एस्थेटिक्स एंड आर्ट क्रिटिसिज्म भाग 36 संख्या, शिशिर 1977 में प्रकाशित एम० सिरिज़ और आरमेलागोस के लेख "द इन्स एंड आउट्स ऑव डांस" का आभारी हूँ।
23. मैं 'फिरकनी' का इस्तेमाल कर रहा हूँ। 'एक अंगुष्ठ नृत्य' का नहीं, क्योंकि 'एक अंगुष्ठ नृत्य' पैर के अंगूठे पर फिरकना है।
24. मेरा अभिप्राय यहाँ 'सूल ताल' में निबद्ध शिवस्तुति ध्रुपद से है जो मैंने 1977 के कथक केन्द्र सम्मेलन में वंदना के रूप में प्रस्तुत किया था। इस संरचना की अन्तिम वाचिक 'तिया' गंगावतरण के भाव को प्रस्तुति करती है।
25. मैंने इस तरह की संरचना 1976 के कथक केन्द्र सम्मेलन में प्रस्तुत की थी।

घराने

लखनऊ घराना

सुनील कोठारी

सोलहवीं सदी के अन्त से एक प्रदेश के रूप में उभरे अवध के नाम की व्युत्पत्ति प्राचीन नगर अयोध्या के बोलचाल वाले रूप से हुई है। अयोध्या प्रागैतिहासिक काल के राजा दशरथ के पौराणिक राज्य की राजधानी थी। ईसवी संवत शुरू होने के ठीक पहले की सदियों के बौद्ध साहित्य में इसी क्षेत्र के श्रावस्ती का भी उल्लेख मिलता है, जहाँ गौतम बुद्ध ने अनेक वर्ष व्यतीत किये थे। फिर ईसा की चौथी सदी में यह गुप्त साम्राज्य का एक हिस्सा था। ऐसा प्रतीत होता है कि बाद में इसकी महत्ता समाप्त हो गयी और सातवीं सदी में यह पूरी तरह उजाड़ हो गया। यह विश्वास किया जाता है कि बाद की सदी में हिमालय पर्वत की तराई से थारूस जनजाति के लोग यहाँ आकर बस गये। नवीं सदी में यह पूरा इलाका कन्नौज राज्य का एक हिस्सा बन गया।[1] दो शताब्दियों बाद 1194 में कुतुबुद्दीन ने कन्नौज के शासक को हराकर इस क्षेत्र के अंतिम हिन्दू राज्य को समाप्त कर दिया।

इस क्षेत्र ने अनेक परिवर्तन देखे और सन् 1555 तक इसकी सत्ता का हस्तांतरण अनेक बार हुआ। सन् 1555 में सम्राट् हुमायूँ विजेता के रूप में उभरा और इस तरह यह क्षेत्र मुगल साम्राज्य का हिस्सा बना। उसके उत्तराधिकारी अकबर ने अपने साम्राज्य की एक इकाई के रूप में अवध सूबे का निर्माण किया। इसके राज्यपाल को सूबेदार कहा जाता था और अयोध्या का राजकीय नाम भी अवध हो गया।[2]

उस समय अवध पाँच हवेलियों (जिलों) में बँटा हुआ था : अवध (फैजाबाद), गोरखपुर, बहराइच, लखनऊ और खैराबाद। दो सदी बाद तक मुगल बादशाह मुहम्मद शाह के समय तक ये समस्याएँ, अपरिवर्तित ही रहीं। उसने सन् 1722 में सादत खाँ को अवध का सूबेदार नियुक्त किया। इस वर्ष को अवध के नवाबों की वंश परम्परा की शुरुआत की तारीख माना जा सकता है। इन नवाबों ने सन् 1856 तक राज्य किया।[3] मुगल साम्राज्य का विघटन होने पर अवध को वास्तविक स्वतंत्रता मिल गयी थी। अवध के पहले तीन शासक थे—सादत खाँ, सफदर जंग और शुजाउद्दौला।

अंतिम शासक को ईस्ट इंडिया कम्पनी को अपने राज्य का कुछ क्षेत्र देने पर

बाध्य होना पड़ा था और उसके उत्तराधिकारी भी धीरे-धीरे विभिन्न संधियों के तहत अंग्रेजों को अपने राज्य का हिस्सा देते रहे। सन् 1775 में आसफ उद्दौला ने गद्दी सम्हाली और उसके उपरान्त यह वंश परम्परा अंग्रेजों के संरक्षण में राज्य करती रही और 1856 में नवाब वाजिद अली शाह के आत्मसमर्पण कर कलकत्ते चले जाने पर अवध अंग्रेज राज में शामिल कर लिया गया।[4]

कथक नृत्य का लखनऊ घराना आसफ उद्दौला (1775-1798) और वाजिद अली शाह (1847-1856) के शासनकाल में विकसित हुआ। इसके पहले कथक नृत्य करने वालों के केन्द्र अयोध्या तथा बनारस में थे।[5] रासधारी परम्परा मथुरा तथा ब्रज के आसपास पल्लवित हुई। समकालीन कथक के गुरुओं की परम्परा मुस्लिम काल से आगे प्राचीन काल तक जाती है। जेम्स प्रिंसेज द्वारा 1825 में की गयी बनारस[6] की जनगणना में बतलाया गया है कि उस समय नगर में कथक करने वालों की एक सौ से अधिक जातियाँ थीं। सन् 1807-14 के दौरान एफ० ब्यूचानान[7] द्वारा किये गये सर्वेक्षण में प्रतिवेदित किया गया है कि उस क्षेत्र के मुख्य नगरों में अट्ठावन कथक संस्थान थे। उस काल में यह व्यवसाय प्रौढ़ था और उसके प्रतिनिधि उत्तर भारत में चारों तरफ फैले थे।

अवध के नवाबों का संरक्षण मिलने से लखनऊ को कला के केन्द्र के रूप में शीघ्र ही ख्याति प्राप्त हो गयी। लखनऊ घराने के प्रसिद्ध कथक प्रदर्शक काल का बिन्दादीन के वंशजों[8] से पता चला है कि उनके पूर्वज इलाहाबाद जिले के हाण्डिया ग्राम के रहने वाले थे। अपने पूर्वजों के साथ प्रकाश जी हाण्डिया से बाहर निकले और आसफ उद्दौला का संरक्षण प्राप्त करने के लिए लखनऊ आये। इस बात के प्रमाण मिलते हैं कि इसके पहले भी कथक नृत्यकार और मुस्लिम शासक में संपर्क था और उनमें आपस में निकट के संबंध थे।[9] एक मुस्लिम संत गाजीमियाँ की, जिनके पंथ को बनारस में प्रमुखता प्राप्त है, कथक नृत्यकारों द्वारा भी अक्सर पूजा की जाती है। भक्तमाल पर अपनी व्याख्या में प्रियदास[10] ने एक हिन्दू कथक नृत्यकार के एक मुस्लिम सत्ताधारी से सम्पर्क की कथा बतायी है। नारायण दास एक कथक नृत्यकार थे। सिर्फ हरि की मूर्ति के समक्ष नृत्य किया करते थे। उन्हें हरिया सराय के मुस्लिम शासक ने अपने सामने नृत्य करने के लिए आमंत्रित किया। नारायणदास ने गले में हरि की प्रतीक तुलसी की माला अपने सामने रखी और कार्य संकट से बचकर मुस्लिम शासक के समक्ष नृत्य किया। प्रियदास ने भक्तमाल पर अपनी व्याख्या लगभग 1712 ई० में लिखी और इस साहित्यिक साक्ष्य के आधार पर हम यह मान सकते हैं कि उस समय तक मुस्लिम संरक्षकों और कथक नृत्यकारों के बीच सम्पर्क पूरी तरह स्थापित हो चुके थे। उससे यह भी अन्दाज लगता है कि हरिया सराय हाण्डिया ग्राम रहा हो।[11]

परवर्ती अवध दरबार भारत में प्राच्य परिष्कृति तथा संस्कृति का श्रेष्ठतम उदाहरण था। लखनऊ की भव्यता के जो अनेक वृत्तांत प्रस्तुत[12] किये गये हैं उनमें

से अब्दुल हलीम शरार द्वारा लिखित 'हिन्दुस्तान में मशरी की तमद्दुन का आखिरी नमूना' उस काल के नवाबों के सामाजिक तथा सांस्कृतिक जीवन के संबंध में विस्तृत विवरण देने के कारण सबसे ज्यादा विख्यात है। इस ग्रन्थ में उस काल की संस्कृति के, जो अपनी अंतिम अवस्था में थी, विविध रूपों की झलक को प्रतिबिम्बित किया गया है। लखनऊ में सामाजिक जीवन के नये ढंग का विकास अकबर के शासन में सोलहवीं सदी के दौरान मुगल सत्ता के वैभव काल में शुरू हुआ। अट्ठारहवीं सदी के प्रारम्भ में मुगल साम्राज्य का बिखराव शुरू होने पर कुछ प्रमुख लोगों ने दिल्ली छोड़ दी और अन्त में लखनऊ को नया घर बनाया, जहाँ सन् 1753 में अवध का स्वतंत्र दरबार स्थापित हो चुका था। लखनऊ की पहले से ही अत्यधिक विकसित संस्कृति का इन लोगों के सम्पर्क से इतना अधिक परिष्कार हुआ कि अन्य किसी भारतीय इस्लामी समाज की भव्यता और संस्कारिता की मुश्किल से तुलना हो सकती थी। लखनऊ की श्रेष्ठ संस्कृति अट्ठारहवीं सदी के अंतिम चतुर्यांश से लेकर 1856 में लखनऊ की नवाबी के पतन तक अपने सबसे उन्नत रूप में थी और वास्तव में यह संस्कृति तब तक जिन्दा रही जब तक उत्तर प्रदेश में सामन्तशाही बरकरार रही अर्थात् सन् 1947 तक जबकि अंग्रेजों ने भारत छोड़ा। लखनऊ का यह जीवन अत्यन्त मधुर, सौम्य तथा जीवन की चिन्ताओं और परेशानियों से मुक्त था। यह समृद्धि और विपुलता का जीवन था जो विलास और फुरसत वाली गतिविधियों में बिताया जाता था। अभिजात वर्ग ने सामन्तशाही के जरिये विशाल सम्पदा पर कब्जा कर रखा था और उसका शाही खर्च किया करते थे और यही तरीका आरामदायक जिन्दगी बिताने वाले मध्यम-वर्ग का भी था, जो कि विभिन्न स्तरों पर अभिजात वर्ग से जुड़ा हुआ था। कुछ विवरणों से अनुमान लगता है कि किसान भी पर्याप्त आरामदायक जीवन जीते थे और जो कुछ कमा नहीं सकते थे उन्हें बस किसी एक संरक्षक की तलाश करनी पड़ती थी। वे अपनी हुनरमन्दी के लिए सराहे जाते थे।

इन विवरणों में आश्चर्यजनक रूप से विविध विषयों की चर्चा है। ये विषय हैं : धर्म, शिक्षा, औषधि, समारोह और सामाजिक शिष्टाचार, पहनावा, पाकशाला की कला, सुलेखकला, नृत्य, जनप्रिय भाषा तथा कथा कथन की कला, पतंगबाजी, कबूतर उड़ाने का द्वन्द्व-युद्ध और सुरक्षा, कला जैसे आमोद-प्रमोद, उर्दू भाषा तथा उसके गद्य और पद्य का विकास, स्थापत्य, संगीत, रंगमंच तथा जन मनोरंजन के अन्य रूप। आसफ उद्दौला के शासन में लखनऊ दरबार इतना वैभवशाली हो गया था कि अन्य कोई दरबार उसकी बराबरी नहीं कर सकता था तथा लखनऊ नगर ने महान भव्यता प्राप्त कर ली थी। आसफ उद्दौला ने अपनी अय्याशी की पूर्ति के लिए तथा नगर के अलंकरण और सुख-सुविधा के लिए बहुत धन खर्च किया। उसकी एक इच्छा यह थी कि वह हैदराबाद के निजाम तथा टीपू सुल्तान से आगे निकल जाये तथा उसकी महत्त्वाकांक्षा थी कि उसके दरबार की भव्यता तथा वैभव

की बराबरी कोई न कर सके। उसने अनेक भव्य इमारतें तथा मकबरे बनवाये जिनमें से उसका इमामबाड़ा अतुलनीय है। रूमी दरवाजे की स्थापत्य भव्यता के लिए आज भी प्रशंसा की जाती है। वह माची भवन तथा इमामबाड़े के निकट दौलतखाना में रहता था। भोग-विलास में डूबे रहने और भीड़ तथा दुनियादारी के मामलों से दूर रहने के लिए उसने नगर के बाहर बीबापुर महल बनवाया था। शुजाद उद्दौला के समय में ही अवध और लखनऊ में संगीतकारों तथा गायन करने वाली गणिकाओं के दलों का विशाल समागम होने लगा था। इनके अलावा, यहाँ प्रदर्शित की जाने वाली रुचि को देखते हुए, अयोध्या तथा बनारस के कथक दरबार की ओर आकर्षित हुए। इन लोगों के पहले से ही इकट्ठा होने से नृत्य कला बढ़ी और उसे अत्यधिक स्थानीय महत्ता प्राप्त हुई। शरार[13] ने लखनऊ में पुरुष नर्तकों के दो दलों की चर्चा की है—हिन्दू कथक तथा रहस नर्तक, और कश्मीरी मुस्लिम भाण्ड। सही नर्तक कथक और कश्मीरी नृत्य दल वाले ही थे। वे युवा लड़कों को सामने लेकर आये जो महिलाओं की भाँति लम्बे बाल रखते थे और जीवन्तता तथा प्रफुल्लता के साथ नृत्य करते थे और कभी-कभी दर्शकों को उद्वेलित भी करते थे। शुजाद उद्दौला और आसफ उद्दौला के समय में एक खुशी महाराज थे। अन्य जिनकी चर्चा नवाब सादतअली खाँ, गाजीउद्दीन हैदर तथा नासिर उद्दीन हैदर के समय की गयी है, वे हैं—हल्लाल जी। प्रकाशजी आसफ उद्दौला के दरबार में थे तथा उनके पुत्र दुर्गाप्रसाद तथा ठाकुर प्रसाद वाजिद अली शाह के समय में प्रसिद्ध दरबारी नर्तक थे। यह कहा जाता है कि दुर्गाप्रसाद ने वाजिद अली शाह को नृत्य सिखलाया था। बाद में दुर्गाप्रसाद के दो पुत्र कालका और बिन्दादीन प्रख्यात हुए और लगभग सभी यह स्वीकार करते हैं कि पूरे भारत में नृत्य में उनमें से किसी भी एक की टक्कर का कोई न था। उनकी कला इतनी महान थी कि वे अपने जीवन काल में ही अनुश्रुति बन गये।

लखनऊ घराने के पल्लवन का श्रेय इन्हीं नर्तकों को है। जहाँ तक पुराने नर्तकों का सवाल है उन्हें कला के किसी एक खास पक्ष के कारण ख्याति मिली परन्तु भ्राताद्वय, कालका और बिन्दादीन नृत्य के प्रत्येक अंग में निष्णात थे। कालका प्रसाद की विशिष्टता लय पर अधिकार में निहित थी। बिन्दादीन में काव्यात्मक रुझान नैसर्गिक योग्यता थी और वे एक अच्छे रचयिता थे। उन दोनों ने मिलकर लखनऊ घराने को वही गीतात्मक तथा सुव्यक्त स्वरूप प्रदान किया, जिसके लिए आज वह जाना जाता है। इन दोनों भाइयों ने कथक के लालित्य को अद्‌भुत रूप में उभारा।

बिन्दादीन कृष्ण के महान भक्त थे और उनकी अनेक रचनाएँ ईश्वर की प्रशस्ति में हैं। ये रचनाएँ एक रचनाकार तथा वाग्येयकार के रूप में उनकी अद्‌भुत प्रतिभाशालिता के जीवन्त प्रमाण हैं। उनके द्वारा रचित ठुमरी, दादरा और भजन कथक के अभिनय अंश का हिस्सा बन गये। कालका प्रसाद अप्रतिम तबला वादक

थे और लयकारी में उनकी विशिष्टता थी। बिन्दादीन की मृत्यु के कुछ वर्ष पहले लगभग 1899 में उनका देहावसान हुआ। उनके तीन पुत्र थे: अच्छन महाराज, लच्छू महाराज और शम्भू महाराज, जो वर्तमान शताब्दी के महानतम कथक नृत्यकार थे। लखनऊ घराने का सौन्दर्य उनके कृतित्व में ही निहित था।

अवध के अन्तिम नवाब वाजिद अली शाह के शासन में लखनऊ घराने को जबरदस्त प्रोत्साहन मिला। कथक में स्वयं वाजिद अली शाह का योगदान ऐतिहासिक तथा उल्लेखनीय है। नवाब मौजमस्ती में डूबा रहता था और अनन्य रूप से नैसर्गिक प्रतिभा वाला भी था। वह स्वतः ही एक सिद्ध संगीतकार तथा नर्तक था। उसने संगीत और नृत्य कला को संरक्षण दिया। वह कवि भी था और उसने उर्दू तथा हिन्दी में कविताएँ लिखी थीं। यह कहा जाता है कि उसने संगीत तथा नृत्य में भी ठुमरी की शुरुआत की। उसके शासन काल में सुन्दर और विषयी स्त्रियों से उसके सम्पर्क के कारण, नर्तक और संगीतकार राज्य के आधारस्तम्भ तथा कृपापात्र बन गये। उसकी विद्वानवत् रुचि उसकी कविताओं में झलकती थी।

स्थापत्य की ओर उसका बहुत अधिक रुझान था और उसने कैसरबाग तथा दो मंजिलों वाले मकानों का सुरुचि-सम्पन्न और चित्ताकर्षक एक विशाल चौकोर अहाता बनवाया था। कैसरबाग के लॉन सहित अन्दरूनी आँगन जीलो खाना—सामने का घर—कहलाता था। मध्य में बारादरी थी जो कि अब लखनऊ का टाउनहाल है। कैसरबाग के बाहर की ओर अनेक राजसी मकान थे जिनकी वजह से यह भूखण्ड उस काल का एक आश्चर्य था। ये इमारतें कैसरबाग के पूर्वी दरवाजे के बाहर की ओर थीं। चीनी बाग के बाद जल परी दरवाजा होता था। वजीर नवाब अली नकी इसी दरवाजे के पास रहते थे जिससे कि वे सदैव राजा के निकट रहें और जरूरत होने पर बुलाये जाने पर तुरन्त हाजिर हो सकें। वाजिद अली शाह से उसकी मुलाकात आजिम उद्दौला के घर पर हुई थी जहाँ वह गणिका वजीस से अनेक बार मिला था।[14]

वाजिद अली शाह अली नकी की युवावस्था तथा प्रफुल्लता से आकर्षित हुआ था। जब यह बाग तथा मकान उसके निरीक्षण में बने नवाब को ऐसा लगा कि अली नकी से बेहतर और कोई व्यक्ति वजीर नहीं बन सकता और न देश के मामलों को सँभाल सकता है। अन्य महत्त्वपूर्ण इमारतों में चौलखी इमारत थी जो चार लाख रुपये की कीमत पर खरीदी गयी थी और जिसमें राजा की प्रमुख पत्नी नवाब खासमहल रहती थी। वाजिद अली शाह अपनी पसंदीदा पत्नियों को, जिन्हें खुद के महल दिये गये थे, पदवियाँ दिया करता था। ये पदवियाँ 'नवाब' से शुरू होती थीं और उनके बाद एक विशेषण लगता था और इनका अन्त 'महल' से होता था। नवाब हजरत महल उसकी दूसरी पत्नी थी। अन्य में नवाब अखतर महल और नवाब माशूक महल शामिल थीं। उसके खुद का पुकारने का नाम

'कैसर' था और उसका कविनाम 'अख्तर पिया'। इस नाम से उसने चालीस कृतियों की रचना की जिनमें से अधिकांश पद्य में विभिन्न रूपों में हैं। उसका गद्य विद्वत प्रकृति का था। उसने ठुमरी कादर पिया के नाम से रची थी।[15]

वाजिद अली शाह नृत्य और संगीतप्रिय था। कैसरबाग में होने वाले मेलों के समय वह एक अत्यन्त घने पेड़ के नीचे योगियों के समान गेरुए वस्त्र धारण कर बैठता था। उसके हरम में, कहा जाता है कि, चार सौ से भी अधिक रखैलें थीं। दरवाजों के घरों और राजा की प्रेयसियों के घरों के रख-रखाव पर अस्सी लाख रुपये खर्च होते थे। कैसरबाग में होने वाले मेले में वर्ष में एक बार आम जनता को भी प्रवेश की अनुमति मिलती थी और राजा जिस अय्याश जीवन का आदी हो चुका था उसे देखने का आम लोगों को मौका मिलता था। वाजिद अली ने श्रीकृष्ण के नृत्य की नाटकीय प्रस्तुति रहस देखी थी और वह कृष्ण के शृंगारिक विहार से इतना प्रसन्न हुआ था कि उसने उसके सम्बन्ध में एक नाटक तैयार किया। इस नाटक में उसने स्वयं कृष्ण कन्हैया की भूमिका निबाही और महल की अलंकृत तथा गुणशील सम्पन्न महिलाओं ने कृष्ण मोहिता ग्वालिनों गोपियों की भूमिका की थी। उसने इन महिलाओं और गणिकाओं के नृत्य-प्रशिक्षण के लिए विशेष व्यवस्था की थी। उसके एक विभाग का नाम था 'परियों का खाना'। इन नर्तकियों से फिर रहस में भाग लेने के लिए कहा गया था। इस रहस का आधार उसके द्वारा देखी गयी रास-लीलाएँ थीं। वाजिद अली शाह ने रहस के नृत्य-संगीत की रचना में बहुत सावधानी बरती थी। यह बात उसके समय के रंगमंच तथा दृश्य-लेख के रिकार्डों से जानी जा सकती है। रंगमंच पर कलाकारों के प्रवेश तथा कथानक को उद्घाटित करते हुए भूमिका के प्रतिपादन का स्पष्ट ब्यौरा दिया गया है। गोपियों के समूह-नृत्य-क्रम का विवरण देते हुए वाजिद अली शाह ने यह भी लिखा है कि जब गोपियाँ दो पंक्तियों में खड़ी होंगी तब छोटी लड़कियों को प्रथम पंक्ति में रहना चाहिए। उसने कथानक की रचनाओं में सौन्दर्यवर्धन के साधनों के रूप में एकल नृत्य-गीत, भिन्न-भिन्न तानों और स्वरों में गायन, तथा नाटक के अंकों के बीज नृत्य-गान आदि क्रीड़ाओं का उपयोग किया था।[16]

एक बार कृष्ण कथानक से सफल शुरुआत करने के बाद वाजिद अली शाह ने अन्य प्रदर्शन भी प्रस्तुत किये जो भारतीय परम्परा पर आधारित थे, लेकिन उनकी कल्पना-दृष्टि फारसी थी। रहस की प्रभावोत्पादकता इतनी अधिक थी कि उसके बाद प्रस्तुत होने वाले हर किसी बृहत् स्तरीय रंगमंच प्रदर्शन को रहस कहा जाने लगा, बावजूद इसके कि उनके कथानक अलग-अलग होते थे। इस दिशा में नवाब का योगदान बहुत ही उल्लेखनीय था। कैसरबाग के दरवाजे आम जनता के लिए खोल दिये जाने पर नाट्य कला का शहर में बहुत प्रसार हुआ! नाटकों के प्रति जन-उत्साह इतना अधिक था कि समय की रुचि को देखते हुए कई प्रसिद्ध कवियों

ने नाटक लिखना शुरू कर दिया। इसी समय जब वाजिद अली शाह रहस के प्रति अपना अनुराग प्रदर्शित कर रहा था, सिद्धहस्त कवि मियाँ अमानत ने 'इन्द्र सभा' की रचना की[17] और अनेक अवसरों पर शहर के कई हिस्सों में उसके प्रदर्शन प्रस्तुत किये। सैयद आगा हसन अमानत ने, जो कि मियाँ अमानत (1815-1858) के रूप में जाने जाते थे, एक मर्सिया कवि के रूप में लिखना शुरू किया था। बाद में मर्सिया लिखना छोड़कर वे गजल लिखने लगे । 'इन्द्रसभा' की रचना 1853 में की गयी थी। यह एक सांगीतिक कॉमेडी है जिसके संवाद पद्यबद्ध हैं। यह माना जाता है कि उर्दू भाषा की यह सर्वप्रथम रंग-कृति है। जनता ने इस नाटक को खूब पसन्द किया था। मियाँ अमानत को यह कॉमेडी लिखने के लिए वाजिद अली शाह ने कहा था। इस कृति की आलंकारिक और कृत्रिम भाषा लखनऊ स्कूल की विशेषता है। वाजिद अली शाह का रहस सिर्फ शाही मंच तक सीमित था किन्तु 'इन्द्रसभा' की निर्मित आमतौर पर आवामी मंच के लिए की गयी थी। इन दोनों निर्मितियों के मंचन और आलेखों से उजागर होता है कि दोनों में बिल कुल ही अलग-अलग कोरियोग्राफिक संरचना बनाये रखने का सतर्कता से प्रयास किया गया था। उदाहरणार्थ, नायक इन्द्र के प्रवेश का वर्णन इस प्रकार है : "इन्द्र लाल परदे के पीछे खड़ा है जिससे दर्शक उसे देख न सकें, और जब तक उसका परिचय न करा दिया जाये वह तबले की लय के साथ अपनी चूड़ियाँ झुलाता रहता है, फिर आमद के साथ वह अपना चेहरा दिखलाता है तथा बाद में एकल नृत्य करता है।" परियों का प्रवेश इस प्रकार वर्णित है : "पुखराज परी परदे के पीछे छिपी रहकर प्रवेश करती है। उसके प्रवेश के पूर्व एक गाना होता है। फिर वह एक ललित गत के साथ उभरती है। अब उसका सौन्दर्य चकाचौंध करने वाला है परन्तु जब वह चित्ताकर्षक कौशल के साथ तोड़ा प्रस्तुत करती है तो उसका सौंदर्य अवश कर देने वाला हो जाता है। वह छन्द, ठुमरी और गजल के भावप्रदर्शन के साथ अपना एकल नृत्य समाप्त करती है। ठुमरी होली के समय पर ही गायी जाती है। अपना गाना समाप्त कर वह इन्द्र की ओर बढ़ती है और उसके बाजू में जाकर बैठ जाती है।" इसी तरह अन्य चरित्रों के प्रवेश, प्रदर्शन और नाटकीय द्वन्द्व की प्रस्तुति की बाबत विस्तार से लिखा गया है।

काव्यात्मक वातावरण के निर्माण के लिए जरूरी रंगभूषा तथा सज्जा के संबंध में भी निर्देश दिये गये हैं। 'इन्द्रसभा' और प्रसिद्ध संस्कृत क्लासिक 'विक्रमोर्वशीयम्'[18] के कथानकों में उल्लेखनीय रूप से समानता है। चूँकि यह मुस्लिम संरक्षण में निर्मित किया गया था इसलिए उसका बाह्य स्वरूप इतना फारसी हो गया कि परी (अप्सरा) को काकेशिया पर्वत में स्थित कर दिया गया। इस तरह जब इन्द्र अपने दरबार में एक परी को बुलाता है तो वह काकेशिया पर्वत से उड़कर आती है। फारसी सौन्दर्यशास्त्र के अनुसार सबसे सुन्दर स्त्रियाँ

काकेशिया क्षेत्र की होती हैं।

'इन्द्रसभा' की धुनें बहुत आकर्षक थीं। ये धुनें इसी नाटक के लिए तैयार की गयी थीं। नगरों के लोग इस नाटक को देखने के लिए उत्सुक रहते थे। मियाँ अमानत की सफलता की वजह से अन्य लेखकों ने उनकी नकल करना शुरू किया और इसी प्रकार के कई नाटक निर्मित किये गये। सभी नाटक 'सभा' कहे जाते थे। मदारी लाल तथा अन्य ने एक ही कथानक के अनेक रूपान्तरों वाली कई 'सभाएँ' प्रस्तुत कीं। ये नाटक जनता में इतने प्रिय हुए कि नृत्य तथा गान का यह अकेला रूप बन गया जिसमें उनकी कोई रुचि रहती थी। पुरानी प्रेम कथाओं को समय की अभिरुचि के अनुरूप अतिरिक्त विषय जोड़कर मोहक पद्य में दुहराया गया। कई दफा युवा लड़के महिलाओं का अभिनय करते और उन्मुक्तता के साथ नृत्य करते। मंच निर्देशों से स्पष्ट है कि इन निर्मितियों में कथक की तकनीक का बड़े पैमाने पर उपयोग किया गया था।

रहस तथा अन्य रंगमंचीय निर्माण में रुचि होने के अलावा, वाजिद अली शाह ने बन्नी[19] और नाजो जैसी किताबें भी लिखीं जिनमें उसने कथक नृत्य की तकनीक का विवरण दिया है। इनमें हमें विशेष रूप से विविध प्रकार की गतों का विवरण मिलता है, जिन्हें उसने किसी कलाकार द्वारा तैयार रेखाचित्रों की सहायता से प्रदर्शित किया है। जब अंग्रेजों ने उसे गद्दी छोड़ देने के लिए कह दिया और वह कलकत्ते में मटिया बुर्ज में रह रहा था तब उसने इन किताबों का मुद्रण तथा प्रकाशन किया था। गार्डन रीच में नवाब का एक प्रेस था जहाँ इन पुस्तकों का लिथोग्राफ विधि से मुद्रण किया गया। ये दुर्लभ ग्रन्थ हैं और निजी संग्रहों तथा कुछ संग्रहालयों में उपलब्ध हैं।[20] 'बन्नी' में सोलह चित्र हैं। इनके साथ गतों का विवरण तथा नाम भी दिये गये हैं। ये गत हैं—सलामी गत, दाहिना हाथ गत, बायाँ हाथ गत, फरियाद गत, मुअद्दब गत, नाज गत, गम्ज: गत, पेशवाज गत, मुकुट गत, बनफला घूँघट गत, बँधी सलामी गत, दाहिनी बाँकीगत, बायीं बाँकी गत, और प्यारी गत।[21] इनके अलावा, मचाहरी गत, भेंगा गत, ठेंगा गत, लहंगा गत, पंखा गत आदि का सन्दर्भ मिलता है। 'बन्नी' के अलावा, वाजिद अली शाह ने दो अन्य सांगीतिक कृतियों 'गुंचे राग' और 'सौत उल मुबारक'[22] में कुछ गतों की चर्चा की है। संगीत में भी वाजिद अली शाह की गहरी रुचि थी और उसके शासन में हल्के-फुल्के शास्त्रीय और वाद्य संगीत का उतना ही विकास हुआ जितना नृत्य कला का हुआ। ठुमरी में छोटा सा प्रेम गीत होता है जो रूमानी आसक्ति को व्यक्त करता है। इसका गायन और वादन संगीत की एक शैली के रूप में विकास हुआ जिसमें विभिन्न रागों के अंश एक लयात्मक पद्धति में सम्बद्ध किये गये थे। बनारस में इसका पहले से ही चलन था, परन्तु इसे वाजिद अली शाह ने लोकप्रियता दी। उसके दरबार में उसका अनुसरण करने वाले दरबारी थे—नवाब

वजीर मिर्जा कादर, नवाब कालबे अली खाँ, बिन्दादीन, बिन्दा और कालका और इस तरह ठुमरी गायन की लखनऊ शैली स्थापित हुई।[23]

ठुमरी का प्रवेश होने से कथक के अभिव्यंजनात्मक पक्ष—नृत्य अंग—का निर्वाह विस्तार से किया जाने लगा। गीतों से नर्तक को संचारी भाव से काव्यात्मक कथ्य की विभिन्न व्याख्याएँ विविध रूपों में प्रस्तुत करने के लिए काफी गुंजाइश मिली। कथक के नृत्य पक्ष में यह तत्त्व पहले से ही उपस्थित था परन्तु नृत्य में ठुमरी, दादरा और गजल को लेने से भाव बताने, गीतों के अर्थ की व्याख्या प्रस्तुत करने के कौशल को प्रदर्शित करने के लिए अतिरिक्त मौका मिला। इन रचनाओं में श्रृंगारिक विषयों की अत्यधिक प्रधानता रहती थी अतः नवाब और दरबार की अभिरुचि के अनुरूप कथक का ऐन्द्रिय स्वरूप विकसित हुआ। यद्यपि वाजिद अली शाह मुस्लिम था, फिर भी वह कृष्ण और राधा के गीतों के विरुद्ध नहीं था। क्योंकि उनमें भी श्रृंगार का सविस्तार निरूपण था—कामोद्दीपक भावना के मूल में प्रमुख रूप से आध्यात्मिकता और धार्मिकता के तत्त्व रहते थे। इसी काल के कथक स्कूल में नजाकत और खूबसूरती का विकास हुआ।

कथक के नृत्त अंग पर (कला प्रवीणता के तत्त्व) स्वाभाविक रूप से, पर्याप्त ध्यान दिया जा रहा था। नर्तक नृत्त में जितना अधिक कुशल होता था उसे कठिन तोड़ों, टुकड़ों और परनों की प्रस्तुति में कलानैपुण्य के लिए प्रशंसा मिलती थी। तबले के साथ पखावज ने नये बोलों की रचना में सहायता की जिससे प्रतिभा-सम्पन्न वादक और नर्तक की रचनात्मकता के नये क्षेत्र प्रदर्शित हुए। जैसा कि पहले उल्लेख किया जा चुका है वाजिद अली शाह ने एक रहस की प्रस्तुति में भी नृत्त के विविध तत्त्वों का प्रयोग किया। यह बात रहस, इन्द्रसभा तथा अन्य ऐसी ही निर्मितियों के आलेखों में दिये गये मंच-निर्देश से जानी जा सकती हैं। किड़नग और घिड़नग जैसे स्मरण-सहायक पदांशों को पैरों से स्पष्ट रूप से निकालने पर, जो कि पदांशों के स्पष्ट बोलों से बराबरी करें, काफी जोर दिया गया, जिससे कि दो संवादी क और घ का अन्तर स्पष्ट हो जाता। बिन्दादीन के प्रदर्शनों के समकालीन विवरणों से पता चलता है कि जब वे सिर्फ 9 वर्ष के थे उन्हें तिगदा दिगदिग बोलों का रियाज चार वर्ष तक कराया गया। यह सन्दर्भ भी मिलता है कि प्रख्यात पखावज वादक कोदऊसिंह को वाजिद अली शाह के दरबार में चुनौती देते हुए उन्होंने 'धुम किट तक' बोलों को दून में निकाला था।[24]

एक और ध्यान देने योग्य विशेषता थी—लयकारी, मृदंग के चौषष्ठि बाज पक्ष का प्रचलन था। एक तोड़ा ठा में किया जाता था जो एक चौथाई लय से शुरू होता और धीरे-धीरे एक चौथाई मात्रा से बढ़ते हुए चौंसठ गुनी लय तक ले जाया जाता। तकनीकी शब्दावली में इसे दर्जा बा दर्जा कहा जाता है। नवाब के दरबार में निसार अली खाँ पखावज वादक थे। उनके सम्बन्ध में कहा जाता है कि उन्हें

धिमां त्रितांल में बावन प्रकार की लय सिखायी गयी थी। बहरहाल रेखांकित करने की बात यह है कि इन परिवर्तनों को मन्द अथवा तीव्र गति में प्रदर्शित करते हुए ध्यान इस बात का रखा जाता था कि नजाकत बनी रहे—चाहे नृत्त हो अथवा नृत्य—दोनों मामलों में यह तत्त्व लखनऊ घराने का प्रमाण था। यह प्रतीत होता है कि वाजिद अली शाह के शासन में नर्तकों ने कथक में गतों पर बहुत अधिक ध्यान दिया। तकनीकी शब्दावलो में गत को गति अथवा चाल-संचलन का लालित्य जाना जाता है। इनका लालित्य सिर्फ प्रस्तुति में ही नहीं है। गत से नायिका की स्थिति का अनुमान लगता है और इनकी प्रकृति अभिव्यंजनात्मक है। गत पर जरूरत से ज्यादा जोर दिये जाने के कारण प्रत्येक अभिव्यंजनात्मक प्रस्तुति (कानून-ए-मौसिकी [25] से प्राप्त सन्दर्भों के अनुसार) का उल्लेख गत के रूप में ही किया जाता था। यहाँ तक कि बारह थाटों को भी उपर्युक्त रचना में गत कहा गया है। उल्लिखित थाट है: जनाशिनी थाट, और मिजारवी थाट। थाट और गत पदांशों का पर्यायवाची रूप में प्रयोग किया गया है। सादिक अली देहलवी ने उल्लेख किया है कि अकबर के शासन में बेगमों की चाल पर से सुशोभन गमन का नामकरण किया गया था। स्त्रियोचित गमन को जनाना निरत कहा जाता था और जो चाल पुरुषोचित होती थी उसे मर्दाना निरत कहा जाता था। अवध के नवाबों के राज के दौरान भी कथक के क्रमिक विकास में नृत्य का यह पक्ष बना रहा। रीतिकाल की कविता ने भी इस प्रकार के विकास में अपना प्रभाव डाला। जहाँ गतों से प्रेमरत नायिका की कुछ स्थितियों और विविध भावनाओं को प्रदर्शित किया जाता था वहीं इस प्रकार की अभिव्यंजनात्मक प्रस्तुतियों के जरिये किया जाने वाला चित्रण ऐसी स्थितियों का संकेतक भी था।

लखनऊ घराने ने इन स्थितियों के चित्रण में श्रेष्ठता अर्जित की थी। यह चित्रण गत निकास में होता था जिसमें विविध चालों को नजाकत, परिष्कृत संचलन और कुशलता के साथ पेश किया जाता था। नर्तक अभिनय द्वारा संकेत कला का प्रयोग करता था। अभिनय में विशेष तौर पर चेहरे पर विभिन्न भाव प्रकट किये जाते जहाँ नेत्र भावों को वर्द्धित करने में महत्त्वपूर्ण भूमिका निबाहते और नर्तक द्वारा प्रदर्शित इस मर्मज्ञता के प्रभाव को बढ़ाने में शरीर अनुगमन करता। गत के नामों के सम्बन्ध में ये विस्तृत वर्णन उसके द्वारा चित्रित भावों, भावनाओं तथा विषयों के सूचक होते हैं। इनसे यह भी पता चलता है कि नृत्यकार और कथक शिक्षक कथक के इन विशिष्ट रूपों से तैयार रचनाओं के जरिये किस सीमा तक नृत्य तत्त्व का अन्वेषण कर रहे थे। आज भी लखनऊ घराना भाव तथा गत में—या संक्षेप में कहें तो नृत्य में—श्रेष्ठ है। यह प्रतीत होता है कि उस समय महान राजकीय प्रश्रय प्राप्त होने और नर्तक को उनकी कला का भरपूर पुरस्कार मिलने से इस कला ने अपने चरमोत्कर्ष को प्राप्त कर लिया था, कलाकारों की

अच्छी तरह देखभाल होती थी और उन्हें बहुत अवकाश भी रहता था। उस काल में लिखे गये वृत्तांतों तथा बाद की सूचना से ज्ञात होता है कि कुछ जाने-माने नर्तकों और संगीतकारों को उनकी निपुणता और कला के लिए ख्याति और नाम दोनों ही प्राप्त हुआ था। वाजिद अली शाह के दरबार के निम्नलिखित नर्तकों और संगीतकारों के नाम हमें 'बन्नी' में मिलते हैं : कायम खाँ नर्तक जिसे स्वयं नवाब ने प्रशिक्षित किया था और जो उसके हरम की बेगमों को प्रशिक्षित करने के लिए नियुक्त किया गया था, पीर खाँ कलन्दर बख्श नर्तक था और बेगमों को प्रशिक्षण देता था, हैदरअली नर्तक था, मुहम्मद हुसैन बिशन, गुलाम अब्बास नर्तक थे और इनमें कुछ परीखाना की बेगमों को रहस तथा विविध एकल प्रदर्शनों के लिए नृत्य सिखाते थे। हैदर खाँ, ताज खाँ, इनायत खाँ, फजल इमाम और अहमद खाँ गायक तथा संगीतकार थे। निसार अली खाँ, पखावज बजाते थे और ख्वाजा बख्श प्रख्यात तबला वादक थे। 'मादन-उल-मौसिकी' में लखनऊ के मिश्र जी, लखनऊ के ही प्रकाशजी जो गत, भाव और अभिनय के विशेषज्ञ थे, प्रकाशजी के भतीजे दुर्गाप्रसाद, जो सर्वोत्तम नर्तक थे, मानसिंह और उसके भाई, गम्मेखाँ के बेटे। और शादी खाँ के शिष्य बनारस के परसाद, बनारस के बेनीप्रसाद, हाण्डिया के रामसहाय जो बाद में बांदर में बस गये, मोहा के रमजानी, लखनऊ के हुसैन बख्श और कयाम अली, कश्मीर के मिर्जा वाहिद और वाजिद अली शाह के शिष्य कन्हैया का उल्लेख किया गया है। वाजिद अली शाह का शासन समाप्त होने पर कन्हैया युसुफ अली खाँ के दरबार में चला गया। ऐसा पता चलता है कि उसने बड़ोदा के महाराजा खण्डेराव का संरक्षण भी चाहा था। उस काल में प्रसिद्ध हुई गणिकाओं के नाम भी उक्त ग्रन्थ में दिये गये हैं। ये इस प्रकार हैं :

बनारस की गुलवक्ष, सुखबदन बनारस वाली, जान बरवा बांदा वासी, चन्द्राबाई अकबरावाद वासी, जहाँबाई मस्तूर वाली, कोचक बाई की बहन बी लुफतन। शरार ने जोहरा और मुश्तरी का उल्लेख किया है जो न केवल कवयित्रियाँ और सिद्ध गायक थीं, बल्कि अतुलनीय नर्तकियाँ भी थीं। प्रख्यात गणिका जद्दन ने अपने गायन और नृत्य के कौशल से लम्बे समय तक लोगों का मन जीत कर रखा था।

लखनऊ की गणिकाएँ आमतौर पर तीन श्रेणियों में बँटी थीं। पहली श्रेणी कंचन जनजाति की औरतों कंचनियों की थी जो वास्तव में वेश्या थीं और जिनका बुनियादी और निरन्तर धंधा अपना सतीत्व बेचना था। ये वास्तव में दिल्ली की और पंजाब की रहने वाली थीं और शुजाउदौला के समय में उन्होंने यहाँ आना शुरू कर दिया था। नगर की जानी-मानी वेश्याएँ इसी श्रेणी की थीं। दूसरी श्रेणी चूना वालियों की थी। इनका मूल काम चूना बेचना था परन्तु बाद में ये बाजारू औरतों के समूह में शामिल हो गयीं और प्रसिद्ध हुईं। अपनी आवाज के लिए प्रसिद्ध

चूना वाली हैदर इसी श्रेणी की थी और उसने अपनी जाति की गणिकाओं का एक बड़ा समूह इकट्ठा कर लिया था। तीसरी श्रेणी नागरंत की थी जो गुजरात क्षेत्र की थी। इन तीनों श्रेणियों की गणिकाएँ बाजार की रानियां थीं। उन्होंने स्वयं को स्थापित कर लिया था और समूहों में कार्य किया करती थी। इन गणिकाओं के अतिरिक्त, जो कि नाचने-गाने का काम करती थीं, लखनऊ में इसी प्रकार का एक और समूह तैयार हो गया था जो कि वाजिद अली शाह के परीखाना की गणिकाओं का था। ये गणिकाएँ लखनऊ की ही खासियत थीं और रहस किया करती थीं।

वाजिद अली शाह का छतर मंजिल महल नृत्य और संगीत से गूंजा करता था। नवाब और उसके सहयोगियों का जीवन आरामतलबी का था और नवाब तथा उसके आसपास की औरतों के कामाचार को संतुष्ट करने के लिए भारी राशि खर्च की जाती थी। स्वभावतः ब्रिटिश रेसीडेण्ट ने इस सारी स्थिति पर विपरीत रूप से विचार किया और इंग्लैण्ड में ब्रिटिश सरकार को यहाँ की परिस्थितियों से वाकिफ कराया। ईस्ट इण्डिया कम्पनी के बोर्ड ने निर्णय लिया कि अवध को ब्रिटिश अधीन क्षेत्र में शामिल कर लिया जाये और ब्रिटिश सशस्त्र सेनाएँ लखनऊ आ जायें। वाजिद अली शाह को समर्पण करने के लिए कहा गया था और उसे बारह लाख रुपये वार्षिक आवंटित किये गये थे। उससे कहा गया कि वह अपनी अय्याशी को शांति और आराम से जारी रखे। नवाब ने स्वतः को निर्दोष सिद्ध करने की हर सम्भव कोशिश की किन्तु कोई फायदा नहीं हुआ। माँ, मुख्य पत्नियों, विश्वसनीय मित्रों के एक समूह के साथ नवाब कलकत्ता आ गया और वहाँ माटिया बुर्ज में रहने लगा जहाँ 1887 में उसकी मृत्यु हुई।

लखनऊ में विकसित हुई कथक कला निरन्तर बढ़ती रही और जब हम उसकी प्रगति देखते हैं तब यह महसूस करते हैं कि उसके विकास में कितने कारकों ने योग दिया है। नवाब के दरबार के अद्वितीय नर्तक, नृत्य और रहस के नाट्य प्रदर्शन के प्रति उसका स्वयं का रुझान, इन्द्रसभा प्रदर्शनों का आविर्भाव, रंगमंचीय प्रस्तुतियों तथा नृत्यकला की वृत्ति करने वाली गणिकाओं की श्रेणी के साथ ही ठुमरी, दादरा और ग़जल, जैसे सांगीतिक रूपों, जिससे अभिनय का अवसर मिला और जो लखनऊ घराने की विशेषता बना—इन सबने इस परम्परा को पुष्ट करने में योग दिया।

बिन्दादीन महाराज के भतीजों ने बीसवीं शताब्दी और समय तथा संरक्षण के बदलते रहने पर भी इस परम्परा का निर्वाह किया और अपनी व्यक्तिगत निपुणता से इस शैली को सम्वर्धित किया। अच्छन महाराज, लच्छू महाराज, शम्भू महाराज और अच्छन महाराज के पुत्र बिरजू महाराज का योगदान अनन्य रूप से उल्लेखनीय है।

टिप्पणी और सन्दर्भ

1. शरार, अब्दुल हलीम, लऊनऊ : द लास्ट फेज आफ ऐन ओरिएन्टल कल्चर, पाल एलेक बुम्स लि०, 54-58, कैलेडोनियन रोड, लंदन, एन आइ 9 आर० एन० (1975), पृ० 233-234, टिप्पणियां देखें।
2. इम्पीरियल गजेटीयर, खण्ड एक, अधीक्षक, शासकीय मुद्रण, कलकत्ता, प्रादेशिक श्रेणी, यूनाइटेड प्राविंसेज ऑफ आगरा एण्ड अवध, नेशनल लाइब्रेरी, बेल्वेडीयर, कलकत्ता, पृ० 225-228।
3. श्रीवास्तव, ए० एल० : द फर्स्ट टू नवाब्ज् ऑफ अवध, द अपर इण्डिया पब्लिशिंग हाउस, लखनऊ, 1933, पृ० 31-32।
4. श्रीवास्तव, ए० एल० : शुजाउद्दौला, खण्ड एक, द मिडलैण्ड प्रेस, कलकत्ता (1931) और खण्ड दो, द मिनर्वा बुकशॉप, लाहौर (1945)। इस काल का विस्तृत विवरण इन दो खण्डों से प्राप्त हो सकता है जो कि उपर्युक्त टिप्पणी तीन का पूरक है।
5. देखें अध्याय एक : हिस्टारिकल पर्सपेक्टिव और कथक समुदाय का भौगोलिक विवरण का सन्दर्भ।
6. प्रिंसेस, जेम्स : संसस आफ पापुलेशन आफ द सिटी ऑफ बनारस, एशियाटिक रिसर्चेज, 17 (1832), नेशनल लाइब्रेरी, बेल्वेडीयर, कलकत्ता, पृ० 495।
7. मार्टिन, मांटगोमरी : द हिस्ट्री, एन्टीक्वीटिज, टोपोग्राफी एण्ड स्टेटिस्टिक्स ऑफ ईस्टन इण्डिया, एन एपेंडिक्स आफ स्टेटिस्टिकल टेबल्स, नेशनल लाइब्रेरी, कलकत्ता, पृ० 35।
8. स्वर्गीय शम्भू महाराज बताया करते थे कि उनके पूर्वज इलाहाबाद के निकट हाण्डिया के रहने वाले थे।
9. यह भी देखें। प्रसाद, सीताराम शरण भगवान : श्री भक्तमाल छः भाग, बल्देव नारायण सिंह, 1903-1909, पृ० 1178-80, और सिंह, प्रताप, भक्त कल्पद्रुम, नवल किशोर प्रेस, लखनऊ (1870), पृ० 469।
10. शुक्ल, रामचन्द्र : हिन्दी साहित्य का इतिहास, पृ० 147।
11. हीन, नारविन : द मिरेकल प्लेज आफ मथुरा, आक्सफोर्ड यूनीवर्सिटी प्रेस, बम्बई (1972), पृ० 49।
12. शरार, अब्दुल हलीम : लखनऊ : द लास्ट फेज आफ एन ओरिएन्टल कल्चर। यह भी देखें—(उर्दू में) सक्सेना आर० बी० द्वारा अ हिस्ट्री ऑफ उर्दू लिटरेचर, रामनारायण लाल, इलाहाबाद (1927) में सन्दर्भित रजब अली शरूर (1786-1867), द्वारा लखनऊ के समकालीन जीवन का चित्रण।

13. वही, पृ० 141-142
14. नजमल गनीखान एम०, तारीखे अवध (उर्दू), खण्ड चार, मातला-ए-उलम, मुरादाबाद (1909), पृ० 23
15. सक्सेना, आ० बी० : अ हिस्ट्री आफ उर्दू लिटरेचर, रामनारायण लाल, इलाहाबाद (1927)
16. मुंशी, सैयद वाजिद अली, मादन-उल-मौसिकी आफ हकीम मुहम्मद करम इमाम खाँ, हिन्दुस्तानी प्रेस, लखनऊ (1925)। देखें नृत्य, नाटक और बैले पर 'नाट्य' के विशेषांक में 'कथक तथा बैले से उसका सम्बन्ध' विषय पर माया राव का लेख। भारतीय नाट्य संघ, फ्लैट 34, न्यू सेन्ट्रल मार्केट, नयी दिल्ली, वर्ष सात, अंक चार, दिसम्बर 1963। पृ० 66-97 यह भी देखें। देवसरे, इकबाल बहादुर, शाने अवध वाजिद अली शाह के जीवन और समय पर आधारित एक ऐतिहासिक उपन्यास, वोरा एण्ड पब्लिशर्स प्रा० लि०, 3 राउण्ड बिल्डिंग, कालवादेवी, बम्बई 400002, (1966)
17. रिजवी:, मसूद हुसैन : उर्दू नाटक और रंगमंच (उर्दू) : किताब घर, लखनऊ (1957)। यह भी देखें—सक्सेना, आर० बी० : अ हिस्ट्री आफ उर्दू लिटरेचर, पृ० 121-351।
18. टिप्पणी 16 में सन्दर्भित माया राव का लेख देखें।
19. बन्नी, वाजिद अली शाह द्वारा लिखित (उर्दू), नश्त अली : पाण्डुलिपि, मटियार बुर्ज, कलकत्ता में लिथोग्राफ की गयी। यह किताब मुख्यत: संगीत और नृत्य के विज्ञान के सम्बन्ध में है। महलों, राजकुमारों, महिलाओं, उच्च-वर्ग के व्यक्तियों के साथ-साथ जानवरों, पक्षियों, बगीचों, बगीचे की देखभाल करने वालों आदि को लेखक द्वारा दी गयी उपाधियाँ इस रचना का एक दिलचस्प हिस्सा है। लिथोग्राफ गार्डन बीच प्रेस, मटियार बुर्ज, कलकत्ता में हुआ।
20. 'बन्नी' की एक प्रति विक्टोरिया म्यूजियम, कलकत्ता, द्वारा उसके ट्रस्ट्रीज ने 1912 में खरीदी थी। 'नाजो' की एक प्रति उत्तर प्रदेश संगीत नाटक अकादमी, कैसरबाग, लखनऊ, के पास है।
21. देखें—बन्नी, पृ० 42-57। यह भी देखें नवाब जानी साहब का 'नामानातुल हिन्द'।
22. गुचे-राग और सौत-उल-मुबारक : सुश्री निर्मला जोशी, भूतपूर्व सचिव, केन्द्रीय संगीत नाटक अकादमी, नयी दिल्ली, के निजी संग्रह में है।
23. मोहतशिम, एम० एम० : भारतीय संगीत (उर्दू)। इसका प्राक्कथन बड़ा आगा ने लिखा है। निजामी प्रेस, लखनऊ, (1939), पृ० 583। यह भी देखें राजा

मुहम्मद नवाब अली। मारूफ-उल-नश्मत। (दो खण्ड) मुमताज उल मुतबा, लखनऊ (1920)। देखें टिप्पणी 16 में सन्दर्भित मादन-उल-मौसिकी।

24. पाण्डे, अविनाश चन्द्र : बिन्दादीन महाराज, लखनऊ के स्थानीय हिन्दी समाचार पत्रों में प्रकाशित कुछ समीक्षाएँ और संस्मरण। टिप्पणियाँ डॉ० पुरु दाधीच, भातखंडे संगीत विद्यापीठ, कैसरबाग, लखनऊ, के पास हैं।

25. देखें—कानून-ए-मौसिकी। यह भी देखें—दाधीच, पुरु, कथक नृत्य का उद्भव और विकास (हिन्दी), प्रयाग संगीत समिति, इलाहाबाद, संगीताचार्य (डाक्टर आफ म्यूजिक) (197) के लिए प्रस्तुत प्रबन्ध, अप्रकाशित, पृ० 63।

पंडित अच्छन महाराज

एस० के० चौबे

स्वर्गीय अच्छन महाराज कई मानों में अपने आप में संस्था स्वरूप थे। जिस कथक नृत्य के लखनऊ घराने के वे अधिष्ठाता थे उसकी परम्परा में जो सर्वश्रेष्ठ है उनकी कला उसका समेकित रूप थी। लखनऊ घराने की दो विभूतियाँ थीं : स्वर्गीय ठाकुर प्रसाद जो अब किंवदंती के पात्र हैं और स्वर्गीय बिन्दादीन जो अपने जीते-जी पुराण-पुरुष से बन गये थे। पं० बिन्दादीन की विरासत अच्छन महाराज को मिली और अनेक विशिष्ट रूपों में वे इस आध्यात्मिक विरासत को सहेजने में समर्थ रहे।

इस प्रतिष्ठत परिवार के महापितृ ठाकुरप्रसाद के बारे में हम कम जानते हैं, लेकिन बिन्दादीन महाराज के जीवन का प्रामाणिक विवरण मिलता है और लखनऊ के उन चंद सम्माननीय बुजुर्गों को सुनकर उसकी कल्पना सहज ही की जा सकती है जो उनके जमाने में उमंग भरे युवा थे और जो बीते दिनों के किस्से आज भी बहुत रस लेकर सुनाते हैं। अपने आपको अत्याधुनिक कहने वाले हम में से कुछ को इन निठल्ले दार्शनिकों द्वारा सुनाये गये किस्से गढ़े हुए लग सकते हैं लेकिन ये सही हैं, कम से कम चमत्कारों के विश्वासी उस युग के परिप्रेक्ष्य में जब विवेचना आस्था की अनुगामी थी। लखनऊ निवासी ये कल्पनाशील वयोवृद्ध जिस तबीयत से, रस लेकर, मजे में उनकी कहानी और वाकये अब भी सुनाते हैं, वह किस्सा कहने का चमत्कार तो है ही, लखनऊ की बातचीत की कला की नफासत का अच्छा नमूना भी है जिससे हँसी-मजाक तो भरपूर होता ही है, माहिर किस्सागो की अपनी गर्मजोशी भी होती है जो उसे आत्मीय बनाती है। सुनने वाले के दिमाग पर इसका ऐसा जादुई असर होता है कि अपने आप संशय मिट जाता है और अविश्वासी का भी विश्वास करने को जी चाहता है। बिन्दादीन का युग आज पुराना जमाना लगता है जो दूरी की गमगीनी से भरा होने के साथ-साथ काल की मूढ़ता की विचित्र आभा से आवृत्त भी होता है। बिन्दादीन की बात कहना ऐसे युग की चर्चा करना है जिसे केवल ऐसा कल्पनाशील मन रूपायित कर सकता है जो बीते दिनों की याद अनायास सहजता से कर सकता है और जिसमें बीते जमाने के लिए टीस होती है।

मेरी अपनी राय यह है कि बिन्दादीन महाराज और उनके यशस्वी भाई कालका प्रसाद की मृत्यु के बाद लखनऊ शैली के सबसे विशिष्ट और अधिकारी

प्रदर्शक स्वर्गीय अच्छन महाराज हैं। इसीलिए वे विवादों से परे रहे। ऐसा दुर्लभ सौभाग्य आज के संगीतज्ञों में बिरलों को ही मिलता है। उनकी कला का यह शाश्वत गुण उन्हें उन प्रख्यात नर्तकों से अलग प्रतिष्ठित करता है जिनमें से कुछ प्रचार द्वारा ख्याति लाभ करते हैं। दुर्भाग्यवश राजनीति की रोटी पर गुजारा करने वाले कल्पनाहीन और ललित कलाओं के प्रति उदासीन पत्रकार जगत ने उनकी ओर पर्याप्त ध्यान नहीं दिया। फिर भी बादलों में ढके सूरज की तरह वे अज्ञान (या मैं कहूँ अपरिचय?) और उदासीनता को चीरते हुए अनूठे शान्त वैभव के साथ दर्शकों में चमके।

मैंने इतना नम्र और विदूषक जैसा ढिठाई से अपने को नाचीज कहने वाला नर्तक नहीं देखा। आज के संगीतज्ञों में ऐसा शायद ही देखने को मिले। उनमें बच्चों की सी सहजता थी और उनका मन इतना विश्वासी था कि अक्सर वे भोले लगते थे लेकिन अरस्तू जैसी अज्ञानी भंगिमा की आड़ में छिपी उनकी सहज मुस्कान में ऐसी गूढ़ बुद्धिमत्ता थी जो उनके होंठों से कहीं अधिक वाचाल थी। उनकी सरल बुद्धिमत्ता ऐसी उत्प्रेरक थी कि वह लादी नहीं जाती थी बल्कि दुर्निवार आवेग से चुपचाप मन-मस्तिष्क में समा जाती थी। विवाद से परे रहने वाले, वे संगीत जगत में सर्वाधिक अविवादास्पद व्यक्तित्व रहे हैं। अपने स्वाभाविक आत्म-गोपन करने वाले शिष्टाचार से उन्होंने लोगों का दिल जीता। उनमें ऐसे लोगों से उदार और न्यायसंगत व्यवहार करने का सौमनस्य था जो उनसे कनिष्ठ तो थे ही, अपनी उपलब्धियों में भी निरे औसत दर्जे के होने के बावजूद अपनी तथाकथित प्रतिभा का जोर-शोर से प्रचार करते थे।

उनकी यह उदारता उनके व्यक्तित्व और कला दोनों में ही स्पष्ट झलकती थी। उनकी कला साक्षात उमंग थी। अपने शिष्यों और सच्चे प्रशंसकों के प्रति उनके मन में आडम्बरहीन, उदार दशाभाव था। कड़े अनुशासन-प्रिय गुरुओं के शिष्यों को जिस प्रकार सेवा करनी होती है वैसी उन्होंने अपने शिष्यों से कभी नहीं करवायी लेकिन, जहाँ तक पारिवारिक कला के शिक्षण का प्रश्न है, वे बड़े सख्त उस्ताद थे। अपने शिष्यों को अपनी कला सिखाने में वे कोई कसर उठा नहीं रखते थे लेकिन वे यह उम्मीद भी करते थे कि उनके शिष्य पूरी लगन और एकाग्रता से घंटों रियाज करें। उनकी यह मान्यता थी कि ऐसा कठिन अनुशासन नृत्य की कला और उसके विज्ञान की बुनियाद है।

जहाँ तक मैं समझता हूँ कथक नृत्य में पहले तो उसके विज्ञान पर अधिकार करने के लिए मशक्कत करनी पड़ती है और इसके बाद ही इसकी कला का सौष्ठव आत्मसात किया जा सकता है। प्रतिभा और मनोवृत्ति अच्छा अवदान हो सकती है, किन्तु उन्हें सहेज, शिक्षित और प्रशिक्षित कर ही कलात्मक चरमोत्कर्ष प्राप्त किया जा सकता है। शिष्य को शिशिक्षु के रूप में श्रमसाध्य कठिन रास्ता

तय करना होता है और तभी वह नृत्य कला के सूक्ष्म लालित्य और अदाओं में दीक्षित हो सकता है। जल्दबाजी में कोई भी शिष्य अच्छा नर्तक नहीं बन सकता है। उसे धैर्यपूर्वक अपनी सफलता के दिन की प्रतीक्षा करनी होती है।

अच्छन महाराज के दो पहलुओं—कथक के लखनऊ घराने के प्रदर्शक और कथक नर्तक को अलग नहीं किया जा सकता। पहले मैं कथक नर्तक के रूप में अच्छन महाराज की संक्षेप में चर्चा करूँगा। मेरी यह मान्यता है कि हाल के वर्षों में लखनऊ परम्परा के कथक नृर्तकों में अच्छन्न महाराज सर्वश्रेष्ठ थे। इस बारे में दो राय नहीं हो सकती। और, यह भी कि इस शैली के जीवन्त पहलुओं का ऐसा गंभीर ज्ञान रखने वाला उनसे बढ़कर आज तक कोई नहीं हुआ। बहुधा प्रभावशाली लोगों और शक्तिशाली गुटों द्वारा प्रवर्तित और समर्थित, अपनी चातुरी से दर्शकों को रिझाने वाले बहुर्चाचत नर्तकों से उनकी तुलना करना असंगत होगा। अच्छन महाराज ने प्रचार की आधुनिक विचित्र और महीन शैली की ओर कभी ध्यान नहीं दिया। सही अर्थों में जानकार दर्शकों से उन्हें जो प्रशंसा और प्रतिष्ठा मिली वही उनका पुरस्कार था। आज के लोगों के मन में यह घातक बात घर कर गयी है कि जो कथक नर्तक बहुत तेजी से नृत्य करता है उसमें ही कुछ प्रतिभा होती है। यदि उत्कृष्ट कथक की एकमात्र मानक गति है तो मैं ऐसे कई नर्तकों को जानता हूँ (जिनका मैं यहाँ नाम नहीं लूँगा)जो बहुत तेजी से नाचते हैं और जिनकी यह सनकी क्षिप्र गति ही उनके नृत्य का आधार होती है। लेकिन क्या यही वास्तविक नृत्य है? क्या यही उसका कथ्य और कलात्मक प्रयोजन है? क्या गति के पीछे दीवाने इस युग के आराध्य देव को इनकी बलि नहीं चढ़ायी जाती? यदि कथक नर्तक इस पागल तेजी के बावजूद अथवा उसके सहारे अपनी कलात्मक गति, भंगिमा और प्रयोजन बनाये रखता है तो सचमुच ही वह चमत्कारी होगा, लेकिन यह तभी संभव है जब गति कलात्मक वर्जनाओं की अनुगामी हो और कलात्मक प्रदर्शन का सीमोल्लंघन न करें। केवल गतिमयता पर बल देने वाले क्षिप्र नर्तक कल्पनाशील नर्तक के रूप में कभी भी सफल नहीं होते।

स्वर्गीय अच्छन महाराज बहुत तेज नृत्य करते थे लेकिन गति को उन्होंने हमेशा कलात्मक उद्दिष्ट का अनुगामी बनाया। उन्होंने कला की सीमाओं का उल्लंघन कभी नहीं किया। यद्यपि तबला वादक अवश गतिमयता से उनका अनुसरण करते थे और उनकी गति के अनुरूप साथ देते थे तथापि वे संगत करने वाले को सदाशयता के अभाव में कभी असमंजस में नहीं डालते थे। उनका उद्देश्य उत्कृष्ट सहयोगी प्रयास होता था जो खासतौर पर मिले-जुले दर्शकों को आनन्द दे और उनका मनोरंजन कर सके। यह देखकर अचरज होता था कि वे तीन सेर घुँघरूओं का बोझ अनन्त गतिमय अपने दो सुगठित, क्षिप्र पैरों से कैसे फूलों की तरह उठाते थे, कि यकायक उनके पैरों के किसी जादू से, वे सैकड़ों घुँघरू चुप हो

जाते थे और केवल एक घुँघरू बड़े आहिस्ते से बोलता था और उस समय तबले का पूरा-पूरा साथ देता था जब वह असंभव गति से बज रहा होता। यह चमत्कार वे सैकड़ों दर्शकों के समक्ष करते थे जो अचम्भे में डूबे अपने घर लौटते थे।

जहाँ तक रूढ़िगत कथक शैली, उसकी सही पारम्परिक भंगिमा और चलनों का संबंध है, मुझे यह कहने में जरा भी हिचक नहीं है कि वे कथक नर्तकों में सर्वाधिक बहुमुखी प्रतिभा के धनी थे। अपने बचपन में ही उन्होंने तालीम का गुर समझ लिया था और इसे ही वे अपने शिष्यों को देते थे। वे न तो लीक से हटने और न ही प्रत्युपन्नता की अनुमति देते थे और न ही इन्हें बर्दाश्त करते थे। रूढ़िबद्ध, परम्परागत शैली का सांगोपांग अनुकरण अनिवार्य था और व्यक्तिगत प्रत्युपन्नता पर जरा भी मेहरबानी नहीं की जाती थी। एक ओर जहाँ पारम्परिक भंगिमा और चलन काल सम्मानित विरासत मानी जाती थी वहाँ दूसरी ओर कल्पनाशील नर्तक द्वारा इनकी कल्पनाशील प्रस्तुति को बाधित नहीं वरन प्रोत्साहित किया जाता था।

श्रेष्ठ कथक अपने यांत्रिक पक्ष के अलावा अनुभूति और मनोभावों का संसार भी है जिसकी अपनी मृदुल आभा और अदाएँ हैं। शरीर के अंग-प्रत्यंग भावों की नयी भाषा गढ़ते हैं जिसमें हाथ, पाँव, सिर, ग्रीवा और आँखें अपने स्वतन्त्र अभिनय द्वारा ऐसा कलात्मक सम्प्रेषण करती हैं जो समग्र और निर्दोष होता है। अच्छी देहयष्टि अतिरिक्त नेमत अवश्य है लेकिन इसके न होते हुए भी कला चमत्कारी ढंग से उसकी कमी पूरी करती है, स्वर्गीय अच्छन महाराज का शरीर भारी था लेकिन जब वे मंच पर नाचते थे तो उनकी चलन की निर्दोष कलात्मकता देखते हुए हम उनके भारी शरीर का आयतन भूल जाते थे। फिर भी कथक नर्तक की अभिव्यक्तिक्षम बोलती आँखें ईश्वरी देन हैं। भारी और उनींदी सी होते हुए भी स्वर्गीय अच्छन महाराज की आँखों की अपनी भाषा थी।

बीते दिनों का स्मरण हो आता है। जब कोई उनके घर से होकर गुजरता था, अक्सर वे छत पर बैठे कोई नयी या चमत्कृत करने वाली परन या बोल की रचना में मशगूल होते थे। कॉलेरिज की तरह उन्हें इस बात का ध्यान ही नहीं आता था कि आप आये और उन्हें अकेला छोड़ गये। वे अपनी कला के सच्चे भक्त थे और एकाग्र उत्साह से उसके प्रति समर्पित थे। वे अच्छी तरह जानते थे कि अपने परिवार की कला को कैसे सहेजा जाय और इसके लिए वे अपने छोटे भाइयों लच्छू और शंभू को कथक की तालीम देने के साथ-साथ बड़े पुत्र बिरजू को, जो तब बालक ही थे, कथक की बारहखड़ी में दीक्षित करते थे।

यदि कोई मुझसे पूछे कि कथक नृत्य के किस पक्ष-विशेष में वे प्रतिष्ठित और दूसरों से आगे थे, तो मैं तुरन्त कहूँगा तत्कार में वे सभी नर्तकों से आगे थे,

ताल पर उनका प्रभुत्व था और उसके असंभव बोलों और गतियों पर उनका कल्पनाशील निर्दोष अधिकार था। ताल पर ऐसा सम्पूर्ण अधिकार नर्तकों में कम ही देखने को मिलता है। वे निर्दोष सहजता से जब इसका प्रदर्शन करते थे तब उसमें किसी भी तरह का सायास श्रम परिलक्षित नहीं होता था। उनका तत्कार ऐसा अचम्भा थे जो हमारे जीते-जी कभी दुहराये नहीं जायेंगे। वे एक महान नर्तक थे और उनकी पारिवारिक कला के अनुरक्षण के लिए उनका सही मूल्यांकन होना अभी भी शेष है। उनके प्रतिभा सम्पन्न पुत्र बृजमोहन को हमारा आशीर्वाद है, क्योंकि हम उनमें एक उगता सितारा देखते हैं। भगवान करें आने वाले वर्षों में वे अपनी परम्परा के सच्चे प्रतिनिधि बनें और हमें यह नहीं भूलना चाहिए कि, जब भी हम अच्छन महाराज की कला की उनकी उपस्थिति में प्रशंसा करते थे, वे अपना संकोच छुपाने के लिए आत्मालोचन की शैली में बमुश्किल दो-चार सहज शब्द कह पाते थे। जो अपना गुण गाते नहीं अघाते उन कथक नर्तकों की तुलना में यह कितना बड़ा विरोधाभास था। बिरजू अपने यशस्वी पिता के चरण-चिह्नों पर चल रहे हैं और आने वाले वर्षों में हमें उनसे बड़ी उम्मीदें हैं। हमारी कामना है कि वे अपनी पारिवारिक शैली के हर माने में अगुआ बनें।

पंडित लच्छू महाराज

रोहिणी भाटे

कथक के लखनऊ घराने की उज्ज्वल परम्परा का उचित ढंग से पोषण करने वाली बंधुमढ़ी में मझला स्थान विभूषित करने वाले एक कुशल नर्तक, आचार्य, नृत्य-निर्देशक तथा नायक पंडित लच्छू महाराज—जिनका नाम लेते ही 1961 से 72 का ग्यारह वर्षीय स्मृति-सम्पन्न शिक्षाकाल मेरे मन में उभर आता है।

···बम्बई में दादर का एक हमरस्ता। एक छोटा-सा मोड़—बायें हाथ गेट—सदा खुला दरवाजा। दरवाजे में बनियान-पाजामा पहनी कृश मूर्ति। सफेद बाल, विशाल भाल। भाल-प्रदेश पर गंध रचित 'ओम्'। दन्तविहीन···चपल···हँसी। साँवला-सा रंग—पतली अंगयष्टि की तुलना में काफी सशक्त पंजे और पैर—बाँह पर ताबीज···गले में सोने की पतली जंजीर···

धा-ता-का-थूं-गा—अंग के तोड़-मरोड़ का अननुभूत दर्शन। तोड़े-टुकड़ों में आमतौर पर दिखाई देने वाली कथक की सरल सीधी रेखाओं के साथ चलन-वलन की नाजुक वक्रता का मेल—

ता—थै—तत्—

आमद की प्रस्तुति के समय ठोस अंग-संचालन की समाप्ति के बाद, संगीत स्वरावलि की समाप्ति के अनन्तर भी गूंजने वाली स्वरों की 'आस' की तरह प्रतीत होने वाली सूक्ष्म-सी गति—

थै-थै-थै-। 'थै' नामक दो अक्षर स्थानों के बीच के सब लघुलक्षण कालों को समान लय से स्पर्श करते-करते गति निभाने का अंदाज—।

बिना पैर की चपत का पैरों का चलन—जिससे घुंघरुओं की मुलायम झनकार सुनाई दे और संगीत प्रधान सरल लयकारी उभर आये।

"आमद हो, परन हो या टुकड़ा—सुंदर अंग, तथा भाव के साथ ही सभी चीजें पेश करना जरूरी है, क्योंकि 'कथक' यह कथा नृत्य भावमुद्रा के बिना टुकड़ा कहना हाथ-पैर फेंकने जैसा लगता है—" आदि क्रान्तिकारी विचार—

सन् 1960-61 के बीच मेरा नृत्य जीवन हर तरह के अस्वास्थ्य से भरा रहा। पंडित मोहनरावजी कल्याणपुरकर के निर्देशन में लयकारी तथा तैयारी का अंग काफी विकसित होते हुए भी मन में एक चुभन सी पैदा हो रही थी। कथक का अभिजात अंग ओर भाव प्रदर्शन का विशिष्ट अंदाज, इन पहलुओं में रुचि और

समझ निर्माण किये जाने पर भी क्रियात्मक रूप से मैं यह अदाज क्यों नहीं निभा पा रही थी, इसका कोई उत्तर नहीं मिल रहा था। कहाँ लखनऊ और कहाँ पूना। पंडित मोहनरावजी का मार्गदर्शन साल-भर में कुल मिला के महीने-दो महीनों के लिए ही पाने की गुंजाइश सदा रही थी। एक तरह के नैराश्य पटल ने मुझे घेर रखा था।

दादर के लोकल रेल स्थानक के प्लेटफार्म पर इसी दुविधाग्रस्त मनोवस्था में मैं खड़ी थी जबकि सामने के प्लेटफार्म पर शुभ्र लिबास पहने व्यक्ति का खड़े रहने का ढंग तथा चेहरे का मोड़ मुझे सुपरिचित-सा लगा। चूँकि मैं स्वर्गीय शम्भू महाराजजी से मिल चुकी थी और उनका नाच और भाव-प्रदर्शन की झलक देखने का एक अकल्पनीय मौका मुझे पंडित मोहनरावजी द्वारा जो मिल सका, मैं पहचान गयी कि "यह शम्भू महाराजजी के बड़े भाई लच्छू महाराजजी हैं।" मेरी समस्या का हल होने की आशा मेरे मन में उसी क्षण निर्माण हुई और गुरु मोहनरावजी की आज्ञा से तुरन्त ही मेरी शिक्षा बम्बई में महाराजजी के पास आरम्भ हो गयी।

गुरु लच्छू महाराज एक कुशल आचार्य थे। प्रशंसोद्‌गारों से शिष्यगण का दिल बढ़ाना अच्छी तरह से जानते थे। गद्दी पर बैठ के निर्देशन करने के अलावा चाहे जितने मर्तबा उठके खड़े होकर भी वह अंग संचालन के तरीके दिखाया करते थे। ज्ञानोत्सुक शिष्य या शिष्या हो और महाराजजी का बताने का 'मूड' हो—कलाविष्कार के कितने सारे अंग बिना किसी झिझक के महाराजजी शिष्यों के सामने प्रकट कर देते थे। इस तरह की प्रत्यक्षाप्रत्यक्ष शिक्षा के कारण कथक के रूपाकार के सौंदर्य की मेरी समझ गहराई की तरफ बढ़ने लगी। कथक की पूरी परिभाषा प्रत्यक्षावगम्य बनने लगी। 'कसक', 'मसक', 'कलास', 'मुखविलास' इत्यादि अंग-उपांग-प्रत्यंग का सूक्ष्म चलन का निराली गत निकासों के रूप में प्रत्यक्षावतरण देखने को मिला। आमतौर पर सभी नृत्य प्रदर्शनों में न्यूनाधिक-प्रमाण में दृष्टिगोचर होने वाली बंदिशें प्रतिभाशाली कलाकारों के कलाविष्कार के माध्यम से रंगावतरित होते समय प्राय: बदल क्यों जाती हैं—जगमगा क्यों उठती हैं?

"टच आफ कलास" या अभिजातता का स्पर्श यह किस चीज का नाम है, इन सब प्रश्नों के उत्तर मिलने लगे।

अभिजातता की प्रतीति अंग संचालन के ठोस प्रक्षेपण से नहीं आती। 'कसक' 'मसक', कलास' आदि चलन-वलन की बारीकियों के अस्तित्व के कारण ही कोई भी नृत्यक्रिया पूर्ण रूप पाती है और इसी से अभिजातता का साक्षात्कार होता है। इन्हीं सूक्ष्म अंग क्रियाओं की व्याख्या महाराजजी 'कलास' संज्ञा से करते थे, जिनका पूर्णाविष्कार महाराजजी के नृत्त अंग में तथा अभिनय में दिखाई देता था और साथ-ही-साथ छायाचित्रों में भी प्रतिबिम्बित हो सकता था।

नृत्य एक सम्मिश्र कला है। गायन, वादन तथा साहित्य के साथ इस कला का

गहरा नाता स्वयंसिद्ध है। खासतौर से अभिनय के क्षेत्र में जहाँ शब्दाधारित अभिनय की गहराई का सवाल आता है। अच्छे कलाकार के लिए स्वभाव से काव्यात्म होना, हर प्रकार के साहित्य में रुचि रखना और भाव विलास (इंटर-प्रेटेशन) तथा भाव विवरण के लिए 'व्यंजना' का कुशल उपयोग करने की क्षमता बढ़ाना एक आवश्यक बात हो जाती है। यद्यपि मेरे दोनों गुरुओं के व्यक्तित्व में इस तरह का कला संगम उच्च प्रमाण में मौजूद था। गुरु लच्छू महाराजजी के यहाँ की शिक्षा में भाव-पक्ष पर अधिक जोर होने से उनका साहित्य प्रेम भरी दृष्टि के सम्मुख निरन्तर आता रहा, तथा अनगिनत दोहे, शेर, कविताएँ, चुटकुले और ठुमरियों के साहित्य से मेरा परिचय होता रहा। साथ-ही-साथ उसका नृत्यांकन भी देखने और सीखने को मिला। 'रात समय रस केलि कियो और भोर भई उठि मज्जन धाई' या 'केहि कारण सुंदर हाथ जलो' जैसे समस्यापूर्ति के काव्यार्थ हो या अभिधा के स्तर पर भी जँचने वाला काव्यार्थ हो तो अभिनय कविता के शब्दों के समान्तर चलता था। किन्तु 'मोहे छेड़ो ना नन्द के सुनहुँ छैल', या 'कासे खेलूँ पिया घर नाहीं', 'उठि है घनघोर घटा यह बरसन लागी' इत्यादि का भावार्थ अभिनीत हुआ करता था। भावनाओं की उभरती-गिरती लय का लहजा पकड़ के जितनी सहूलियत से महाराजजी श्रृंगार रस की छटाएँ अदा करते थे, उतनी ही सहूलियत महाराजजी के 'चलत डगर देखो श्याम करगहियाँ' जैसे ठुमरी भाव के अन्त में 'डगर' को प्राणों की ऊर्ध्वगति की मिसाल देते हुए विरलापन या दुख-दर्द व्यक्त करने में भी दिखाई देती थी।

स्वर्गीय बिन्दादीन महाराज की कितनी सारी रचनाएँ मुझे याद हो गयी थी गुरु लच्छू महाराजजी के सान्निध्यवशात्। यूँ कहिये कि नृत्य-गीतों का आदर्श ही एक तरह से हाथ आया।—सरल सीधी घने, सरल प्रासादिक शब्दों में ग्रथित किंतु व्यंजना की गुंजाइश रखने वाला भावार्थ···उदाहरण 'हे निरतत ढंग'—'बनी ठनी आयी श्याम प्यारी चलत डगर देखो, श्याम कर गहियाँ', 'प्रगटे बृजनन्दलाल सकल सुख-निधनियाँ'—'झूलत राधे नवलकिशोर'।

···हस्त मुद्राओं की कमी होने पर कथक पर अभिनय में किसी भी चीज को दिखाने के लिए हर तरह से प्रमाणित अंदाज या फील की विशेष आवश्यकता होती है। इस फील का पूरा अनुभव महाराजजी की अदाकारी से होता था। मुझे याद आता है गेंद पकड़ने वाला महाराजजी का पंजा और गेंद फेंकने का उनका अंदाज—उँगलियों के चलन में बहुत लालित्य न होने पर भी अर्थ प्रकटन में किसी किस्म की बाधा नहीं आती थी। हथकंडा, चालें, चलते हुए पैरों का न्यास लालित्य की कसौटी पर ठीक साबित न होते हुए भी चालें बहुत ललित बनती थीं। मेरे ख्याल से अत्यन्त विकसित आंतरिक अंदाज या फील का ही यह सब खेल था। उपरि-निर्दिष्ट समस्यापूर्ति की कविता के—

"नयी अबला रसभेद न जाने
सेज गये जियामाहिं डरे
कछु बातन की जब चौंक भयी
तब धाए ललन जू बाँह गही
तब दोनों की झकझोरन में
कट पीत पीताम्बर छूट गयो
कट कामिनी दीपक छाप लियो
यहि कारण सुंदर हाथ जलो"

इत्यादि शब्द कुछ अधिक प्रमाण में शृंगारिक माने जाने से शिष्यों के झिझक-भरे मन में श्लीलता-अश्लीलता के विचारों के तरंग उठा करते थे। किन्तु कविता-स्थित मुग्धा की लज्जागर्भ अवस्था से उमड़कर आने वाले सब भाव और दृष्टि-गोचर होने वाले अनुभावों का प्रात्यक्षिक दिखाने का महाराजजी का अन्दाज और भूमिका का फील सब शंकाओं को और संदेहों को क्षणार्थ में ही मिटा देता था।

महाराजजी की आँखें प्राकृतिक रूप से बहुत सुन्दर तो थी नहीं, छोटी थी, परन्तु भावों के प्रक्षेपण के संदर्भ में बहुत ही सचेत और समर्थ थी। लास्य अंग की चालों में कसक-मसक की सूक्ष्म सुन्दरता का उसी समय निर्देशन करने वाला नयन-भाव भी बेजोड़ था।

'लास्य' मार्दव नजाकत—लच्छू महाराजजी के नृत्य का स्थायी भाव रहा। तोड़ों टुकड़ों की पढ़न्त तो वह जोश में कर जाते थे, किन्तु आवाज के हल्केनपन से उस पढ़न्त से भी लास्यभाव निर्माण होता रहा। लयकारी में खासतौर से संकीर्ण लयकारी में दिलचस्पी न होने के कारण नवनिर्माण के प्रान्त में उन्होंने ताल प्रधान अंग की तरफ ध्यान नहीं दिया था। परन्तु भावपक्ष में आमद, परन, टुकड़ों पर जितने भाव प्रसंगों की बंदिशें उन्होंने बनायीं करीब सब की सब अच्छी बनीं। राधाकृष्ण छेड़छाड़ के बहुत लोकप्रिय विषय के अलावा, मथुरागमन, गोवर्धनोद्धारण, सीता का सुवर्णमृग प्रसंग, गंगावतरण, अर्जुन का मत्स्यवेध इत्यादि बहुत पुराण प्रसंगों का भावपरनों के रूप में महाराजजी ने गूँथा था और मंच पर प्रस्तुत भी किया था। लखनऊ घराने के श्रेष्ठ अधिकारी नर्तक होते हुए भी कविता पर नृत्य करना उन्होंने निषिद्ध नहीं माना और बहुत सारी काव्यबद्ध रचनाएँ कीं। जिसमें दक्षयज्ञ, अर्धनारीश्वरन इत्यादि सुन्दर काव्यों की गणना होती है। नृत्य-नाटकों की रचना में भी लच्छू महाराजजी काफी रस लेते थे, उनकी 'मालतीमाधव' 'भारतेन्दु की चंद्रावली', 'गोकुल की गली', 'आम्रपाली', 'कथक-परिवर्तन, 'किसान की अमर कहानी' आदि नृत्यनाटिकाओं में से दो-तीन मैं देख चुकी हूँ। पर मेरे ख्याल से महाराजजी की प्रतिभास्फुट नृत्यरचनाओं के दालान में ही खिल उठती

थी।

1 सितंबर 1901 को लखनऊ में महाराजजी का जन्म हुआ। अपने चाचा स्वर्गीय बिन्दादीन महाराज तथा बड़े भैया पंडित अच्छन महाराज से उन्होंने कथक की शिक्षा प्राप्त की। महाराजजी के कलाजीवन में अनेक मोड़ आये। हर मोड़ पर उनके व्यक्तित्व का एक नया पहलू प्रकाशित होता गया। लखनऊ और प्रायः उत्तर भारत के नवाबी और दरबारी माहौल को त्याग करके बम्बई के चुलबुले वातावरण में भी वे आसानी से बस गये। फिल्मों की सुनहरी दुनिया में कथक के अभिजात ढंग की झलक दिखाकर फिर से वह शास्त्रोक्त कला के प्रांगण में दाखिल हुए और जीवन-संध्या की आहट आते-आते 1972 में सीधे लखनऊ सिधारे। महाराजजी का लखनऊ वापस जाना ही मेरी नृत्य शिक्षा का पूर्णविराम ठहरा। फिर दिल्ली के कथक केन्द्र की तरफ से आयोजित किये जाने वाले कथक प्रसंगों के दौरान महाराजजी से हर साल भेंट होती रही। घरानों के बुजुर्गों के मंडल में महाराजजी अपनी चपल अदाओं से, अपना चिरतारूप दिखाने वाली हरकतों से चैतन्य का सिंचन करते रहे।

योग्य दिशा में किये गये नवनिर्माण का अब तक स्वागत और पुरस्कार करने वाला तथा अखबारों में, साप्ताहिकों में या चर्चा-परिषदों में लखनऊ घराने पर या कथक पर किये जाने वाले आरोप-प्रत्यारोपों का खंडन करने की जिद रखने वाला एक सदा जाग्रत मन महाराजजी के उमरग्रस्त वक्ष के अंदर धड़कता रहा—19 जुलाई 1978 की दुपहर तक—।

श्रेष्ठ नर्तक बंधुओं की पीढ़ी के इस युगान्त से कथक जगत में उदासी सी छा गयी। पर मेरी जैसी शिष्याओं में जागृति आ गयी—स्मरण हुआ उन सब चीजों का जो लच्छू महाराजजी की नृत्य शैली का एक तरह से निचोड़ था—सार था—जिसको जतन करना था—धा-त-क-थुं-गा—

अंग के तोड़-मरोड़ का अननुभूत दर्शन—कथक की सरल सीधी रेखाओं के साथ चलन-वलन की नाजुक वक्रता का मेल—

ता-थै-तत्—

आमद की स्तुति के समय, ठोस अंग संचालन की समाप्ति के बाद संगीत स्वरावली के समाप्ति के अनन्तर भी गूंजने वाली स्वरों की 'आस' की तरह अतीत होने वाली सूक्ष्म गति—

थै-थै-थे—

'थै' नामक दो अक्षर स्थानों के बीच के सब लघुक्षणकालों को समान लय से स्पर्श करते-करते गति निभाने का वह अंदाज...

पंडित शम्भू महाराज

माया राव

अपने गुरु शम्भू महाराज को श्रद्धांजलि अर्पित करना वास्तव में हर्ष की बात है। महाराज को मैंने पन्द्रह वर्ष से भी अधिक समय तक पहले एक विद्यार्थी और बाद में मैंने जब कथक रचनाएँ तथा शिक्षण प्रारम्भ किया तो उनके सहायक के रूप में निकट से देखा, उनका अनुसरण किया और आदर किया था। हाँ, निश्चय ही, मैं पूरे समय उनकी एक निष्ठावान शिष्या रही। महाराजजी का नाम लेते ही अनेक बिम्ब एक साथ उभरते हैं क्योंकि उनका व्यक्तित्व विरोधाभासों से पूर्ण था। पर जहाँ तक मेरा सवाल है, मेरी दृष्टि में वे जीवन के प्रति अनुराग के साथ सौंदर्य के एकनिष्ठ उपासक थे। नृत्य करते, गायन करते या अभिनय प्रदर्शित करते (कथक में जिसे भाव बताना कहते हैं) समय उनके द्वारा की गयी व्याख्याओं से यह बात साफ झलकती थी। उनका जीवन वास्तव में 'अभिनय दर्पण' था।

महाराज से मेरा परिचय 1955 में हुआ था जब मैंने शासन से प्राप्त छात्र-वृत्ति पर उनसे अध्ययन करना शुरू किया था। मैंने उनके बाबत कथक के शीर्ष स्थानीय कलाकार के रूप में सुन रखा था और उनसे मिलकर सीखने के लिए उत्सुक थी। उनसे अपनी पहली मुलाकात का विवरण मुझे अच्छी तरह याद है। मैं संगीत नाटक अकादेमी के दफ्तर में इन्तजार कर रही थी कि लखनवी कुरता-पाजामा परिधान पर छिड़के हुए ढेर से इत्र की सुगंध बिखेरते हुए अन्दर आये। उनका व्यक्तित्व उन मुगल बागों, छतों और दरबारों की याद दिलाने वाला था जहाँ उनके पूर्वजों ने मुगल सम्राटों तथा अवध के नवाबों को निश्चय की आह्लादित किया था। परन्तु मेरा कल्पनालोक उनकी कठोर आवाज से बुरी तरह भंग हो गया—"छात्र-वृत्ति लेकर दक्षिण भारत से आने वाली यह कौन है, जिसने मेरी जिन्दगी को नष्ट कर दिया है ? आपको मालूम है, ऐसे लोगों के लिए दिल्ली में एक शिक्षक के रूप में रहने के लिए मुझे लखनऊ छोड़ना पड़ा है···" झुककर उनके पैर छूने को भी भूल-कर मैं चुपचाप नमस्कार में हाथ जोड़कर खड़ी हो गयी, परन्तु जैसे ही मैंने महा-राज से कहा कि उनसे सीखने के लिए मैंने भी यहाँ से हजारों मील दूर बैंगलोर में अपना परिवार छोड़ा है तो ऊपरी तौर पर दिखने वाली उनकी रुखाई समाप्त हो गयी। इस बात से उनकी आँखों में आँसू आ गये और उन्होंने मुझे अपने से लिपटा लिया। उस दिन से लेकर 1979 में उनके जीवन के अंतिम क्षण तक हमारे बीच

स्नेह का यह बंधन निरन्तर बना रहा। हाँ, तब उन्होंने मुझसे कहा था, "छात्रवृत्ति के नियमों के मुताबिक प्रशिक्षण क्या होता है, यह मुझे नहीं मालूम, परन्तु हम प्राचीन समय के गुरु-शिष्य सम्बन्ध रखेंगे, न कि आज के विद्यार्थी तथा 'हेलो प्रोफेसर' रुख को।" छात्रवृत्ति के सम्बन्ध में कोई स्पष्टीकरण लिये बिना मैंने स्वीकृति में सिर हिला दिया, इस भय से कि अभी-अभी मुझे जो अनुकम्पा मिली है, वह समाप्त न हो जाये। उसी दिन से भारतीय कला केन्द्र की संस्थापक सचिव श्रीमती सुमित्रा चरतराम के निवास पर हमारी कक्षा शुरू हो गयी। इस केन्द्र के पहले गुरु और शिष्य क्रमशः महाराज और मैं ही थी। कथक-कक्षा डायनिंग रूम में लगती थी जहाँ महाराज खाने की मेज बजाते थे और बोल निकालते थे। यहाँ से जो कथक-कक्षा शुरू हुई वही दस माह बाद भारतीय कला केन्द्र के कथक विभाग के रूप में और अन्तिम रूप से कथक केन्द्र के रूप में विकसित हुई। 'कथक केन्द्र' कथक की राष्ट्रीय शाला है जहाँ कुछ अग्रणी गुरुजन प्रतिभावान युवा कलाकारों को प्रशिक्षण देते हैं। छात्रवृत्ति योजना को धन्यवाद।

जैसा कि मैंने पहले ही कहा है, महाराज का व्यक्तित्व विरोधाभासों वाला था। यह बात और भी साफ हो जाती, जब कोई उनका घर देखता। किसी कैबरे नर्तकी के घटिया चित्र की बराबरी में राधा-कृष्ण के सुन्दर चित्र उन्होंने लगा रखे थे। अथवा कभी सिगरेट के पैकेटों से बने ऊटपटांग फ्रेम में महाराज बिन्दादीन का चित्र लगा रहता। मुगल संस्कृति की झलक देने वाले कुरते या शेरवानी—पाजामा परिधान (जो कि खूब इत्र से सुगंधित होता) के अन्दर वैष्णव हृदय या जो कृष्ण के नृत्य को अपने प्रदर्शन में रूपान्तरित करने के लिए समर्पित थे। उनके कथक के लिए यह जीवन दृष्टि प्रेरणास्रोत थी और इसीलिए वे इसका नया नाम नटवरी नृत्य रखना चाहते थे। इसके लिए वे अक्सर यह कवित्त उद्धृत करते—

नटवर नाचत संगीत गीत विविध भांति गत नई नई, ता पर पग नूपुर बाजे
थों दिग-दिग त्राम-त्राम धेई
थों दिग-दिग त्राम त्रम धेई
थों दिग-दिग त्राम त्राम धेई।

महाराज के लिए कथक का समय सार इसी में निहित था।

1936 में उन्हें जब उपाधि दी गयी तो महाराज को 'नटवरी नृत्य सम्राट' के रूप में समर्पित किया गया।

महाराज ने सदैव अंग अर्थात संचालन की स्पष्टता पर जोर दिया। वे हमेशा बिन्दादीन महाराज के भजन 'निरतत ढंग' को उद्धृत करते थे जिसमें कथक की प्रमुख विशेषताएँ वर्णित हैं। इस भजन के इस अंश को वे खासतौर पर सुनाते जिसमें बिन्दादीन भगवान कृष्ण से प्रार्थना करते हैं कि मेरे शरीर में कोई पीड़ा न हो जिससे कि आपके इस नृत्य में, जिसे मैं प्रदर्शित करता हूँ, कोई विघ्न न

पहुँचे—

तुम नाथ बिन मोहे को उबारो
कौन असजो विपत ढारो
बिन्दादीन पे कृपा करो, प्रभु
आये दुख नहीं अंग (निरतत ढंग)

इस तरह महाराज हमारी भुजाओं को फैलाने तथा लालित्यपूर्ण दीर्घ संचलन पर जोर दिया करते थे। तीव्र गति में संचलन के दौरान भी महाराज ने अपरूपण से बचने की चेतावनी दी थी। यद्यपि वे बहुत तीव्रगति से नृत्य करते थे फिर भी सदैव सन्तुलन बनाये रखते थे तथा छोटे और झटकेदार संचलन से तरलता तथा लयात्मकता को टूटने से बचाते थे।

मुझे यह याद है कि इस मामले में वे कितना कठिन अनुशासन रखते थे, यद्यपि नियमित उपस्थिति, पाठ्यक्रम, कक्षा की सामान्य पद्धति से उनका तालमेल नहीं बैठता था, उदाहरणार्थ, कई बार ऐसा होता था कि वे कक्षा लेना नहीं चाहते थे और दाहिने पैर पर झुकाव देते हुए लंगड़ाते देर से आते और कहते कि घुटना दर्द दे रहा है। परन्तु कक्षा के दौरान यदि वे किसी विद्यार्थी को ध्यान से कार्य करते न पाते अथवा संचलन को बढ़ा-चढ़ाकर प्रदर्शित करते हुए पाते तो तुरन्त कूदकर गलती बतलाते और उसे हास्यास्पद तक बना देते जिससे हम उस गलती को दुबारा न करें। और वे फिर लंगड़ाने के स्थायी भाव पर आ जाते—इस बार बायें पैर पर झुकाव देते हुए। (शरारत के साथ आँख मार कर और यह कह कर कि लंगड़ाने की क्रिया आफिस के लोगों के लिए है जो कि उपस्थिति लगाते हैं।)

महाराज का कहना था कि गति तथा गुणात्मकता की बेदी पर अंग की बलि से उन्हें तकलीफ होती है और इसलिए उन्होंने गत तथा गत भाव (कथक के लयात्मक और भावात्मक पक्षों तथा अभिनय) पर अपना ध्यान केन्द्रित किया। उनका विश्वास था कि गत तथा गत भाव के अच्छे प्रशिक्षण से निश्चय ही अंग का विकास होगा और स्वाभाविक लालित्य आयेगा, जो कि एक नर्तक के लिए सर्वाधिक अनिवार्य आवश्यकता है। इसी वजह से यह आलोचना चल पड़ी कि महाराज सिर्फ भाव का अच्छा प्रदर्शन करते हैं, और वे श्रेष्ठ कोटि के नर्तक नहीं हैं। जिन लोगों ने उन्हें जीवन की संध्या में देखा था वे महाराज की इस झूठी आलोचना पर भरोसा करते थे।

वस्तुतः हमने महाराज को पचास के दशक में तीव्र गति में नृत्त करते देखा था जो कठिन पद संचलन तथा शीर्ष नर्तक के रूप में प्रतिष्ठा अर्जित करने के मानदण्ड के अलंकारों से युक्त था। हमने महाराज के साथ तबले पर संगत करने वालों को उनसे प्रार्थना करते हुए पाया कि तैयारी और लयकारी के प्रदर्शन में महाराज

तबले वाले पर कृपा करें।

अपने नृत्य जीवन के प्रारम्भिक दौर में जब महाराज को नृत्य प्रदर्शन के लिए बुलाया जाता तो वे दो प्रदर्शन प्रस्तुत करते थे। वे हिन्दू और मुस्लिम संस्कृतियों, जो कि कथक के ताने-बाने में घुली-मिली थीं, की विशेषताओं को अलग-अलग प्रदर्शित करना पसन्द करते थे। एक दिन वे कृष्ण के रूप में परिधान धारण करते तथा वन्दना, परिमेल, गतभाव, भजन वगैरह प्रस्तुत कर नटवरी नृत्य प्रदर्शित करते और दूसरे दिन मुगल परिधान धारण कर आमद, गत, टुकड़ा, तैयारी वगैरह प्रदर्शित करते। बाद में उनका कहना था कि उन्हें यह अहसास हुआ कि उन्हें कृष्ण का परिधान नहीं धारण करना चाहिए क्योंकि वे तो सिर्फ व्याख्या कर रहे हैं, न कि कृष्ण का अनुकरण, इसी वजह से उन्होंने अपनी यह आदत छोड़ दी।

संगीत के प्रति महाराज का नैसर्गिक झुकाव था। वे याद किया करते थे कि जब उनके बड़े भाई, अच्छन महाराज, जो कि उनके गुरु और संरक्षक थे, पुश्तैनी घर छोड़कर रामपुर चले गये तो महाराज ने संगीत पर गम्भीरतापूर्वक ध्यान दिया और एक संगीतकार के रूप में घराने से अलग होने की भी सोचने लगे थे। उनके उस्ताद खुश थे परन्तु महाराज की माँ नाखुश थीं। उन्होंने शम्भू महाराज को लखनऊ से निकालकर रामपुर में अच्छन महाराज की देखरेख में पहुँचा दिया। माँ ने अच्छन महाराज से कहा कि "इसके पहले कि शम्भू अपना धन्धा बदले और लखनऊ घराने के लिए समर्पित हम सब की नाक नीचे कराये, तुम इसे अच्छा नर्तक बना दो।" और उसके बाद से अच्छन महाराज ने उन्हें सघन प्रशिक्षण देकर तैयार किया। फिर तो पीछे मुड़कर देखने का सवाल ही नहीं था। परन्तु संगीत के प्रति उनका आकर्षण भाव प्रदर्शन की अद्‌भुत शैली के रूप में विकसित हुआ। यह कहा जाता है कि भ्राताद्वय—अच्छन महाराज तथा शम्भू महाराज—मिलकर श्रेष्ठ युगल नर्तक के रूप में नृत्य करते थे। परन्तु जब अभिनय का प्रसंग आता तब अच्छन महाराज गरिमा के साथ मंच पर शम्भू महाराज को अकेले प्रदर्शन करने के लिए छोड़कर चले जाते थे। इस दृष्टि से शम्भू महाराज का प्रदेय अनन्य है। वे ठुमरियाँ, गजलें, तथा अन्य रचनाएँ लेते और कई बार उन्हें बड़ी धीमी गति में गाते जिससे कि संगीत की बारीकियाँ और उत्कृष्टता नृत्य सचलन की भावात्मक प्रस्तुति में अनुगुंजित की जा सकें। उनके द्वारा हस्त संचलन अथवा मुद्राओं का प्रयोग बहुत सफाई के साथ किया जाता था और वे 'अभिनय दर्पण' से ली गयीं मालूम पड़ती थीं। यद्यपि यह भी सही है कि महाराज स्वयं इस तथ्य से उस समय भिज्ञ हुए जब मैंने एक लेख लिखकर उन्हें स्पष्ट किया। इस बात से वे रोमांचित हो गये थे। मेरे कथक-अध्ययन में महाराज का प्रशिक्षण एक भव्य स्रोत था, जिससे मुझे शक्ति मिलती थी।

भाव प्रदर्शित करने के लिए कहे जाने पर महाराज आमतौर पर हारमोनियम बजाते तथा ठुमरी गाते और फिर किसी मुहावरे अथवा लाइन को लेकर उसे नृत्य की भाषा में भावात्मक रूप से प्रदर्शित करते। मुझे याद है कि महाराज को स्वयं के गाने से प्रदर्शन करने की किस प्रकार प्रेरणा मिलती थी। दिल्ली में राष्ट्रीय नृत्य उत्सव के एक स्मरणीय अवसर पर शम्भू महाराज को उद्घाटन नृत्य प्रदर्शन के लिए आमंत्रित किया गया था। उनका नृत्य बहुत अच्छा गया किन्तु भाव रंगहीन रहा। ऐसा इसलिए कि उनके बदले किसी और ने गायन किया था और उन्हें रिकार्ड किये गये संगीत पर भाव प्रदर्शित करना पड़ा था। नृत्य प्रदर्शन के बाद जब उनके कुछ प्रशंसकों ने आदतन उनके भाव की प्रशंसा की तब वे चीख पड़े और कहने लगे कि मेरा प्रदर्शन इतना खराब था तब तुम मुझसे इस तरह झूठ कैसे बोल सकते हो ? मैं अपनी आवाज, अपने हृदय की धड़कन नहीं सुन सका, जिसे मैं संचलन द्वारा प्रदर्शित करता। मैं तो रिकार्ड किये गये संगीत के साथ प्रदर्शित एक नि:शब्द चित्र मात्र था।

सौभाग्यवश महाराज को पार्श्व संगीत के साथ प्रस्तुत करने की गलती फिर दुहराई नहीं गयी और हमने महाराज को अपने भाव प्रदर्शन में सदैव खुद ही ठुमरी और गजल गाते सुना। जब हम अध्ययन करते थे तब भी वे हमसे गाने के लिए कहते थे जिससे कि वे सुनिश्चिय कर सकें कि हम गीत के भाव को इतनी अच्छी तरह समझते हैं कि गीत को विस्तार से प्रस्तुत करते समय नृत्य संचलन में उसे विकसित कर सकें।

महाराज के नृत्य की चर्चा करते हुए कुछ व्यक्ति यह विचार करते हैं कि टुकड़ों की संरचना में उनकी क्षमता सीमित थी क्योंकि वे बहुत उलझे या कठिन तालों को नहीं अपनाते थे। इसके विपरीत, महाराज टुकड़ों या परनों में बहुत सा वैविध्य लाए थे, परन्तु उनकी प्रस्तुति से उभरने वाले सौन्दर्य को उन्होंने पूरी तरह बरकरार रखा था। सौन्दर्य तथा स्पष्टता के प्रति उनकी दृष्टि इतनी सतर्क थी। महाराज जानते थे कि कथक शैली पर अंक गणित की तरह अत्यधिक तकनीकी होने का आरोप लगाया जा रहा है, क्योंकि कथक दर्शकों से वाहवाही लूटने के लिए व्याकुल रहते हैं। इसी वजह से इन नर्तकों का जो प्रदर्शन होता उसमें इतना अधिक पद संचलन और टुकड़ों में लयकारी रहती है कि कथक कला के दूसरे पक्ष समाप्त हो जाते। इस मुद्दे को स्पष्ट करते हुए महाराज ने एक बार हमें महान नृत्यकार उदयशंकर द्वारा की गयी तीखी आलोचना की बावत बताया। एक बार कथक नृत्य देखते हुए उदयशंकर ने कहा था कि कथक नृत्य देखना उसी तरह है जिस तरह किसी बनिये की दुकान को देखना जो अपना सामान 1/2, 1/4, 1/8 जैसे कठिन अंशों में नाप कर देता है। इस तीखी टिप्पणी के जवाब में महाराज ने उदयशंकर को अपने नृत्य प्रदर्शन को देखने के लिए आमन्त्रित किया। इस नृत्य प्रदर्शन में

महाराज ने कठिन लयात्मकता को ललित संचलन तथा पद संचलन की नजाकत के साथ पेश किया। उदयशंकर स्वयं एक सच्चे कलाकार थे इसलिए उन्होंने न केवल माफी माँगी वरन यह भी पूछा कि कथक प्रदर्शन के तथाकथित मुख्य आधार के वे ताल स्वरूप और लटकेबाजियाँ कहाँ हैं? महाराज के नृत्य की सौन्दर्यानुभूति इतनी जबरदस्त थी।

महाराज की ठुमरी की शब्दावली को, उनकी व्याख्या के स्वरूप को समझे बिना, विवाद का एक मुद्दा बना लिया गया है। एक बार मुझे एक प्रख्यात इतिहासज्ञ ने दस फोटो का एक सेट दिया और मुझसे उनके शीर्षक देने के लिए कहा और वह ठुमरी भी बतलायी जिससे रूपांकन किया गया था। उन्होंने कहा, "महाराज की बिम्ब योजना अत्यन्त सीमित है अतः यह कहना कठिन है कि कौन ठुमरी प्रदर्शित की जा रही है।" स्पष्ट है, उन महाशय ने महाराज को ध्यान से नहीं देखा था। महाराज किसी भी विषय के मूल भाव को प्रदर्शित करने की कला में सिद्धहस्त थे। कलाई, कुहनी, कंधों, गर्दन, हाथ, आँख, भौंहों आदि अंगों पर कब, कहाँ और किस तरह परिवर्तन कर जोर दिया जाये—इस कला में वे निष्णात थे।

उदाहरणार्थ—-

"मोहे छेड़े देखो सब नारिनमा—"

ठुमरी में महाराज छेड़ पर जोर देना शुरू करेंगे और कुहनी को एकाएक झटकाएँगे। बारीकी से शुरू कर रूक्ष रूप तक ले जाकर वे छेड़छाड़ के विभिन्न स्तर प्रदर्शित करेंगे।

"मेरी सुनो श्याम" ठुमरी में वे दोनों हथेलियों को जोड़कर अन्दाज के साथ अनुनयपूर्ण नमस्कार करते। पूरे समय वे 'सुनो श्याम' के अनुनय स्वर पर जोर देते। यहाँ तक कि हर बार गर्दन का संचलन अलग होता। हाव में (बिना हाथ उठाये, सिर्फ आँखों, भौंहों तथा शरीर के संचलन से भाव प्रदर्शित कर मूल भावना प्रकट करना) महाराज ठुमरी की मूल चेतना के अनुसार हर बार अलग अंग पर जोर देते।

संचारी भाव विकसित करने के संबंध में महाराज की संवेदनशीलता उल्लेखनीय थी। वे किसी भी ठुमरी या दादरा को लेकर उसके बिम्बों का ताना-बाना बुन सकते थे और उसे उदात्तता की महान ऊँचाइयों तक ले जाते थे। कभी-कभी भौतिकता से आपूरित कर उन बिम्बों को तहस-नहस भी कर देते थे। 'नहीं आये घनश्याम घिरि आयी बदरी' ठुमरी में वे सुन्दर गहरे रंग वाले भगवान श्याम के अभिप्राय की बादलों के बिम्बों में, सुरमा लगी आँखों से अभिव्यंजित करते। अपने मन के मुताबिक कई बार वे इसी पंक्ति को—मेघाच्छादित दिन में जब वातावरण बैठक के लिए उपयुक्त होता—वे एक खाली ग्लास से इसे प्रदर्शित करते जिसे गहरे रंग की शराब 'श्याम' को इंतजार होता था।

इसी तरह महाराज "अटरिया पर चढ़के हो गयी बदनाम" जैसे दादरें को ले सकते थे। इस दादरे में वेश्या के जीवन और उसके घर के विस्तृत वर्णन के ऐहिक रूप में प्रदर्शित करने के बाद वे दादरे की एक पंक्ति "पाँच रुपये माँगे सिपाही और दस माँगे कोतवाल" की उर्ध्व स्तर पर व्याख्या करते। इस व्याख्या में वे प्रदर्शित करते कि इस संसार में जन्मा आदमी पाँच इंद्रियों तथा जिन तत्त्वों से बना है उन्हें परम पिता के समक्ष सर्मपित कर अपने ऋण चुका कर किसी तरह मोक्ष प्राप्त कर सकता है। यहाँ कोतवाल ईश्वर का परिचालक है। एक अन्य ठुमरी "बाबुल मोरा नैहर छूटो ही जाये" में अपने मायके का परिवेश छोड़कर पति के घर की तरफ जाने वाली युवती की स्थिति को वे विस्तार से प्रदर्शित करते और फिर वे "चार कहार डोलिया उठाये" पंक्ति ले लेते और उसके अभिप्राय को प्रदर्शित करते जिसमें मानव के मृत शरीर को अंतिम यात्रा के समय चार व्यक्तियों द्वारा ले जाते दिखलाते। वे इस व्याख्या को देते समय इस पंक्ति को गाते हुए रोते भी थे जिससे कि उनके दो बच्चों की मृत्यु का अनुभव तथा श्मशान घाट ले जाने के बिम्ब उनके लिए जीवन्त हो जाते थे। इस तरह महाराज अपना स्वयं का जीवन देखते थे और जिन अनुभवों ने उनके मर्म का स्पर्श किया है उनसे अपनी व्याख्या को सुपुष्ट करते। इसी तरह किसी नायिका का वर्णन करते हुए शृंगार के बारीक से बारीक विवरण को वे प्रदर्शित कर सकते थे—वह किस तरह बाल सँवारती है, अपने आप पर मुग्ध होती है, पान पर चूना लगाती है—वगैरह-वगैरह, यह सारी प्रस्तुति यथार्थ-सरीखी होती और जब उसकी सराहना की जाती तब वे चपल बालक की भाँति मुस्कराते और कहते कि "मैंने जिन्दगी को बहुत करीब से देखा है"।

महाराज अपनी जिन्दगी के अनुभव लेकर उल्लेखनीय संचलन-प्रसंगों में अपने व्यक्तित्व से उन्हें परिवर्तित कर रूपांतरित कर सकते थे।

उनके एक प्रेरक प्रदर्शन के बाद बाला सरस्वती ने ठीक ही टिप्पणी की थी, "गोपी की प्रसन्नता, अभिलाषा, निराशा और आशा को शम्भू महाराज ने कोमल मुद्राओं तथा चेहरे पर स्वतःस्फूर्त अभिव्यक्तियों के द्वारा इस तरह व्यक्त किया कि मुझे ऐसा महसूस हुआ कि मैं उनके निकट बैठकर फिर से कुछ सीखूँ।"

इन्हीं स्वप्रेरित प्रतिक्रियाओं की वजह से महाराज को मद्रास संगीत अकादेमी की ओर से सम्मानित उपाधि 'अभिनय चक्रवर्ती' तथा अन्य स्थानों से भी इसी तरह अन्य उपाधियाँ दी गयीं।

महाराज 'भागवत', 'सूर-सागर' तथा इसी तरह के अन्य ग्रन्थों—जिनसे वे स्रोत सामग्री लेते थे—द्वारा सम्प्रेषित दर्शन के प्रति जागरूक थे। जब कोई उनसे किसी प्रकार का प्रश्न करता तब अपने अद्वितीय हास्य भाव के साथ वे सत्य की व्यंग्योकित करते थे। मुझे याद है कि एक बार प्रसिद्ध अभिनेता बलराज साहनी भारतीय कला केन्द्र में हमारी कक्षा में आये। महाराज ने अपने सामान्य भावावेग

में हमें गोपी और पनघट पर आधारित गत और गतभाव की एक पूरी श्रृंखला का नृत्य करने के लिए कहा। नृत्य की समाप्ति पर बलराज ने महाराज से कहा, "यह सब अत्यन्त सुन्दर है और बहुत ही अच्छी तरह किया गया, परन्तु आप इस सामग्री का किसी समकालीन दृश्य के लिए उपयोग क्यों नहीं करते।" महाराज ने बनावटी भोलेपन से पूछा, "क्या आप यह चाहते हैं कि मैं गोपियों को सड़क के किनारें नल पर लाइन लगाकर—खड़ा कर दूँ" और जोर देकर यह भी आगे कहा कि "यमुना नदी से गोपियों द्वारा जल भरने के पीछे एक प्रतीकात्मकता है। यमुना जीवन की नदी है जिससे प्रत्येक गोपी अपना अंश लेती है और इस तरह परम आत्मा से मिलने की तैयारी करती है। यह मिलन भी कृष्ण से मिलने का प्रतीक है।" कई वर्ष पहले विश्व शांति सम्मेलन के आयोजकों ने महाराज से सम्मेलन की उद्घाटन सभा के लिए "वार एण्ड पीस" (युद्ध और शांति) पर एक रचना तैयार करने का निवेदन किया। इसके विपरीत, उन्होंने ताण्डव और लास्य के प्रतीकों को लेकर एक सुन्दर कार्यक्रम तैयार किया। उन्होंने व्याख्या की कि क्रुद्ध शिव विनाश के प्रतीक हैं और सदैव शांत रहने वाली पार्वती—प्रत्येक विषय में जिनका मत अंतिम होता है—तालमेल और शांति की प्रतीक हैं। "यह भी उन्होंने कहा कि हमारी पौरुष शक्ति चाहे कितनी भी हो, क्या हम महिला के आकर्षण के समक्ष हार नहीं मान लेते हैं?"

'गिरिवर गत' (ब्रज के लोगों को बचाने के लिए कृष्ण द्वारा गिरिवर पहाड़ उठाने की घटना) की कथक प्रस्तुति के संबंध में एक नृत्य समीक्षक ने टिप्पणी की कि आपके द्वारा विषय का प्रतिपादन सरसरी तौर पर किया गया है। महाराज ने यह कहकर जवाब दिया कि मैं कृष्ण के साथ उस किस्म का व्यवहार नहीं कर सकता जो कि प्लेटफार्म पर एक कुली भारी बक्से को उठाने के समय करता है।

कृष्ण द्वारा प्रयुक्त संचलन की गुणात्मकता से प्रयासहीन आकर्षण सम्प्रेषित होना चाहिए। वह ब्रह्मांड का उद्धारक है, न कि एक सामान्य आदमी।

अपने दर्शकों पर महाराज का अद्भुत नियंत्रण रहता था। मंच पर पहुँचने के कुछ सेकेंडों के अन्दर ही वे दर्शकों से तादात्म्य स्थापित कर लेते थे। जिस क्षण वे माइक सम्हालते, उसका अर्थ यह होता कि उन्होंने दर्शकों को भी काबू में कर लिया है। जैसे-जैसे वे संचलन करते, उनमें मानवीय अनुभव व्यक्त करते और बीच-बीच में शेरो-शायरी से टिप्पणी करते (जिसे सुनना अपने आप में एक सुखद अनुभव था) वैसे-वैसे ही वे दर्शकों को हँसाने, हर्ष ध्वनि करने और यहाँ तक कि रोने पर मजबूर कर देते थे। महाराज अत्यन्त कठिन परिस्थिति को भी सम्हाल लेते थे। उदाहरणार्थ अलीगढ़ में एक कार्यक्रम हुआ जिसमें फिल्मी हस्तियों, लता मंगेशकर और मुकेश, के लिए प्रतीक्षारत अधीर दर्शकों के समक्ष महाराज को नृत्य प्रस्तुत करना था। 5000 दर्शकों ने उनके पहले के कलाकारों को हूट कर दिया था और

फिर मंच पर महाराज निर्भीकता के साथ आये और हल्ले के बीच उन्होंने माइक सम्हालकर कहा, "मुझे आप यह स्पष्ट करने के लिए कुछ मिनट का समय दें कि कलाकार का हृदय एक दर्पण की भाँति होता है और कोई व्यक्ति बिना समझे उसकी आलोचना करता है तो वह उस मूर्ख की भाँति होता है जो एक दर्पण के सामने मुँह बनाता है। इसलिए अगर आप मेरे नृत्य को पसन्द न करें तो मुझे बतायें, मैं तुरन्त चला जाऊँगा क्योंकि कलाकार लोग भारी परदे के भीतर की भी असहमति की नजर को अनुभव कर लेते हैं।" इसके बाद उन्होंने डेढ़ घण्टे तक नृत्य किया, गीत गाये और दर्शकों ने एक बार भी पें-पें नहीं की।

कथक की उल्लेखनीय सेवा के लिए 1955 में महाराज को संगीत नाटक अकादेमी पुरस्कार से सम्मानित किया गया और बाद में उन्हें अकादेमी की रत्न सदस्यता का विशिष्ट सम्मान भी दिया गया। इस सबके लिए वे सदैव ही अपने चाचा श्री बिन्दादीन और अपने भाई तथा गुरु श्री अच्छन महाराज के आभारी रहे। अकादेमी पुरस्कार के दिन की बात मुझे याद है। अपने कीमख्वाब के अंगरखे और सफेद पाजामें में तथा पहले ही मुद्रिकाओं से भरी अंगुलियों में अतिरिक्त अंगूठियाँ पहने हुए वे और ज्यादा सुन्दर दिखाई दे रहे थे। उन्होंने कर्णभेदी हर्षध्वनि के मध्य प्रशस्ति प्राप्त की थी। बाद में वे ग्रीन रूम के कोने में जाकर बैठ गये और चुपचाप रोने लगे। उन्होंने अपने कान आदरपूर्वक पकड़ रखे थे। हम जानते थे कि वे अपने प्रिय भाई अच्छन महाराज और चाचा बिन्दादीन महाराज को आभार के साथ मौन श्रद्धांजलि अर्पित कर रहे थे। कुछ मिनट बाद, स्क्रॉल को खोलते हुए उन्होंने अट्टहास किया और हमसे कहा, "सुनो, मैं जानता हूँ कि मेरा सम्मान किया गया है, पर यहाँ लिखा क्या है?" फिर सदा की भाँति उन्होंने एक घटना बतलायी कि वे नृत्य में जितने प्रवीण थे पढ़ने में उतने न थे। जब एक माह की शिक्षा के बाद भी वे यह न बता सके कि चिड़िया घोंसले में पेड़ देती है या अंडे में घोंसला देती है तब उनके हतोत्साहित शिक्षक ने उनकी कलाई मरोड़ दी। उन्हें कष्ट में देखकर अच्छन महाराज ने उन्हें छुड़ाया और कहा, "उसे अकेला छोड़ दीजिये, वह भाषा का अच्छा विद्यार्थी न होगा परन्तु वह एक अच्छा नर्तक होगा। हमारे घराने का नाम रोशन करेगा।" उनके शब्द सत्य हुए हैं। "मैं कामना करता हूँ कि आप भैया यहाँ होते तो मेरे आनन्द और उनके प्रति आभार में हिस्सेदारी करते। पर आज भी मुझे यह स्मरण नहीं है कि चिड़िया घोंसले में पेड़ देती है या अंडे में घोंसला देती हैं।"

महाराज स्वयं एक संस्था थे। उनके गुणों को बतलाने के लिए मैं और ढेर सी घटनाएँ सुना सकती हूँ।

परन्तु इन सबके बीच सौन्दर्य के उपासक के रूप में उनका चित्र ही सदा अपनी जगह बना रहता है। और हम उन्हें इस प्रकार भी याद करते हैं कि वे अपने नृत्य के प्रत्येक क्षण में अपना सम्पूर्ण अनुभव पुनः जीवन्त करते थे।

पंडित बिरजू महाराज

केशव कोठारी

पिछले सौ-एक वर्षों में लखनऊ घराने के महान गुरुओं के, जो एक ही वंश के हैं, प्रभाव के फलस्वरूप कथक ने विकास की दिशा में तेजी से कदम उठाये हैं। इस घराने के एक से एक महान गुरुओं ने अपने पूर्ववर्तियों की उपलब्धियों में जैसे उनके कन्धे पर चढ़कर पिछले समस्त ज्ञान और अनुभव को धारण कर अपनी निजी विशिष्टता को जोड़ा। यह निरन्तर प्रक्रिया लखनऊ घराने के उत्तराधिकारियों द्वारा आज तक बिरजू महाराज के कृतित्व के रूप में चली आ रही है।

कथक के सम्बन्ध में यदि आनन्दकुमार स्वामी की उत्कृष्ट प्रशस्ति को छोड़ दें तो यह आश्चर्य की बात है कि महान भारतीय पुनर्जागरण के अगुआ टैगोर और उदयशंकर ने शास्त्रीय नृत्य की इस शैली पर विशेष कृपा दृष्टि नहीं की। इससे कथक में आरम्भिक मिश्रण होने की संभावना नहीं रही।

इस तरह आकस्मिक परिस्थिति में बिरजू महाराज का कैरियर स्वातंत्र्योत्तर काल से जुड़ गया। इस तथ्य का उनके कैरियर और कथक के आज के रूप पर बहुत अधिक प्रभाव पड़ा है। उनके द्वारा प्रभावित आज के कथक पर उनके कार्य का प्रभाव इतना व्यापक है कि वह एक तरीके से कथक के व्यक्तित्व में इतने मौलिक रूप में हैं, कि दोनों को अलग-अलग करके देखना कठिन है। बिरजू महाराज और उनकी उपलब्धियों की चर्चा करते हुए कोई भी व्यक्ति इस तथ्य को नहीं भूल सकता कि बिरजू महाराज समग्र पर्यावरण का एक हिस्सा और उत्पाद है। इस पर्यावरण में न केवल उनके पूर्वज परन्तु उनके वे अनेक समकालीन, वरिष्ठ और कनिष्ठ, साथी भी शामिल हैं जो उनके अपने विकास और समग्र रूप में कथक के विकास के लिए कार्य कर रहे हैं तथा योगदान कर रहे हैं।

इस समय, जब बिरजू महाराज लगभग 45 वर्ष के हो रहे हैं, उनका कैरियर तीन दशकों में फैला है और उनकी रचनात्मक शक्ति तथा कलाकार के रूप में परिपक्वता अपने चरम् बिन्दु पर है, तब अग्रगामी प्रक्रिया में यह ध्यान देना महत्त्वपूर्ण बात होगी कि उन्होंने अपने और कथक नर्तकों की भावी पीढ़ियों के लिए क्या अर्जित किया है?

कथक इतिहास में उन्हें जो सम्माननीय और प्रमुख स्थान दिया गया है वह उनके महान प्रदर्शन पर निष्ठावान और उपदेशक गुरु अनुसंधानकारी और विपुल

रचना करने वाले कोरियोग्राफर और संगीतकार के रूप में उपलब्धियों पर आधारित है। शिक्षण और प्रदर्शन के कार्य में उन्होंने अपने पूर्वजों के व्यवसाय के उत्तराधिकार को निबाहा है। कोरियोग्राफर के रूप में वे परम्परा से अलग क्षेत्र में गये हैं, जो कि शायद उनका सर्वाधिक प्रमुख योगदान माना जायेगा। अतः आज के परिदृश्य को समझने में बिरजू महाराज का योगदान अनिवार्य रूप में केन्द्रीय बिन्दु के रूप में हमारे समक्ष रहता है।

प्रदर्शन और प्रदर्शनकारी बिरजू महाराज का सर्वाधिक ओजस्वी और सीधा प्रभाव उनके प्रदर्शन के माध्यम से पड़ा है। एक नर्तक के रूप में वे कथक के एकल स्वरूप में श्रेष्ठता अर्जित करने वाले और उसके जीवन्त प्रमाण हैं। कथक का एकल स्वरूप एक दृष्टि से इस शैली का सारतत्त्व है। उनके एकल प्रदर्शन में कथक न सिर्फ सर्वोत्तम सौन्दर्यानुभूति का मानदण्ड अर्जित करता है वरन स्वयं एकल स्वरूप बिरजू महाराज और कथक एक-दूसरे के साथ इतने आत्मीय रूप में सामने आते हैं कि हम यह महसूस करने को मजबूर हो जाते हैं कि वे सब एक एकीकृत समग्र के ही अंग हैं और इसमें परम्परा की पुनरावृत्ति ही नहीं बल्कि संवृद्धि होती है। मेरे विचार से उनके नृत्य की इसी विशेषता ने, अन्य किसी बात को छोड़कर, कथक परिदृश्य को ज्यादा सुस्पष्ट रूप में प्रभावित किया है। उनके दो दशकों से हो रहे एकल प्रदर्शनों के जादुई-आकर्षण से समकालीन कथक इतना प्रभावित हुआ है कि वह अपने पुराने रूप को फिर कभी नहीं पा सकता। महाराज का अनुकरण करने वाले नर्तकों की संख्या विशाल है और कथक देखने वालों तथा कथक करने वालों के लिए सभी तरह के कलात्मक निर्णयों से महाराज का उदाहरण अनन्य है। इस तर्क के समर्थन में साक्ष्य उपस्थित करना कठिन नहीं है।

उनके एकल प्रदर्शन की कुछ उल्लेखनीय उपलब्धियाँ इस प्रकार हैं—

उन्होंने नर्तक और कोरियोग्राफर, गायक तथा संगीतकार, तबला वादक, गीत रचनाकार तथा पढ़न्त करने वाले के रूप में परिश्रम के साथ बहुमुखी प्रतिभा को संवर्द्धित किया है। इसी प्रतिभा के साथ उन्होंने कथक शैली के समग्र रूप पर अधिकार अर्जित किया है। यह एक ऐसा गुण है जो महान कथक गुरु होने का मानदण्ड है। यह दुख की बात है कि कथक प्रदर्शनों की नयी पीढ़ी इस सुदीर्घ अवधि से स्थापित आदर्श से दूर हटती जा रही है, जिसमें इन सभी कलाओं के अध्ययन तथा अनुभव को कथक की शिक्षा और साधन का आवश्यक अंग माना गया है। अतः सम्बन्धित कलाओं को छोड़कर सिर्फ नृत्य में लघु वैशिष्ट्य अर्जित करने से कथक के समग्र रूप और विशेषकर उसका एकल स्वरूप नष्ट हो सकता है।

बिरजू महाराज उन गिने-चुने कथक प्रदर्शकों में से एक हैं, जिनकी एकल प्रस्तुति से यह कला, एक खुली प्रस्तुति के ऊँचे दर्जे पर पहुंच पायी है, जिसमें स्वतः स्फूर्त 'इम्प्रोवाइजेशन' के साथ दर्शकों की निरन्तर तथा पूर्ण हिस्सेदारी होती है।

इसे कुछ लोगों द्वारा गलत समझ लिया गया है। अन्य शास्त्रीय नृत्य की मन्द और पूर्वनिर्धारित निरन्तरता को देखने के आदी दर्शकगण कथक प्रदर्शन के खुलेपन को उसकी प्रतिष्ठा के प्रतिकूल और कथक की विशृंखल निरन्तरता का साक्ष्य मानते हैं। यह एक और क्षेत्र है जहाँ महाराज के उत्तराधिकारी और उनके अनेक शिष्य महाराज के उदाहरण का पूरी तरह अनुगमन करने में असफल हुए हैं।

बिरजू महाराज ने रेखा (विशेषकर उनके द्वारा पसन्द की जाने वाली विकर्ण रेखा) की शुद्धता और उसके अत्यधिक तल्लीन करने वाले रूपाकारों के सन्दर्भ में एक नयी परिष्कृति दी है। उन्होंने किसी कृति की समाप्ति पर उसके सम के बिन्दु पर खड़े होने के विभिन्न ढंगों और थाटों के रूपों से कथक को समृद्ध बनाया है। इनमें से कुछ गुण न केवल उनके शिष्यों में प्रतिबिम्बित होते हैं वरन वे आज की कथक शैली से इतने अन्तरंग हो गये हैं कि एक घराने को अलग करके देखना कठिन हो गया है। आज प्रत्येक नर्तक महाराज के उदाहरण में अंग प्रदर्शित करना चाहता है।

बिरजू महाराज का एक अनन्य योगदान शिक्षण की व्यवस्थित विधि विकसित करने में निहित है। उन्होंने नृत्य-कौशल और तकनीक का मुक्त-हस्त दान किया है। अब तक ये चीजें परिवार के गुप्त भण्डार में संरक्षित थीं। वे श्रेष्ठता के लिए तौर-तरीकों के पालन पर कठोरता से जोर देने वाले रहे हैं। इस बात का परिणाम उनके शिष्यों के कार्यों में देखा जा सकता है। एक ही उदाहरण लिया जाये तो शाश्वती सेन।

बिरजू महाराज कथक के भाव पक्ष के व्यवहार और उसकी श्रेष्ठता का लगातार पालन करते आ रहे हैं। हालाँकि जिन्होंने शम्भू महाराज के भाव के अननुकरणीय प्रदर्शन को देखा है, वे चाहेंगे कि उसे उससे आगे ले जाया जाये जहाँ उन्होंने उसे छोड़ा था।

नृत्य शिक्षा के क्षेत्र में बिरजू महाराज के योगदान का मूल्यांकन करते समय विगत में उनके द्वारा प्रशिक्षित शिष्यों की संख्या, अभी जो प्रशिक्षित किये जा रहे हैं और विभिन्न क्षमताओं के कलात्मक अनुसरण में लगे शिष्यों की संख्या के साथ ही इस शिक्षा की गुणात्मकता और विस्तार को भी ध्यान में रखने के लिए एक उपयुक्त परिप्रेक्ष्य होना चाहिए।

बिरजू महाराज ने 21 वर्ष की अवस्था में शिक्षा देने की पूरी जिम्मेदारी वहन की थी। यद्यपि उन्होंने यह काम काफी पहले एक बालक के रूप में ही शुरू कर दिया था। उन्होंने सौ से अधिक शिष्यों को शिक्षित किया है जिनमें कम से कम पचास कथक के क्षेत्र में सक्रिय और व्यावसायिक रूप से लगे हुए हैं। यह तथ्य किसी भी मानदण्ड से एक उल्लेखनीय उपलब्धि है।

आज के कथक में महिलाओं के आधिक्य की प्रवृत्ति बढ़ती जा रही है। प्रत्येक

दो पुरुष के पीछे चार महिला विद्यार्थी हैं। मोटे तौर पर पुरुष इस व्यवसाय की विभिन्न प्रकार की सफलता के साथ जुड़े हुए हैं। तुलना करने पर हम पाते हैं कि बहुतेरी महिला शिष्य नृत्य को एक कैरियर के रूप में अपनाने में असफल रही हैं। इसके अतिरिक्त पुरुषों और महिलाओं के बीच प्रशिक्षण लागत और लाभ के अनुपात को देखें। इस स्थिति का कला के भावी प्रदर्शन के संदर्भ से प्रत्यक्ष सम्बन्ध है। वर्तमान स्थिति में प्रदर्शक के रूप में महिलाओं पर प्रकाश बिन्दु केंद्रित है, जबकि ज्यादा से ज्यादा पुरुष कक्षाओं में अथवा मंच से विंग्ज में सहयोगी के रूप में स्थान लेते जा रहे हैं। कथक में पुरुषों द्वारा नृत्य का विशेष स्थान है और यह एक ऐसा क्षेत्र है जिस पर संरक्षणात्मक ध्यान दिया जाना चाहिए।

विद्यार्थियों की सामाजिक-आर्थिक स्थिति को देखने से यह विश्वास होता है कि मध्यम तथा निम्न मध्यम श्रेणियों के लोगों द्वारा नृत्य को एक व्यावसाय के रूप में लेने की ज्यादा सम्भावना है।

कथक की शिक्षा लेने वाले नये विद्यार्थियों की साक्षरता तथा शिक्षा का स्तर वांछनीय मानदण्ड से धीरे-धीरे ऊपर आता जा रहा है। विशेषकर, अभी तक उसका समान रूप से विस्तार नहीं हुआ है। आज की स्थिति में यह एक नियम सरीखा है कि शिष्यों में अर्द्ध साक्षर और सुशिक्षित लोग मिले-जुले रहते हैं।

प्रतिभावान विद्यार्थियों को छात्रवृत्ति देने के लिए किये गये निवेश का अच्छा परिणाम प्राप्त हुआ है। जिन्हें छात्रवृत्ति प्राप्त हुई है ऐसे विद्यार्थियों की उपलब्धि, सहायता न प्राप्त करने वालों की तुलना में, आम तौर पर बेहतर रही है। इस प्रणाली से घरानों के बच्चों को व्यावसायिक दायरे में बनाये रखने में एक साधन के रूप में सहायता मिली है। अतः छात्रवृत्ति प्रणाली की सार्थकता पूरी तरह सिद्ध हुई है।

कथक शिक्षा के लिए (तमिलनाडु और केरल को छोड़कर) देश के प्रायः सभी हिस्सों से विद्यार्थी आये हैं। पश्चिम बंगाल, उत्तर प्रदेश, राजस्थान और महाराष्ट्र से सर्वाधिक संख्या में विद्यार्थी आये। इनमें से 20 प्रतिशत विद्यार्थी विदेशी मूल के थे। इनमें से सर्वाधिक विद्यार्थी अमेरिका से आये। महाराज के विद्यार्थी पूरे संसार के सभी महाद्वीपों में फैल गये हैं। यह बात कथक द्वारा राष्ट्रीय सीमाएँ लाँघने को प्रदर्शित करती हैं। महाराज के विद्यार्थियों द्वारा पश्चिम में कथक प्रदर्शन तथा कभी-कभार शिक्षण देने के अलावा और कुछ करने के लिए कोई ज्यादा बड़ा क्षेत्र है इस बात में शक ही है। परन्तु उन देशों में, जिनमें भारतीयों की संख्या तुलनात्मक रूप से ज्यादा है, काम करने वाले विद्यार्थी उन देशों के कलात्मक परिदृश्य पर स्थायी चिन्ह अंकित करने में अवश्य ही सफल होंगे।

यद्यपि अन्तर्राष्ट्रीय नृत्य मंच पर कथक बाद में पहुँचा है फिर भी विदेशों में नये अनुगामी (प्रदर्शक, शिक्षक आदि) बनाने तथा नया दर्शक वर्ग तैयार करने में

अन्य भारतीय नृत्य के साथ कथक तेजी से बराबरी करता जा रहा है।

कथक-शिक्षण के लिए नयी संस्थात्मक व्यवस्था करने तथा आधारभूत संरचना तैयार करने में पहले श्रीराम भारतीय कला केन्द्र और बाद में कथक केन्द्र ने निर्णायक भूमिका निबाही है और सम्पूर्ण परिदृश्य में गुणात्मक तथा संख्यात्मक परिवर्तन सम्भव किया है। न केवल यह कि कथक प्रशिक्षण प्राप्त करने वालों की संख्या प्रभावकारी है बल्कि इससे परिवर्तनकारी स्थिति बनी है जिसमें बड़े पैमाने पर अन्तर्क्रिया और परम्पर सम्पर्क सम्भव हुआ है। शैलियाँ, प्रवर्तनकारी शिक्षक, विद्यार्थी इन सभी का एक बिलकुल नयी स्थिति से सामना हुआ, जो अनेक कलात्मक संभावनाओं से परिपूर्ण थी।

लखनऊ घराने के प्रसंग में कथक पर विचार व्यक्त करते हुए बिरजू महाराज ने अक्सर उन कई दु:खद विपत्तियों-व्यवधानों के विषय में भी शिकायत की है जो कि कथक में आ चुके हैं और जो कथक के भविष्य के सम्बन्ध में उन्हें अत्यधिक सचेत बनाते हैं। और यह भी उल्लेखनीय है कि उनके अनुसार किसी समय उनके शिष्य रह चुके कलाकारों ने काफी मात्रा में योग दिया है। पुन: उनके अनुसार नाम के लिए तो शिष्यत्व बढ़ा किन्तु उसने अपना स्वरूप और वैशिष्ट्य खो दिया।

बिरजू महाराज की दृष्टि में उनके शिष्य, विशेषकर नर्तकों के रूप में जिन्होंने उपलब्धि पायी है, दो समूहों में बँटे हैं—वे जिन्हें कि महाराज अपनी शैली का वास्तविक पालन करने वाला मानते हैं और जो उनके घराने के सच्चे प्रतिनिधि हैं, और वे जो उनकी शैली से दूर हो चुके हैं और उनकी शैली तथा उनके घराने के सच्चे प्रतिनिधि अब नहीं रहे। बहरहाल दूसरे समूह के कलाकार न तो सार्वजनिक रूप से अपने मतभेद स्वीकार करते हैं और न उनके घराने के प्रति अपनी निष्ठा का प्रचार बन्द करते हैं, और इन दोनों ही स्थितियों में बिरजू महाराज बिना किसी स्पष्ट भेदभाव के उन्हें अपना उदार कलात्मक संरक्षण देते चले जाते हैं। इन मामलों में वे सन्तों जैसे भोले हैं।

यह एक विराम सन्धि की स्थिति है जिसके प्रामाणिक को अप्रामाणिक से या दाने को भूसे से अलग करने का, विषयपरक मूल्यांकन के लिए किन्हीं वैध मानदण्डों को अपनाना अगर असम्भव नहीं तो मुश्किल अवश्य ही है। समस्या का यह पक्ष तब एक अन्य स्वरूप ग्रहण कर लेता है जब जिन्हें कनिष्ठ प्रतिनिधित्व करने वाला माना जाता है वे उन लोगों से—जिन्हें कि प्रामाणिक या ज्यादा प्रतिनिधित्व करने वाला माना जाता है--आगे बढ़ जाते हैं और इस समस्या को जन संचार के माध्यम एक और आयाम दे देते हैं जब वे व्यक्तिगत क्षति को बहुत उभारते हैं (जो कि आम लोगों के मन में कलात्मक गुण और योगदान से घुल-मिल जाता है) जिनका कि मौलिक तथा प्रामाणिक मूल्यों की योजना में कोई वैध स्थान नहीं होता है। तो इस तरह की गड्डमगड्ड स्थिति से कोई क्या निष्कर्ष (यदि है तो)

निकाल सकता है ? मैं निम्नलिखित प्रयोगात्मक सुझाव देने की कोशिश कर रहा हूँ :

—कि वर्तमान समय में जब बिरजू महाराज का प्राधिकार विवाद से परे है तब वे अपने दृष्टिकोण तथा प्राथमिकताओं को सार्वजनिक रूप से व्यक्त कर सहायता कर सकते हैं। यह अभिव्यक्ति खरे-खरे शब्दों में होनी चाहिए और उन्हें अपने उन शिष्यों को सच्चा ठहराना चाहिए जिन्हें कि महाराज अपना सही उत्तराधिकारी मानते हों। शिष्यों के प्रतिनिधित्व को उन्हें प्रमाणित करना चाहिए। यदि सम्भव हो वह प्रमाणीकरण लिखित में करना चाहिए।

—कि भविष्य में उन्हें अपने शिष्यों को चुनने में जिस सीमा तक सम्भव हो अधिकतम सतर्कता बरतनी चाहिए और जहाँ आम कलात्मक जिम्मेदारी के हित में जरूरी हो सम्बद्धता को समाप्त कर देना चाहिए।

—कि विभिन्न सहायक कला-व्यवस्थाओं को कला मूल्यांकन के श्रेष्ठतम मानदण्ड तक अधिक संवेदनशील तथा उत्तरदायी बनाया जाये। इसमें अध्येताओं, समीक्षकों, रसिकों तथा कला प्रशासकों को भूमिका निबाहनी होगी।

— कि शासन द्वारा नियन्त्रित जन संचार माध्यमों को, जो कि बेहतर कला मूल्यों को समर्थन देने के लिए तुलनात्मक रूप से ज्यादा प्रभावशील है, कलाओं के प्रति अपनी जिम्मेदारी को सम्पूर्णता से अनुभव करने के लिए तैयार किया जाना चाहिए।

कुछ लोग विश्वास करते हैं कि किसी विकासशील स्थिति में ये बातें उन्नति के अपरिहार्य चिन्ह हैं जो कि दीर्घ अवधि में अपनी व्यवस्था के भीतर के नियंत्रण तथा सन्तुलन की युक्ति से निश्चय ही सध जायेंगे। कुछ अन्य का मत है कि आज की स्थिति पर अच्छी-बुरी या तटस्थ, जिसे कि आंशिक रूप से बिरजू महाराज सहन कर रहे हैं, स्वयं उनका, व्यक्तिगत स्तर पर अब कोई नियन्त्रण नहीं है। बिरजू महाराज अपनी कला तक सीमित हैं। वे घटियापन को महत्त्वहीन मानते हैं। इस स्थिति में बुनियादी विरोधाभास बना रहता है, जो कि पूरी तरह उनकी निर्मिति नहीं है। किन्तु वे श्रेष्ठता के सन्दर्भ में एक साधन हैं, अतः अनेक व्यक्ति यह आशा करते हैं कि उचित मानदण्डों को बनाये रखने के लिए उनकी सक्रिय रुचि जरूरी है।

—जब हम कथक के घराने की चर्चा करते हैं तब स्थूलतः दो पक्ष हमारा ध्यान आकृष्ट करते हैं :

एक विशेष वंश के रूप में देखे जाने पर घराना छोटे समूह, प्रतिष्ठा और उत्तराधिकार द्वारा ज्ञान की प्राप्ति, पारिवारिक व्यवसाय में जुटे रहने और कुछ अन्य गुणों जैसे मौखिक रूप से प्राप्त अनन्य ज्ञान तथा कौशल, परिवार और पूर्वजों के प्रति गर्व, व्यवसाय के प्रति निष्ठा, जगह की पहचान आदि बातों पर

मुख्यत: जोर देता जान पड़ता है। घराने की कार्य पद्धति लगभग घरेलू सुख-सुविधा की होती है।

घराने का दूसरा पक्ष कलात्मक रूप से ज्यादा प्रासंगिक है। इसके अनुसार घराने को उन ज्ञान, कौशल तथा तकनीकों के एक निकाय के रूप में देखा जाता है, जो कि पारम्परिक रूप से कलात्मक मूल्यों, मानदण्डों और परम्पराओं की एक अत्यन्त सुपरिभाषित व्यवस्था के अधीन रहते हैं, कला की एक सुस्पष्ट शैली के स्तर तक उपर्युक्त सामान्य गुणों के लिए उनका विकास, व्यवहार और परिष्कार होता है।

पारम्परिक घराने का, जिसका पहले उल्लेख किया गया है, किसी विशेष परिवार के संरक्षण में अस्तित्व में बने रहने के सम्बन्ध में अक्सर सवाल उठाया जाता है। क्या लखनऊ घराना एक परिवार उन्मुख उत्तराधिकार के रूप में अपनी विशिष्ट व्यक्तिगत पहचान बनाये रख सकता है ? यह बिलकुल स्पष्ट है कि उसके इस प्रकार अस्तित्व में बने रहने की संभावनाएँ प्राय: क्षीण हैं। सामाजिक, ऐतिहासिक, कलात्मक तथा अन्य कई कारणों, कलाओं के बढ़ते हुए लोकतंत्रीकरण, संरक्षण और गाहक-गुरु तथा शिष्य के बीच सम्बन्ध के बदलते स्वरूप, व्यक्ति तथा सामग्री की बढ़ती हुई गतिशीलता, नये तकनीकी साधनों, कला-प्रस्तुति की नयी शैलियों और विधियों, कला शिक्षा संस्थानीकरण, जन संचार के माध्यमों के प्रभाव के कारण हमारी शैली में तेजी से बदलाव आ रहा है और इस संदर्भ में प्रदर्शनकारी कलाएँ कोई अपवाद नहीं हैं।

बिरजू महाराज ने, जो कि इस तीव्र गति से परिवर्तनशील स्थिति के एक अंग हैं, इन तीव्र गति से परिवर्तनों की पृष्ठभूमि में प्राप्त अवसरों का पूरा और सचेत उपयोग किया है। फलस्वरूप, कथक का अनेक दिशाओं में और अनेक तरीकों से विस्तृत रूप से विकास हुआ है और उसमें लखनऊ घराने तथा बिरजू महाराज सहित उनके हाल के गुरुओं ने सदैव केन्द्रीय स्थान अर्जित किया। आज कथक का जो स्वरूप है वह आज से सिर्फ 25 वर्ष पहले के कथक के स्वरूप से पूरी तरह भिन्न है। बिरजू महाराज द्वारा कथक को दिये गये शक्तिशाली संवेग और उसके परिणामिक विस्तार ने अवश्य ही देखा होगा कि घराने की पहचान, किसी शैली के रूप में नहीं, बल्कि एक पारिवारिक संरक्षण के रूप में आशा से पहले ही समाप्त हो जायेगी। परन्तु जो खो जायेगा वह वास्तव में उसका एक अत्यल्प अंश ही होगा क्योंकि तब इस प्रक्रिया में घराना शैली में सुरक्षित बुनियादी केन्द्र और मूल्यों की व्यवस्था अनेक व्यक्तियों और परिवारों का उत्तराधिकार बन चुका होगा।

यदि जयपुर घराने ने अपना घर इस शताब्दी के प्रारम्भिक काल में खो दिया था तो लखनऊ घराने के साथ भी यही होने में बस थोड़े समय की देर थी।

भारत द्वारा स्वतन्त्रता अर्जित करने के तुरन्त बाद ही यह हो गया। संरक्षक-ग्राहक सम्बन्ध ने स्थान परिवर्तन का निर्णय लिया (जैसे कि प्रदर्शन स्थल मन्दिर और ग्राम के चौपाल से बदलकर दरबार और उसकी सुसज्जित संस्कृति तक, फिर शहरी दर्शकों और सम्मेलन कक्षों तक पहुँचे) तो लखनऊ घराना पश्चिमी उत्तर प्रदेश के गाँवों से हटकर लखनऊ पहुँचा और जयपुर घराना बीकानेर के गाँवों से निकलकर जयपुर पहुँचा। तो इतिहास ने अपने निर्णय को फिर से दोहराया जब दोनों लखनऊ तथा जयपुर घरानों ने दिल्ली, बम्बई या कलकत्ते में नया स्थान पाया। जयपुर घराने के लोग इस बदलाव से प्रभावित होने वाले पहले थे अतः वे अपने समय के घर की स्मृति से अब परेशान नहीं होते। परन्तु परिवर्तन नजदीक होने के कारण बिरजू महाराज लखनऊ वापसी की सम्भावना के गृह प्रेम को निरन्तर सँजाये हुए हैं। दिल्ली में अपने रचनात्मक कैरियर के बीस वर्ष से अधिक बिता चुकने के बाद, उनसे पहले उनके प्रख्यात पिता और चाचा के रह चुकने और लखनऊ में किसी उदार संरक्षक के उभरने का कोई चिह्न न दिखने के बाद अब यही सम्भव है कि नये महानगरीय केन्द्र ही कथक के नये घर बनेंगे।(विश्व भर में प्रचलित परम्परा के अनुसार।) यदि बिरजू महाराज लखनऊ को पूर्व में प्राप्त कथक केन्द्र का सम्मान दिलाने के अपने सपने को साकार करने का प्रयत्न करते हैं तो वे सिर्फ तूफान के विरुद्ध चलने की कोशिश करेंगे और इससे न कथक का, न बिरजू महाराज का कोई कल्याण होगा।

कई बार कुछ अत्यन्त प्रतिभाशाली नर्तक कई वर्ष तक कठिन परिश्रम से प्रशिक्षण लेने के बाद नृत्य को व्यवसाय के रूप में लेने में चूक जाते हैं। निजी या व्यक्तिगत कारणों से इस प्रकार की असफलता पर ज्यादा ध्यान देने की जरूरत नहीं है परन्तु जहाँ यह असफलता नृत्य शिक्षा की व्यवस्था या गुरु-शिष्य सम्बन्ध के परिणामस्वरूप हो, तब उस पर गंभीरता से ध्यान देना जरूरी है।

कला के स्थान पर व्यक्ति के प्रति वफादारी का बोध, किसी घराने से संबद्ध होने का गलत बोध, जो घराने के बाहर की चीजों पर संवेदनशील होने में बाधक होता है। यह वहाँ अधिक होगा जहाँ ज्ञान मौखिक है और अधिकार उत्तराधिकार में मिलता है। अपनी आर्थिक उन्नति के लिए अप्रदर्शनकारी गुरु जहाँ प्रदर्शनकारी शिष्यों को उपयोग में लायें, ऐसी शिक्षा विधियाँ जो जानबूझकर शिष्यों के आत्म-विश्वास को घटा दें और उपलब्धि के प्रति शिष्यों के उन्मुख होने पर रोक लगाये, कुछ प्रशिक्षणार्थियों की सीधे शिक्षा पाने की कभी न समाप्त होने वाली लालसा-नृत्य शिक्षा के कुछ ऐसे क्षेत्र हैं और कुछ ऐसी व्यवस्थाएं हैं जो कला को सहारा देती हैं, इनकी ओर ध्यान दिया जाना जरूरी है। यदि पूर्व अनुभव और उदाहरण से मार्गदर्शन मिलता है तो इस बात पर आश्चर्य नहीं किया जाना चाहिए कि अन्य बातें बराबर रहने पर उन्हीं लोगों को सफलता मिली जिन्होंने इन परेशान करने

वाली परन्तु संवेदनशील समस्याओं में से कुछ एक को हल कर लिया।

बड़े पैमाने पर यह स्वीकृत किया जाता है कि संगीत तथा नृत्य पारम्परिक क्षेत्रों में प्रशिक्षण के लिए संस्थानीकृत व्यवस्था को अपने सामान्य अकादेमिक संस्थानों में दी जाने वाली शिक्षा के अनुरूप ढालने की कोशिश की गयी तो उससे व्यावहारिक कलाकारों को प्रशिक्षण देने तथा तैयार करने का बुनियादी उद्देश्य प्राप्त नहीं हो सका। मेरा यह दृढ़ विश्वास है कि कथक शिक्षा की नयी व्यवस्था में कला पारम्परिक गुरुओं को केन्द्रीय स्थान अवश्य ही प्राप्त होना चाहिए। शिक्षा योजना के केन्द्र में अभी स्थिति बनाये रखने के लिए दी जाने वाली छूटों से कला का लाभ होगा। कथक शिक्षा संस्थान अच्छा काम करेंगे यदि वे यह स्मरण रखेंगे कि वर्तमान संक्रमणीय अवस्था में संवेदी समझ और दूर-दृष्टि से सोचना जरूरी है। कथक तथा अन्य पारम्परिक विषयों में इस समय कार्योपयुक्त शिक्षा योजना तैयार करना इस बात पर निर्भर करता है कि वर्तमान संक्रमण की अवस्था को किस तरह समझा और क्रियान्वित किया जाता है।

इन दिनों कथक की तकनीक को सामूहिक कार्य में प्रयोगात्मक रूप से उपयोग करने की बढ़ती हुई समकालीन प्रवृत्ति को छोड़ दें, तो कथक कलात्मक श्रेष्ठता तब प्राप्त करता है जब तक एक एकल कला के रूप में देखा और प्रस्तुत किया जाता है। जबकि उसके विस्तृत कलात्मक कैनवस और समृद्ध तकनीक, प्रयोगात्मक और रचनात्मक संधान के अवसर उपलब्ध कराते हैं, कथक का आधार तथा प्रक्रिया निश्चित रूप से किसी व्यक्ति की इस कला पर एकल प्रदर्शक के रूप में अधिकार में ही दृढ़ रूप से निहित है। इस केन्द्रीय बिन्दु से होने वाला विचलन कला के सर्वाधिक मूल्यवान गुणों तथा अद्वितीय वैशिष्ट्य को घटाने के खतरे से युक्त है।

अत: कथक पूरी तरह अलंकरणयुक्त एकल विद्या है, जो व्यक्ति द्वारा प्रदर्शित करने के लिए उपयुक्त अनेक लालित्यपूर्ण सुगठित हिस्सों में संघटित है। वह संक्षिप्त गीत, या विकार या बिम्ब या प्रतीक या छोटी-सी कथा पंक्ति को सर्वाधिक सुस्पष्ट तथा आकर्षक चित्रांकन के लिए लेता है और उसे मुद्राओं या संचालन की अत्यधिक संक्षिप्तता और मितव्ययता के साथ प्रस्तुत करता है। जब आधुनिक समूह-कार्य इस शैली और इसके मुहावरे का अधिक जटिल कथ्यों के उद्देश्यों के लिए महाकालीय विस्तार में भी उपयोग करना चाहता है तब प्रस्तुत शैली में तनाव आना अपरिहार्य है। अत: हम संक्षिप्त गत विकास अथवा राधा-कृष्ण की एक घटना से लेकर कथक की रामायण जैसे विस्तृत कथ्य को समाहित करने वाले स्वरूप तक फैला पाते हैं। क्षितिज और कैनवस के जबरदस्त विस्तार से कथक के सुस्पष्ट अलग स्वरूप के विकृत होने के परिणाम अक्सर देखने को मिले हैं। इस प्रयोग को कई बार शैली के मिथ्याकरण की सीमा तक ले जाया गया,

इसके जो परिणाम हुए हैं वे कथक के देशज स्वरूप के अनुसार कलात्मक रूप से संतोषजनक नहीं हैं। यह बात आगे बढ़कर इस तथ्य से स्पष्ट हो जाती है कि एकल शैली में एक कथात्मक घटनाक्रम रहता है, एक अभिनेता अनेक भूमिकाएँ निबाहता है, जबकि नृत्य-वाद्य में प्रत्येक भूमिका के लिए एक अलग अभिनेता जरूरी हो जाता है।

इस समस्या के एक-दूसरे समान रूप से महत्त्वपूर्ण आयाम को देखें, वह है, नृत्य-नाट्य की अवधारणा, नजरिया तथा दीर्घीकृत आवश्यकता के अनुरूप बनावट में अलग उपयुक्त संगीत खोजने की आवश्यकता। पारस्परिक लहरा, जो ताल में निबद्ध होता है, पूरी तरह अप्रासंगिक हो जाता है। इसके लिए सम्पूर्ण संगीत की आवश्यकता है जो कोरियाग्राफी से स्वतन्त्र रूप से मेल खाने की क्षमता रखता हो। अत्यधिक नाटकीय परिस्थितियों और भावना के मार्मिक संक्रमणों की व्याख्या करने की आवश्यकता का हल भारतीय संगीत का आरकेस्ट्राइजेशन के रूप में हमें प्राप्त हुआ है, परन्तु दुर्भाग्यवश इसे सौन्दर्यशास्त्र की दृष्टि से स्वीकार्य स्वरूप तथा अपली अभी प्राप्त करना बाकी है। कई वाद्ययंत्रों के एक साथ बजाने को अक्सर आरकेस्ट्राइजेशन मानने की भूल की जाती है। उदाहरणार्थ, किसी मुद्रा या संचलन को एक से दस में उसके ही लिए ही स्थानान्तरित कर देना या एक संगीत वाद्य के स्थान पर समान दस वाद्यों को लेना आज भी सिर्फ एक तरह से जमा करना है। अतः एकल शैली को नृत्य-नाट्य की जरूरतों के अनुसार परिवर्तित करने की समस्या और जटिल बन जाती है जब एक अन्य महत्त्वपूर्ण सम्पूरक क्षेत्र संगीत में आने वाली प्रतिक्रिया प्रयोगात्मक स्वरूप की हो।

आहार्य (रूप सज्जा, परिधान) और नेपथ्य (रंग सामग्री) में हम सिर्फ संकेत के द्वारा समस्त संसार में संचरण करते हैं। अब संकेत का स्थान भव्य स्थूल सामग्रियों, जैसे सिंहासन, दीवान, पेड़, मुकुट आदि द्वारा ले लिये जाने का खतरा पैदा हो गया। पहले कंस को बाहुबल तथा शक्ति दिखाने के लिए ऊपरी ओठ के पास हाथ घुमाकर संकेतित करना पड़ता था, अब वह क्विक्फिक्स से चिपकी वास्तविक मूँद लगाता है। स्थूल सामग्री ने कुछ अनन्य मुद्राओं का स्थान ले लिया है। और फिर भी यहाँ जिन आहार्य तत्त्वों का संदर्भ दिया गया है उन्हें जैसे ही यह अनुभव किया जाता है कि वे आकाशी गतिमयता जो कि नृत्य संचलन स्वयं है—के समान अंग है—उनका कलात्मक रूप से प्रयोग हो सकता है।

आज अनेक लोग कथक के मूल विषय, उसकी पुनरावृत्ति होने वाले सामन्ती कला भण्डार के विषय में प्रश्न करते हैं। मान लीजिए, यदि हम पारम्परिक पौराणिक गाथाओं, नायिका भेद आदि को छोड़ देते हैं, जो कि हमारी परम्परा से इतनी सम्बद्ध है, तो नयी संवेदनशीलता की आवश्यकता की पूर्ति कौन और किस तरह करेगा? यह एक बुनियादी सवाल है, और अनेक शुभ चितकों ने यह मत

व्यक्त किया है कि कुछ जरूर किया जाना चाहिए, यदि कथक को अपने समकालीन अस्तित्व तथा प्रासंगिकता को न्यायसंगत सिद्ध करना है। इसका निश्चय ही यह अर्थ होगा कि एक ओर नये विषय और उनके अर्थ को सम्प्रेषित करने के लिए समतुल्य मुहावरों की खोज की जाये जबकि दूसरी ओर वर्तमान मुहावरों का नये आयाम उद्घाटित करने की दिशा में रचनात्मक प्रयोग की दृष्टि से अच्छी तरह पूरा परीक्षण किया जाये। और यह हो सकता है कि इस प्रक्रिया में काफी कुछ चला जाये परन्तु कथक के चरित्र और आचार संहिता कथक से सम्बन्धित भौगोलिक सांस्कृतिक क्षेत्रों में उन नये स्रोतों की खोज के लिए व्यवस्थित प्रयत्न किये जाने होंगे, जिनकी वास्तव में कोई कमी नहीं है। शैली को बनाये रखने और समूह कार्य में उसके प्रयोग का कार्य नाजुक है और गम्भीर उत्तरदायित्वपूर्ण है।

अपने देश की समस्त एकल शास्त्रीय नृत्य शैलियों में (नृत्य-नाट्य में प्रयुक्त) समूह कोरियोग्राफी का सब से लम्बा इतिहास शायद कथक का है। इसमें पिछली सदी में राजकीय प्रवर्तक और संगीत रचनाकार नवाब वाजिद अली शाह, मैडम मेनका और अभी हाल में लच्छू महाराज, शम्भू महाराज, मोहन राव कल्याण-पुरकर तथा अन्य प्रभावकारी व्यक्तियों का योगदान रहा है। बिरजू महाराज ने अपने पूर्ववर्तियों के उल्लेखनीय नेतृत्व का अनुगमन करते हुए नयी कलात्मक चुनौतियों से पारम्परिक शैली को परिचित कराया और उन चुनौतियों का सामना करने के कार्य को लेकर आगे बढ़ते गये। उन्होंने चुनौती का सामना संवादों के लिए, जिन्हें कि संभव नहीं माना जाता था अथवा कथक की अभिव्यक्ति के शक्ति क्षेत्र के बाहर माना जाता था, नये कलात्मक और तकनीकी स्रोतों को उपयोग में लाकर आंशिक रूप में ही सही, पर किया अवश्य।

वर्तमान में उपलब्ध नृत्य-नाट्य के भण्डार का एक वृहत अंश बिरजू महाराज की देन है, विषय की दृष्टि से विचार करने पर हम पाते हैं कि बिरजू महाराज के कार्य में पौराणिक तथा ऐतिहासिक विषयों की ओर स्पष्ट झुकाव नजर आता है, यद्यपि थोड़ी सीमा तक अमूर्त सेकुलर (धर्म निरपेक्ष) विषयों को भी उसमें स्थान मिला है।

पर्याप्त कथा सूत्र वाले विषयों को विवरणात्मक भूमिका में ढाल कर प्रदर्शित करना आम तौरपर एक नियम के रूप में माना जाता है। कोरियोग्राफिक अभिकल्पना के लिए पारम्परिक तकनीक, उसके बिम्बों, प्रतीकों, संचलनों और मुद्राओं से बड़ी सीमा तक जरूरत की पूर्ति हो जाती है। अपनी अधिकांश कोरियोग्राफिक कृतियों के लिए बिरजू महाराज ने स्वयं संगीत की रचना की है। संगीत से उनका लगाव उतनी ही संपूर्णता से रहा है जितना कि नृत्य के साथ और उनके संगीत में शास्त्रीय लोक तथा जनप्रिय लयों का मिश्रण है। उनकी रचनाओं में सम्पूर्ण आहार्य तथा आलेख, नाट्य रूपान्तरण सहित, जब भी जरूरी हुआ, बाहरी लोगों से लिया गया।

अधिकांश कलाकर उनके शिष्य होते थे। उनके अनेक नृत्य-नाट्य अब मौजूदा संग्रह में नहीं हैं। उन्हें महानगरों में काफी सफलता मिली किन्तु ग्रामीण इलाकों सहित छोटे नगरों में उन्हें अपेक्षाकृत अधिक सफलता तथा लोकप्रियता मिली। संपूर्ण नृत्य-नाट्य के अतिरिक्त बिरजू महाराज ने दो-दो तीन-तीन या कुछ ज्यादा लोगों के लिए बहुत सारी कोरियोग्राफिक रचनाएँ की हैं।

उनके इस काम को उनके उत्तराधिकारियों, अधिकांशतः उनके शिष्यों द्वारा धीरे-धीरे किन्तु निश्चय ही, हाथ में लिया जा रहा है। यह बात भी इस क्षेत्र में एक समकालीन मार्गदर्शक के रूप में उनकी भूमिका का संकेत देती है। माया राव ने उनसे सीधे शिक्षा नहीं प्राप्त की है, फिर भी उन्होंने कथक तथा अन्य नृत्य शैलियों में एकीकरण करने के लिए अपनी शैली और विधि से अनेक वर्षों तक काफी कार्य किया है। अपारम्परिक कथक क्षेत्र अहमदाबाद में अपने कदम्ब केन्द्र में कुमुदनी लाखिया ने आज तक कथक नृत्य में सब से अधिक ललित कोरियोग्राफी कार्य किया है। उनकी कोरियोग्राफिक कृतियाँ, अभिकल्पन तथा प्रदर्शन में पूरी तरह निर्दोष रही हैं। वे यह भी संकेत देती हैं कि ढेर सारे साधन या किन्हीं सफल नुस्खों का प्रयोग ही अब जरूरी नहीं है। उन्हें इस बात का भी श्रेय प्राप्त है कि उन्होंने विषयात्मक सामग्री की दृष्टि से कथक को नया कदम और परिधान तथा सज्जा को नयी संवेदनशीलता दी है। उमा शर्मा ने (श्रीराम भारतीय कला केन्द्र, नयी दिल्ली के लिए) सूरदास तथा रस परम्परा से ली गयी अन्य रचनाओं द्वारा ध्यान आकर्षित किया है किन्तु अपने वर्तमान रूप में उनकी कृतियाँ सही दिशा में पर्याप्त सफल प्रयत्न नहीं हैं। प्रताप पँवार, शोभना नारायण, प्रदीपशंकर, भास्वती मिश्र तथा कई अन्य ने बड़े पैमाने पर कार्य नहीं किया है परन्तु सामान्य प्रदर्शनों के लिए उनकी संक्षिप्त समूह रचनाओं को सफलता मिली है। मुन्ना शुक्ल (श्रीराम भारतीय कला केन्द्र, दिल्ली के लिए) आकांक्षायुक्त प्रस्तुति शाने मुगल को तैयार करने में व्यस्त थे। शाने मुगल ने सिर्फ अपने पैमाने और प्रस्तुति की व्यवस्थित आयोजना से कथक में नये मानदण्ड स्थापित किये हैं।

कथक की तकनीक में ताल की अत्यन्त ही जटिल और सम्मिश्रित पद्धति का (उसकी सम्पूर्ण शकुंतला और परिवर्तनों में) प्रयोग होता है, जो कि उसके शुद्ध नृत्य अथवा नृत्य की सम्पूर्ण संरचना के आधार के रूप में प्रयुक्त होता है। अतः यह तबले या पखावज की ध्वनि को (लय, गति आदि के स्पष्ट और निश्चित वितरण के लिए) अन्यन्त ही दीर्घीकृत भूमिका निबाहने देता है, जिसका यदि संदर्भ से अलग अथवा उसके वैधानिक कलात्मक क्षेत्र के बाहर प्रयोग किया जाये तो वह अक्सर निरंकुश स्वरूप ग्रहण कर लेता है। लय और ताल के वाद्यों का उपयोग नृत्य की लय की प्रवाह से मेल खाते हुए ध्वणीय ध्वनि संरचना से मौलिक वास्तविकता के अनुभव की रचना करने अथवा उसे लय देने के लिए किया जाता है।

फिर इन वाद्यों से अपेक्षा की जाती है कि वे अत्यन्त ही भावनात्मक परिस्थितियों या ललित मुद्रा को अभिव्यक्त करने का असम्भव कार्य निष्पादित करें। जहाँ बहुत हद तक ताल-ध्वनि की कथक तकनीक की कला-विशिष्टता की भूमिका भी है, पर जहाँ सम्पूर्ण रूप से प्रदर्शित नृत्य-नाट्य या अन्य पर्याप्त नाट्य सामग्री के लिए आवश्यक समग्र और अभिव्यक्तिपूर्ण संगीत की अपनी ही जरूरत होती, वहाँ ताल ध्वनि लगभग दोहराती हुई या बाधा देती नजर आती है। कथक कोरियोग्राफरों को अक्सर ही उनके पुराने कला भण्डार से किसी ऐसे तोड़े, टुकड़े या परन को ढूँढते देखा जाता है कि जो किसी मौखिक संवाद की विभक्तियों अथवा दी गयी गीत पंक्ति के छन्द में ठीक बैठ सकें, और इस तरह यह कोरियोग्राफिक अभिकल्पन के आधार का काम करता है। दिये गये ताल में सम या खाली की माँग करने से नृत्य संचलन के प्राकृतिक प्रवाह और विकास की स्थिति में और ज्यादा ह्रास होने में ही मदद मिली है। (संचलन के लिए) किसी जटिल ताल पद्धति और संगीत के लिए (ताल पद्धति में छद्म रूप से) निर्मित कोरियोग्राफी को कोई न कोई कलात्मक ग्रहण लगना निश्चित ही है। सर्वाधिक बुनियादी और इसीलिए सर्वाधिक तात्त्विक तालों को जैसे कहरवा (4 मात्रा), चाचर (7 मात्रा) और दादरा (6 मात्रा) जिनका स्वयं लय में अत्यन्त गहरा आधार है, और जो कोरियाग्राफी की आवश्यकताओं की (जिसके लिए शरीर संचलन के नैसर्गिक प्रवाह की जरूरत होती है) पूर्ति कर सकते हैं, पुरातन पंथी लोग अक्सर अस्पष्ट सरीखा मानते हैं। मेरे विचार से कथक कोरियोग्राफी को तब ही अपनी अभिव्यक्ति शक्ति में काफी हद तक लाभ हो सकता है जबकि वह अपनी ताल पद्धति को कुछ छूट दे और इस तरह मन और शरीर दोनों को ही ज्यादा बेहतर सम्प्रेषणीयता के हित में मुक्त करे। कथक एक नृत्य शैली मात्र नहीं है। यह एक कलात्मक व्यवसाय है जिसमें एक सम्पूर्ण समुदाय अनेक पीढ़ियों से लगा हुआ है। यह समुदाय संगीत, नृत्य, कथा कहने, नाटक तथा अन्य कलाओं से सम्बद्ध व्यवसायों में जुटा है। कथक का विस्तृत व्यवहार और आकर्षण आधुनिक शहरों और नगरों के कंसर्ट हाल से परे बहुत दूर तक फैला हुआ है। बहरहाल, आज का कथक प्रदर्शक, अपनी बढ़ती हुई विशेषज्ञता के साथ, अपने आप को अपने विस्तृत दर्शक वर्ग से काटता चला जा रहा है और उसकी कला का अपने समाज तथा संस्कृति से, जिससे कि वह अपने जीवन का सहारा प्राप्त करता रहा है, जीवन्त सम्पर्क तेजी से समाप्त होता जा रहा है।

पूर्वी उत्तर प्रदेश के नगरों और गाँवों में अपने व्यवसाय को विनम्रता से करते हुए बड़ी संख्या के कथक, कथावाचक, कथा कहने वाले, रासलीला, कई अन्य रंग कला शैलियाँ, नृत्य और संगीत के प्रति पारम्परिक प्रेम, साहित्य आदि बातें कथक की धरोहर हैं। (यह उल्लेखनीय है कि इसी बात को ध्यान में रखकर कथक केन्द्र, दिल्ली द्वारा आयोजित पिछले बिन्दादीन जयन्ती उत्सव में इस प्रकार की कई

शैलियों को एक ही मंच पर प्रस्तुत किया गया था।) आज के कथक के व्यवहार में इस सामग्री को उससे अन्तर्ग्रंथित करने की दृष्टि से इसकी परीक्षा की जानी चाहिए। कथक को अपने बन्द द्वार उत्तर भारतीय संगीत न केवल उत्तर प्रदेश वरन, उससे लगे इलाकों के शास्त्रीय पारम्परिक और लोकसंगीत के लिए खोल देने चाहिए जिससे कि उसका क्षीण संगीत आकार विस्तृत और सुपुष्ट हो। इसी तरह कथक की देशी भाषाओं ब्रज, अवधी, उर्दू तथा उनके साहित्य का प्राचीन और नवीन, शास्त्रीय और लोक का अनुसंधान करना चाहिए जिससे कि कथक अपनी दिव्य प्रतिभा के अनुरूप, जिसे कि कुछ समय पहले ही परिश्रमपूर्वक अर्जित किया गया है, अपनी साहित्यिक छवि को संरक्षित तथा समृद्ध कर सके।

नर्तकों के व्यावसायिक जगत में प्रयोग में आने वाली नृत्य समीक्षा की भाषा समृद्ध और अत्यन्त अभिव्यंजनात्मक शब्दावली की है, जिसमें जिस बात पर जोर दिया जाना है उसके सम्बन्ध में बारीक से बारीक अन्तर को प्रदर्शित करने वाले शब्द और मुहावरे हैं जो अर्थ की सूक्ष्म छवि को व्यक्त करने की क्षमता से पूर्ण है। महफिल चोर (वह नर्तक जो अपनी श्रेष्ठ और अनन्य चीज को दर्शकों के समक्ष प्रदर्शित नहीं करता) जैसे गहरे अर्थ वाले शब्दों, रियाज और तैयारी जैसे विस्तृत प्रयोग में आने वाले सामान्य शब्दों, फरमाइश और फरमाइशी या चमक जैसे विस्तृत प्रयोग में आने वाले सामान्य शब्द एक सम्पूर्ण कल्पना को व्यक्त करते हैं, चीज उड़ाना (दूसरे की चीज को अपनी बताकर प्रदर्शित करना) जैसा मुहावरों कथा कहे सो कथक कहावे जैसे कथनों रंग, रसोई, पगड़ी कबहुँ कबहुँ बन जाये जैसी कहावतों, मिजाज जैसे स्वतः स्पष्ट शब्दों, अन्दाज, भक्ति, साधना जैसे शब्दों जिनका व्यावसायिक नर्तक के लिए इतना व्यक्तिगत महत्त्व है कि उन्हें परिभाषित करना उनके अर्थ को नष्ट करना है, तस्वीर बनाना, हाजरी देना जैसे शब्दों जिनका विशेष अर्थ है, तकनीकी शब्दावली का सम्पूर्ण भण्डार, संस्करण तथा पारम्परिक ज्ञान से कथक की भाषा समृद्ध है। इस तरह की भाषा कथक के लिए सिर्फ सम्प्रेषण का साधन मात्र नहीं है, वरन उसकी वैशिष्ट्यपूर्ण आत्मा, उसके सम्पूर्ण व्यक्तित्व को अभिव्यक्ति का माध्यम है। इनमें से कुछ शब्द हमें इस व्यवसाय के अंतर्जगत सम्पर्क में लाते हैं। यदि वे शब्द मुहावरे, कथक और कहावतें नृत्य-समीक्षा की भाषा का हिस्सा बन जाएँ, भले ही इससे उसके द्विभाषी बनने का खतरा हो, तो समीक्षक और नर्तक इस कला का बेहतर ढंग से गुण-विवेचन करने और उसे समझने के सामान्य कार्य में एक-दूसरे के और करीब आयेंगे।

नृत्य कला का सदियों से एक एकीकृत विषय (प्रयोग) जिसमें सिद्धान्त और व्यवहार का समन्वय हो, के रूप में अध्ययन किया जाता रहा है। एक आदर्श के रूप में इस दृष्टि में रखकर आम तौर पर इसका पालन किया जाता रहा है, परन्तु सिद्धान्त और व्यवहार के बीच का अन्तर, जहाँ तक कथक का प्रश्न

है, बिना स्पष्ट किये और बिना किसी सवाल के अभी तक बना रहा, बल्कि आज भी बना हुआ है। हम पाते हैं कि सिद्धांतकार और व्यवहारकर्ता धीरे-धीरे एक-दूसरे से दूर होते गये हैं और इन दोनों के बीच के वे वैधानिक क्षेत्र, जिनमें उनके मध्य सम्पर्क रहना चाहिए था, अब या तो समाप्त हो गये या इतने क्षीण और नाजुक कि उनसे कोई अर्थ सिद्ध नहीं होता।

कथक का आज जो सर्वाधिक स्पष्ट और स्वीकृत रूप है, वह उसे कथक का व्यवहार करने वालों से प्राप्त हुआ है। कथक के इस रूप के प्रति उसके सैद्धान्तिक अध्ययन द्वारा कहीं ज्यादा कुछ योगदान किया जाना चाहिए।

कथक का एक औसत नर्तक पूर्णतः समर्पित भाव से अनेक वर्ष तक कठोरता के साथ प्रशिक्षण प्राप्त करने के बाद सूत्रों के रूप में प्राप्त ज्ञान का अभ्यस्त हो जाता है और उनकी सैद्धान्तिक उपयुक्तता या सार्थकता के सम्बन्ध में बिना कोई सवाल किये उन्हें ताजिन्दगी प्रयोग में लाता रहता है। ऊँचे दर्जे में बैठे सिद्धान्त-कार निरे एकान्त से, बिना कोई टिप्पणी किये, इस स्थिति को देखते रहते हैं। ऐसी स्थिति में यदि नर्तक असफल होता है तो वह सदैव ही नर्तक की असफलता होती है और यदि नर्तक सफल होता है तो वह सदैव ही सिद्धान्तकार की सफलता होती है।

ऐसा नहीं है कि कथक प्रदर्शक ने सिद्धान्त का विरोध किया हो। अधिकांश कथक नर्तकों ने, विशेषकर जो सफल हुए हैं, यह जान लिया है कि कथक प्रदर्शन की सफलता सिद्धान्त की उचित समझ पर निर्भर करती है। पर यह एक नियम सरीखा बन गया है कि औसत नर्तक सिद्धान्तों को नहीं समझता। हम आज जानते हैं कि जब-जब कोई कथक प्रदर्शक किसी नयी कोरियोग्राफी रचना का काम शुरू करना चाहता है तो सारे-के-सारे सिद्धान्तकार उन सौन्दर्यशास्त्रीय सीमाओं की चर्चा करने लगते हैं, जिनके भीतर उसे अपना प्रयोग करना चाहिए। या जब कोई नर्तक किसी नये कथ्य, एक नये गत भाव की खोज करेगा, तो सिद्धान्तकार यह चर्चा करेगा कि उक्त कृति की किस तरह संरचना की जाये। वास्तव में दोनों ही विषय एक नयी नृत्य रचना के लिए आवश्यक है और जब तक इन दोनों ही सवालों का व्यवस्थित रूप से उत्तर नहीं मिल जाता हम नृत्य के ऐसे एकीकृत अनुशासन तक नहीं पहुँच सकते, जो कि व्यवहार और सिद्धान्त दोनों ही दृष्टियों से उपयुक्त हो।

कथक ने समय के बदलते विचारों, उनके बदलते संरक्षकों और उनकी बदलती रुचियों के अनुरूप अपने आपको ढालने की सराहनीय क्षमता प्रकट की है। कथक ने स्वयं को कथक करने वालों की मौज के मुताबिक ढलने दिया है, जिससे कई बार उसका स्वरूप भी विकृत हुआ है। फिर भी यह आश्चर्य की बात है कि जब भी जरूरत हुई कथक ने जबरदस्त गति तथा रचनात्मक परिष्कार के साथ अपनी पारम्परिक

मुद्राओं के सम्पूर्ण भण्डार को सेक्युलर (धर्म निरपेक्ष) बना लिया। उदाहरणार्थ पौराणिक गाथा को स्पष्ट कहने वाली मुद्रा को शुद्ध नृत्य के क्षेत्र में रूपान्तरित कर दिया गया। इतिहास पर नजर डालें तो हम उसके लचीलेपन को और किसी भी माँग के अनुरूप अपने आपको ढालने की क्षमता को देखकर आश्चर्यचकित रह जाते हैं। एक शताब्दी की लघु अवधि में कथक मंदिर और गाँवों की चौपाल से निकल कर विभिन्न रंगों वाले राजसी दरबारों में पहुँच गया, सामन्तशाही की दरबारी संस्कृति से निकलकर ब्रिटिशकालीन नाच में बदल गया, संसार भर के आधुनिक सम्मेलन कक्षों से निकलकर बम्बई और अदम्य भरतनाट्यम के मुख्य केन्द्र में (मद्रास के व्यावसायिक फिल्म जगत में, और अब बाद-बाद में पाँच सितारा होटलों के कैबरे कक्ष में) भी पहुँच गया। जैसी भी स्थिति हो, यह उल्लेखनीय है कि कथक में अब भी अपनी पहचान तथा चरित्र बनाये रखने की क्षमता है और यही बात किसी भी कठिनाई के विरुद्ध उसके खड़े रहने की गारन्टी देता है। आशा की जाती है कि जब कथक अपने आपको नये दर्शक वर्ग और नयी परिवर्तित आवश्यकता के अनुरूप प्रशिक्षित कर रहा है तब उसमें यही लचीलापन स्पष्ट रूप से उजागर होगा।

जयपुर घराना

सुनील कोठारी

भारत के अनेक हिस्सों की तरह राजस्थान में भी शास्त्रीय नृत्य और संगीत कलाओं का विकास 11वीं शताब्दीं से हुआ। नरवर (ग्वालियर) के एक कछवाह[1] राजकुमार ने एक राज्य स्थापित किया और अम्बर को अपनी राजधानी बनाया। उस समय चारणों, कलाकारों, संगीतज्ञ, नर्तक आदि को राज्याश्रय देने की प्रथा थी। वे राजा और उसके दरबारियों के लिए अपनी विविध कलाओं का प्रदर्शन करते थे। चित्रकार महत्त्वपूर्ण व्यक्तियों और घटनाओं का चित्रण करते, चारण काव्य पाठ करते और राजाओं की विरुदावली और उनके पुरखों की वंशावली गाते थे। संगीतज्ञ और नर्तक दरबार में अपनी कला प्रदर्शन से मनोरंजन करते तथा अन्य शिल्पकार राज परिवार के इस्तेमाल और सजावट के लिए सुन्दर वस्तुओं का निर्माण कर अपने कर्तव्यों का निर्वाह करते थे।

सोलहवीं शताब्दी के उत्तरार्ध में मुगल सम्बन्धों के कारण अम्बर राजनैतिक दृष्टि से महत्त्वपूर्ण हो गया और यहाँ के राज परिवार ने मुगलों से दोस्ती के कारण प्रमुख राजनैतिक स्थान ग्रहण किया। राजा मानसिंह प्रथम के समकालीन कवि अमृतराय ने सन् 1585 में 'मान-चरित्र'[2] की रचना की जिसमें अम्बर महल में प्रयुक्त संगीत वाद्यों (के इस्तेमाल) की चर्चा है। उस समय संगीत, नृत्य आदि कलाओं के विकास का प्रमाण उस काल की साहित्यिक रचनाओं और उनमें इन कलाओं के उल्लेख से मिलता है। इसी नाम की एक और कृति नरोत्तम कवि रचित 'मानचरित'[3] में अम्बर महल की दीवारों पर चित्रित राग माला चित्रों का उल्लेख है, जिसकी प्रतिलिपि सन् 1640 में मनोहर महात्मा ने मिर्जा राजा जयसिंह के सेवाकाल में तैयार की थी। अम्बर में राजा मानसिंह के लिए खेला गया मोहन कवि का संस्कृत नाटक 'मदन मंजरी' भी पोथीखाना के संग्रह में संग्रहीत है।

राजा मानसिंह और उनके छोटे भाई माधोसिंह दोनों ही संगीत, नृत्य तथा अन्य कलाओं के संरक्षक थे। नृत्य ग्रंथ 'नर्तन निर्णय' के रचयिता खानदेश निवासी प्रख्यात संगीतज्ञ कवि पुण्डरीक विट्ठल डेकन में सुल्तान बुरहान खाँ की सेवा में नियुक्त थे। सन् 1655 के पश्चात जब खानदेश मुगल राज्य से जुड़ गया पुण्डरीक विट्ठल मुगल दरबार आये, जहाँ उनकी भेंट कछवाह राजकुमार मानसिंह और

माधोसिंह से हुई। बाद में उन्होंने माधोसिंह के संरक्षण में 'रागमंजरी' की रचना की।

इस तरह यहाँ नृत्य और संगीत की परम्परा पूरी तरह स्थापित थी और आने वाले शासकों ने भी उन्हें प्रोत्साहन दिया। महाराजा रामसिंह के शासन काल के दौरान सन् 1673 में एक और नृत्य सम्बन्धी ग्रंथ 'हस्तक रत्नावली'[4] की रचना हुई। रामसिंह के अन्त:पुर में 'पातुर' नाम की नर्तकियाँ भी रहती थीं। पातुर जनानखाने में नियुक्त नाचने वालियाँ थीं जो राजा और अन्त:पुर की स्त्रियों का नाच-गाकर मनोरंजन करती थीं। ये आजीवन अविवाहित रहकर राजा तथा उसके परिवार के लिए नाचने-गाने की परम्परा का पालन करती थीं। ये अपने उपनाम के लिए 'राय' शब्द का प्रयोग करती थीं। उनमें से कई विदुषी भी थीं तथा काव्य रचना भी करती थीं। महाराजा रामसिंह के लिए मोहन राय नाम की पातुर ने क्रीड़ा विनोद[5] की रचना की थी।

अन्त:पुर में इन नर्तकियों के अतिरिक्त नर्तकियों की एक जाति और थी जो दरबार में राजा और उसके दरबारियों के लिए तथा शाही यात्रा में नृत्य करती थीं। कई बार ये नर्तकियाँ राजा की रखैल के रूप में उसके महल और मनोरंजन उद्यानों में भी प्रवेश पा जाती थीं। दस्तूर कुँवर[6] ने ऐसी अनेक नर्तकियों के नामों का संकलन किया है जिनका उल्लेख जयपुर राज्य के स्थायी वेतन और पुरस्कार भोगी कर्मचारियों की सूची में है। इनमें से कुछ नाम हैं—आनंदराय, उत्तमराय, गुलाबराय, चन्दलराय, जानराय, किशोरीराय, किशोरीबेली, खुमानी, गोविंदी, दिलजानी और नृत्य विलास। इन नाचने-गाने वालियों का शाही परिवार से घनिष्ठ सम्बन्ध रहता था। महाराज रामसिंह की रामचन्द्र मंदिर की देवदासी चन्द्रा से बहुत घनिष्ठता थी। शाही महल में जादोंजी का खासा प्रभाव इसी बात से स्पष्ट है कि सवाई मानसिंह द्वितीय के गोद लेने में उसने महत्त्वपूर्ण भूमिका निभाई थी। एक राज-नर्तकी रसकपूर इतनी प्रभावशाली हो गई थी कि शासन के मामले में भी वह हस्तक्षेप करती थी। राजस्थान के देवस्थान विभाग के अभिलेखों[7] से पता चलता है कि कुछ नर्तकियाँ गोविन्द देव जी के मंदिर से सम्बद्ध थीं जहाँ वे नृत्य नाचती और गाती थीं और इसके लिए उन्हें सालाना वेतन दिया जाता था।

शाही महल के अतिरिक्त जयपुर में रामगंज बाजार और चाँद वाले बाजार भी इन नाचने वालियों के केन्द्र थे।[8] यहाँ ये सुचित्रित सुव्यस्थित खूबसूरत घरों में रहती थीं। नृत्य और संगीत जैसी कलाओं को इनके व्यवसाय से प्रश्रय मिला। सामान्य जन भी नृत्य और संगीत के प्रशंसक थे और इन कलाओं में रुचि रखते थे।

जयपुर के पोथीखाना में संग्रहीत ग्रंथों से अम्बर के शासकों की नृत्य और संगीत में रुचि का सहज अंदाज लगाया जा सकता है। 15वीं शताब्दी से प्राप्त

अधिकांश संस्कृत के ग्रंथ संगीत पर हैं जिनमें एक हिस्सा नृत्य पर केन्द्रित है। गान, वाद्य और नृत्य की सम्मिश्रित कला को संगीत कहा गया है।[9] अशोक मल्ल के 'संगीत कल्पतरु' (सन् 1494), मोहम्मद शाह का 'संगीत मल्लिका' (सन् 1653) कल्लिनाथ का 'संगीत रत्नाकार कलानिधि' (सन् 1677), प्रबोध आनंद सरस्वती का 'संगीत माधवम्', नूर खाँ का 'संगीत रत्नाकर रस प्रदीप' और राघव रचित 'हस्तक रत्नावली' (सन् 1673) आदि ये सब ग्रंथ शासकों की इन शास्त्रीय प्रदर्शनकारी कलाओं में गहन रुचि और समझ को रेखांकित करते हैं।

इस काल की एक और दिलचस्प विशेषता है राग चित्रमाला का संयोजन जो संगीत की राग-रागिनियों पर आधारित है। इस श्रृंखला की एक कड़ी के रूप में सन् 1709 में राम कृष्ण महात्मा[10] ने महाराज जयसिंह के शासन काल में अम्बावती किले में रागमाला चित्रों का संयोजन किया। रागमाला के चित्रों में चित्रित भंगिमाएँ प्रायः नृत्य भंगिमाओं से मेल खाती हैं और इनके अध्ययन से इन कलाओं के अन्तर्सम्बन्ध और विविध कलाओं के कलाकारों की इन कलाओं की परस्पर जानकारी और समझ पर पर्याप्त प्रकाश पड़ता है।[11]

महाराज सवाई जयसिंह के शासनकाल में इन कलाओं को बहुत प्रोत्साहन मिला[12] इन्होंने राजस्थान पर सन् 1699 से सन् 1743 तक राज्य किया और इनके काल में अम्बर राज्य कई गुणा विस्तृत हुआ। इतिहास में ये जयपुर के संस्थापक के रूप में ख्यात हैं। बौद्धिक क्षमता के कारण वे स्वयं को मुगल शासकों के अपेक्षाकृत निकट व्यक्तियों में श्रेष्ठ मानते थे। अपनी दूरदर्शिता और सूझबूझ से मुगल शासकों से राजनायिक सम्बन्धों द्वारा इन्होंने अपनी उस श्रेष्ठता को बरकरार भी रखा। अपने महत्त्व के बावजूद वे बेहद विनम्र और निरहंकारी व्यक्ति थे और कर्नाटक-बंगाल आदि के निर्धन विद्वानों को भी पूरी तत्परता से उत्तर देते थे। कई बार बिना सूचना दिये ही वे कवियों और विद्वानों से मिलने उनके लिए विशेष तौर पर बनाये खूबसूरत इलाके ब्रह्मपुरी पहुँच जाते और घन्टों उनके साथ चर्चा में बिताते। कहा जाता है कि बिना सवाई जयसिंह की जानकारी या सद्भाव के राजस्थान में कुछ होना सम्भव नहीं था। उनकी सलाह न केवल राजपूताना के राजा बल्कि बुन्देलखण्ड और मालवा के राजा भी लेते रहते थे। संस्कृति में उनका योगदान बहुत विस्तृत क्षेत्र तक फैला है। जिसके अन्तर्गत नक्षत्र विज्ञान, नगर नियोजन, वास्तुकला, ललित कलाएँ, संगीत, नृत्य, साहित्य आदि सभी आते हैं।

इनकी विद्वत्ता का प्रमाण वे अभिलेख हैं[14] जिनसे ज्ञात होता है कि इन्होंने सन् 1714 में एक मराठा ब्राह्मण पंडित जगन्नाथ को वेद पढ़ाने के लिए नियुक्त किया था। जयसिंह की गणित तथा नक्षत्र विज्ञान में इतनी गति और रुचि थी कि वे ज्योतिष राज कहलाते थे। इनके द्वारा निर्मित वेधशालाएँ नक्षत्र विज्ञान में इनकी अभिरुचि के जीवित प्रमाण हैं।

जयपुर जिसका नाम जयनगर था आज भी सुनियोजित और सुन्दर शहर है। एक वास्तुविद् विद्याधर चक्रवर्ती ने जिसे सन् 1728 में दीवान-देश नियुक्त किया गया था इसके निर्माण में जयसिंह की बहुत मदद की। महल समूह, उनके अन्दर विस्तृत आँगन, खम्भे, दिवान-ए-आम, दिवान-ए-खास, चन्द्र महल, गोविन्द देव मंदिर तथा बादल महल तक फैले मार्ग राजा की सौंदर्य दृष्टि और वास्तुप्रियता के प्रतीक हैं।

गोविन्द देव के मंदिर से सम्बद्ध देव दासियों[15] का उल्लेख भी मिलता है। यद्यपि उनके नाम नहीं मिलते पर नर्तकों को राजाश्रय मिलता था यह बात स्पष्ट हो जाती है। जयसिंह धार्मिक प्रवृत्ति के थे और स्वयं वैष्णव भक्त थे। उन्होंने अश्वमेध सहित सारे यज्ञ किये थे।

अन्य विभागों के साथ गुणीजन खाना[16] संस्था की भी स्थापना उन्होंने की थी। सुप्रसिद्ध 'बुद्धि विलास' (सन् 1670)[17] के रचयिता जैन कवि बख्तराम शाह ने नगर, महलों और विविध कारखानों का दिलचस्प विवरण दिया है। यद्यपि गुणीजन खाना का विस्तृत विवरण नहीं है पर कलाकारों, संगीतज्ञों, नर्तकों, साहित्यकारों और चित्रकारों को जो राज्य संरक्षण प्राप्त था उससे पता चलता है कि इनकी तथा इनके वेतन आदि की देखभाल के लिए कुछ व्यक्ति अवश्य नियुक्त होते होंगे। कहा जाता है कि एक समय लगभग सात सौ पचास कलाकारों को महाराज जयसिंह का संरक्षण प्राप्त था।[18] यह वह वक्त था जब संगीत नृत्य और चित्रकला का आपस में घनिष्ठ सम्बन्ध था। चित्रकार के लिए संगीत, नृत्य, पौराणिक कथाएँ जानना जरूरी था जिससे वह किसी राग या रागिनी को प्रतीकात्मक ढंग से चित्रित कर सके।

महाराज सवाई प्रतापसिंह (सन् 1778-सन् 1803) के शासन काल में गुणीजन खाना की गतिविधियों में पर्याप्त वृद्धि हुई क्योंकि राजा स्वयं अच्छे संगीतज्ञ और कवि थे और 'वृजनिधि' के उपनाम से कविता लिखते थे। पता चलता है कि गुणीजन खाना के अधिकारी चाँद खाँ इनके संगीत शिक्षक थे। उन्हें 'बुद्धि प्रकाश' की उपाधि दी गयी थी। अब तक ब्रज भाषा सम्पूर्ण भारतीय प्रायःद्वीप की काव्य भाषा हो गई थी और प्रतापसिंह के यहाँ ग्रंथों में इसी का प्रयोग होता था। चार विख्यात विद्वानों की संयुक्त कृति संगीत नृत्य का प्रसिद्ध ग्रंथ 'राधा गोविन्द संगीत पर'[19] इसी काल में रचा गया। संस्कृत के स्थान पर प्रारम्भिक हिन्दी और ब्रज भाषा का मिला-जुला रूप इस ग्रंथ में मिलता है जिससे यह ग्रंथ अन्य वर्गों में भी सर्वसुलभ हो सका। प्रतापसिंह के कार्यकाल में लिखे अन्य महत्त्वपूर्ण ग्रंथ हैं—'स्वर सागर' लेखक बुद्धि प्रकाश, 'राग रत्नाकर' लेखक राधा कृष्ण कवि, 'राग संकेत' लेखक रसराशि रामनारायण और 'संगीत सागर' लेखक गणपति भारती।

संगीतज्ञों के विषय में तो विस्तृत जानकारी उपलब्ध है पर उस काल के प्रमुख नर्तकों के विषय में ऐसी जानकारी उपलब्ध नहीं है क्योंकि सभी कलाकारों को राज्याश्रय प्राप्त था और ग्रंथों में नृत्य और संगीत दोनों को लिया गया है। साथ ही नृत्य करने वाली जाति की एक परम्परा भी थी इसलिए नृत्य को भी कला के रूप में संरक्षण प्राप्त था यह निश्चित प्राय है। 16वीं शताब्दी में कथक जाति शेखावती के आसपास चुरू, सुजानगढ़ क्षेत्र में रहती थी। अकबर के काल में अनेक शेखावत सरदारों ने मुगल दरबार में नौकरी की। जब राजपूत सरदार और संरक्षक मुगल दरबार चले आये तो उनके साथ गायक और नर्तक भी गये। इस तरह वे मुगल शासकों के सम्पर्क में भी आये और बाद में उनसे संरक्षण भी उन्हें मिला। मुगल दरबार समृद्ध और सुसंस्कृत होने के कारण इन कलाकारों ने इसे अपनी कला के विकास में सहायक पाया। यह स्थिति मुगल शासक औरंगजेब के काल में बदल गयी और सन् 1748 में मोहम्मद शाह रंगीले की मृत्यु के पश्चात ये गायक और नर्तक पुनः लखनऊ, मुर्शिदाबाद, अलवर, जयपुर जैसे कला केन्द्रों की ओर चले गये।

जयपुर के गुणीजन खाना में उन्हें रियाज और प्रदर्शन के लिए आवश्यक सुरक्षा और सुविधा भी उपलब्ध थी। प्रताप सिंह के उत्तराधिकारियों के शासनकाल में यह संस्था और भी विकसित हुई और महाराज सवाई रामसिंह के समय में यह अपने शिखर पर थी। राजा स्वयं वीणा वादक थे और संगीत के शौकीन भी। विख्यात वीणा वादक उस्ताद रजब अली खाँ इनके गुरु थे और उन्हें राजा ने जागीर, जमीन-ज़ायदाद तथा जयपुर के पानदरीबा इलाके में आलीशान मकान दिया था। यह 19वीं शती में राज्य संरक्षण और राजतंत्र में कलाकार की प्रतिष्ठा को प्रतिबिम्बित करता है।

गुणीजन खाना में कलाकारों की विविध श्रेणियाँ थीं। ये कलाकार गुणीजन खाना में नियुक्त थे और उन्हें नियमित रूप से हाजिरी देनी होती थी। उच्च श्रेणी के कलाकारों के लिए रोज आना आवश्यक नहीं था किन्तु विशेष अवसरों पर या जब राजा स्वयं उन्हें अपने या अपने अतिथियों के लिए याद करते थे तो उनके सम्मुख वे अपनी कला का प्रदर्शन करते थे। यदि अन्य दरबारों से उन्हें प्रदर्शन के लिए आमन्त्रित किया जाता तो गुणीजन खाना के प्रभारी अधिकारी को सूचित करना उनके लिए अनिवार्य था। अन्य श्रेणी के कलाकारों को रोज ही बंगला पर गाने या बजाने आना होता था क्योंकि वहाँ सारा दिन संगीत चलने की प्रथा थी। विवरणों से पता चलता है कि राजा रामसिंह के दरबार में एक सौ साठ कलाकार थे। कलाकार की मृत्यु के बाद उनकी विधवा पत्नियों को पेंशन और संरक्षण मिलता रहता था। सवाई माधोसिंह, जो श्रीकृष्ण के अतिरिक्त गंगा के भी भक्त थे, के समय में गंगा सप्तमी, गंगा दशमी और राधा अष्टमी जैसे उत्सव

भी मनाये जाते थे। उन्होंने गुणीजन खाना को बरकरार रखा जिससे कलाकारों की आर्थिक सुरक्षा बनी रह सकी।

राज्याश्रय और कुछ सामाजिक संस्थाओं की पृष्ठभूमि में जयपुर घराने की पुनर्रचना करते हुए उस साक्ष्य का भी ध्यान रखना आवश्यक होगा जो चारणों ने वंश इतिहास रचते हुए प्रस्तुत किये हैं। यद्यपि जयपुर घराने के नामकरण से एक निश्चित भौगोलिक दृश्य उभरता है पर वे परिवार जिन्होंने नृत्य परम्परा को जीवित और विकसित किया वे पश्चिमी राजस्थान के बीकानेर सम्भाग और चुरू, सुजानगढ़, शेखावत इलाके के मूल निवासी थे। जयपुर घराने की कुछ जानकारी चौथाई दशक पूर्व के कलाकारों ने अपनी मौखिक ऐतिहासिक परम्पराओं के आधार पर दी है। उनमें से अब कोई शेष नहीं है। स्वतन्त्रता के तुरन्त बाद कुछ विद्वानों ने प्रमुख कलाकारों से मिलकर काफी जानकारी हासिल की, जो उनकी स्मृति में शेष थी या जो पारिवारिक वंशावली[20] से प्राप्त हो सकी। जयपुर और बीकानेर के अभिलेखागारों में विस्तृत शोध से इस विषय में और भी जानकारी मिल सकती है और सम्भव है इन शासकों के राज्याश्रय में पनपे गायक और नर्तकों में से कुछ नर्तकों की वंशावली को भी खोजा जा सके।

जयपुर के स्वर्गीय हनुमान प्रसाद के बड़े सुपुत्र मोहनलाल जी के पास से प्राप्त कुछ सामग्री तथा पारिवारिक भाट प्रताप जी से मौखिक इतिहास द्वारा जयपुर घराने के विशेषज्ञों का लगभग विश्वसनीय इतिहास लिखा जा सकता है। इसके आधार पर हम लगभग एक सौ अस्सी साल पीछे तक जा सकते हैं। जीवित स्मृति में सबसे प्राचीन नाम भानू जी का है जो शिवभक्त थे। कहा जाता है उन्होंने किसी सन्त से शिव ताण्डव सीखा था। यह विद्या उन्होंने अपने पुत्र मालू जी को दी। मालू जी के दो पुत्र थे—लालू जी और कान्हू जी। अपने पिता से शिवतांडव की शिक्षा लेकर उन्होंने इस पैतृक परम्परा को आगे बढ़ाया। ऐसी मान्यता है कि कान्हू जी ने वृन्दावन जाकर कृष्ण-लीला से सम्बन्धित नृत्य सीखा और इस तरह उनके नृत्य संग्रह में लास्य अंग भी जुड़ गया। कान्हू जी ने अपने दोनों पुत्रों गीधा जी और शेहजा जी को अपनी इस नृत्य कला की शिक्षा दी। गीधा जी ने नृत्य के ताण्डव अंग और शेहजा जी ने लास्य अंग पर अधिकार प्राप्त किया। गीधा जी के पाँच पुत्र थे। इनमें से एक दुल्हा जी जयपुर जाकर बस गये। उन्होंने शिव ताण्डव के विशेषज्ञ के रूप में प्रसिद्धि पायी किन्तु लास्य अंग पर भी इनका समान अधिकार था। दुल्हा जी गिरधारी जी के नाम से ख्यात हुए।

महाराज सवाई माधोसिंह द्वितीय के गुणीजन खाना के अभिलेखों से पता चलता है कि उस विभाग में दस पुरुष नर्तक सेवारत थे। इनके अतिरिक्त अड़तीस गायिका और नर्तकियाँ थीं। इनकी संगत के लिए बीस सारंगी वादक और सोलह पखावज वादक थे। रियासतों के विलय के पूर्व गुणीजन खाना में जो नर्तक सेवारत

थे उनके नाम हैं[21] श्यामलाल जी, और उनके सुपुत्र नाथूलाल जी, बद्रीप्रसाद जी, चुन्नीलाल जी, लक्ष्मीनारायण जी, छज्जू लाल जी। नर्तकियाँ थीं—गौहर जान, कमर जान, साँभर की सरदार और उसकी बेटी कमला, धन्नी बाई, रतन और मैना। इन कलाकारों ने काफी ख्याति प्राप्त कर ली थी और ये प्रायः अपने प्रदर्शनों के लिए अन्य दरबारों में भी आमन्त्रित किये जाते थे। गुणीजन खाना की समाप्ति पर इन कलाकारों ने अन्यत्र जाकर या तो संगीत शालाओं में संरक्षण लिया, अथवा वैयक्तिक शिक्षा का सहारा लिया या आकाशवाणी के केन्द्रों में बहाल हो गये क्योंकि इसके बाद उन रियासतों ने इन्हें आर्थिक सहायता देना बन्द कर दिया।

यह इतिहास हमें इस शताब्दी के काफी पास ले आता है। 'वंशवृक्ष'[22] से देखा जा सकता है कि गिरधारी जी के दो बेटे थे—हरि प्रसाद और हनुमान प्रसाद। हरि प्रसाद के कोई सन्तान न थी। हनुमान प्रसाद के तीन बेटे थे। मोहन लाल संगीत के माहिर थे। उन्हें ध्रुपद, धमार का अच्छा ज्ञान था। उन्होंने कुछ समय तक मध्य प्रदेश में खैरागढ़ विश्वविद्यालय में शिक्षा दी। चिरंजीलाल और नारायण प्रसाद ने दिल्ली में गन्धर्व महाविद्यालय में नृत्य शिक्षा दी। हरी प्रसाद और हनुमान प्रसाद युगल नृत्य किया करते थे और वे देवपरी का जोड़ा नाम से विख्यात थे। उनके युगल नृत्य ओज और लास्य से पूर्ण होते थे। इस विवरण से स्पष्ट है कि जयपुर घराने के विशेषज्ञ नृत्य के दोनों अंगों—ताण्डव और लास्य पर बल देते थे। रिश्ते में इनके भाई श्याम लाल, चुन्नी लाल, दुर्गा प्रसाद[23] और गोवर्धन जी भी बहुत अच्छे नर्तक थे। उन्हें शंकर लाल से नृत्य सीखने का सौभाग्य मिला था। शंकर लाल के विषय में विशेष कुछ जानकारी नहीं मिलती सिवाय इसके कि उनका नाती बद्रीप्रसाद कथक नर्तक के रूप में प्रसिद्ध था। शंकरलाल अच्छे ठुमरी गायक भी थे। इन सारे नर्तकों—हरि प्रसाद, हनुमान प्रसाद, उनके भाई श्यामलाल, चुन्नी लाल, दुर्गाप्रसाद, गोर्वधन जी ने जयपुर घराने के कुशल नर्तकों के रूप में ख्याति प्राप्त की थी।

चुन्नी लाल के दोनों पुत्र जयलाल और सुन्दर प्रसाद आज सुपरिचित और ख्यात नाम हैं। श्याम लाल के विषय में अधिक जानकारी नहीं है सिवाय इसके कि उनका बेटा शिवलाल संगीतकार है। दुर्गालाल के कोई सन्तान नहीं थी। गोवर्धन जी के बेटे खेमचन्द्र प्रकाश को फिल्म में संगीत निर्देशक के रूप में अच्छी ख्याति मिली है।

स्वतन्त्रता के पश्चात विलय के पूर्व जयपुर के अतिरिक्त अन्य रियासतों में भी जयपुर के गुर्णाजन खाना के समकक्ष संस्थाएँ थीं। उदाहरण के लिए उदयपुर में उसे 'संगीत प्रकाश'[24] कहा जाता था और उसकी देखरेख करने वाले अधिकारी को हाकिम कहा जाता था। दरबार में अपने नृत्य और गायन का प्रदर्शन करने के इच्छुक कलाकारों के निवेदन की जाँच-पड़ताल उसी का काम था। वह जानकार

व्यक्ति होता था और कलाकारों के गुणों को परख सकता था। 'संगीत प्रकाश' का आरम्भ महाराज सज्जन सिंह ने किया था। महाराज भूपाल सिंह के राज्य-काल में हाकिम पन्नालाल भसानी संगीत प्रकाश के प्रभारी अधिकारी थे। महाराज अच्छे और कुशल कलाकारों को नगद पुरस्कार देते थे। प्यारे लाल नाम का एक अत्यन्त कुशल कथक नर्तक उदयपुर में छः-सात वर्ष तक रहा। वह महाराज के सामने नियमित रूप से नृत्य प्रदर्शित करता था। बनारस के एक पंडित का शिव ताण्डव अभी भी कुछ बुजुर्ग उदयपुर वासियों को याद है। उसके साथ एक कुशल हारमोनियम वादक जयलाल था जिसकी पतली सी आवाज थी। पन्नालाल मसानी के पिता भी हाकिम थे और उन्हें जयपुर, जोधपुर, बनारस, बीकानेर के गायक नर्तक कलाकारों की संगीत सभाओं की अभी भी याद है। संगीतज्ञ तथा अन्य कलाकारों के अतिरिक्त उदयपुर दरबार में तवायफ[25] भी आया करती थीं। वे गाती थीं और कथक नृत्य भी प्रस्तुत करती थीं। कुछ तवायफें घींग गणगौर के बाद तूतियाँ नामक स्वाँग भी निकालती थीं। एक तवायफ साफा आदि पहन कर पुरुष वेश धारण कर हाथ में तलवार ले लेती थी। अन्य उसकी पत्नी के रूप में मुजरा करती थीं। तवायफों के अतिरिक्त ढोलनियाँ भी अच्छी गायिकाएँ थीं। महाराणा ने उनके रिकार्ड भी तैयार कराये थे। कुछ तवायफें अपनी कला के लिए बहुत प्रसिद्ध हुई हैं।

यद्यपि कोई लिखित प्रमाण नहीं है पर जयपुर घराने के समकालीन विशेषज्ञों का कहना है[26] कि सन् 1895 में सवाई माधोसिंह के काल में जयपुर में घराने के विवादों को मिटाने के उद्देश्य से एक सभा बुलाय गयी थी। पहले जयपुर के कथक साँवलदास घराने के कहलाते थे। जितने गुरु थे उतने ही घराने थे और घराने का नामकरण गुरु के नाम पर होता था। इससे पर्याप्त विवाद और गड़बड़ी पैदा होती थी क्योंकि अधिकांश नर्तक एक ही शैली और वर्ग के थे। इस ऐतिहासिक सभा में लखनऊ से भी कथक विशेषज्ञ आमन्त्रित किये गये थे। इसमें यह तय किया गया कि किसी व्यक्ति के बजाय स्थान के आधार पर घराने का नामकरण किया जाये। यह प्रथा संगीत में प्रचलित है जैसे जयपुर घराना, पंजाब घराना, अतरौली घराना इत्यादि। इस तरह दो प्रमुख घराने लखनऊ घराना व जयपुर घराना प्रकाश में आये। एक तीसरा घराना और है जानकीदास घराना जो कुछ हलकों में बनारस घराने के नाम से जाना जाता है। जानकी प्रसाद दरअसल बीकानेर के निवासी थे। इस सभा में 'महाराज' की उपाधि उन गुरुओं को देने का भी निश्चय हुआ जिनके सौ से अधिक शिष्य थे और इस तरह बिन्दादीन जी को यह उपाधि दी गयी क्योंकि लखनऊ में बहुत बड़ी संख्या में उनके शिष्य थे। नायक और पंडित जैसी अन्य उपाधियाँ बन्दवा निवासी शंकर लाल जी और सुखदेव जी को प्रदान की गयी। नाथूराम जी और दुर्गा प्रसाद जी को पण्डित की उपाधि दी गयी। जानकी

प्रसाद जी के लिए 'महाराज' की उपाधि तय की गयी थी पर वे उस सभा में सम्मिलित नहीं हो सके थे। यह भी कहा जाता है कि जयपुर घराने के चार युवा नतर्क बिन्दादीन महाराज से नृत्य सीखने के लिए भेजे गये थे और वे छः महीने तक तालीम के बाद लखनऊ से वापस लौटे। उस समय कुछ कथकों ने इसका विरोध भी किया था कि ऐसा करके वे कथकों के स्तर को गिरायेंगे क्योंकि लखनऊ घराना मुस्लिम शासकों की रुचि से प्रभावित है।

पंडित गौरी शंकर द्वारा तैयार किये गये विवरण से कथकों के कुछ महत्त्वपूर्ण भौगोलिक विस्तार का पता चलता है।[27] इनसे कथकों की लोकप्रियता तथा कथक कलाकारों में देश की विविध कलाओं की दिलचस्पी का भी अंदाज लगता है। कुछ कथक नतर्क जीवन यापन के लिए अन्य स्थानों पर चले गये और कुछ ने अपनी हिम्मत के बल पर वहीं कुछ शिष्य तैयार किये। यह तालिकाएँ जयपुर घराने के कथक और उसके कलाकारों के विषय में संक्षिप्त सी ही जानकारी देती हैं। पिछले पचास दशकों में जयपुर घराने की खूबी उसके लयात्मक चमत्कार में रही हैं।[28] अधिक से अधिक वह निरलंकार है और किसी भी तरह स्त्रैण प्रतीति में तिरोहित नहीं होता। वह ओजपूर्ण तथा पौरुष प्रधान नृत्य है। लखनऊ घराने की तुलना में, जिसमें नजाकत, कोमलता और खूबसूरती एकदम नजर आती है जयपुर घराना में ओज और आवेग अधिक महसूस होता है ; प्रशंसनीय लयात्मक सूक्ष्मता तथा लम्बी परनों की विविधता और जटिलता जयपुर घराने की विशेषता है। जैसा कि हरि प्रसाद और हनुमान प्रसाद के प्रदर्शन से प्रकट होता है वे लय की शुद्धता, विविधता, सहजता, विस्तार और उसके सूक्ष्म कामों में माहिर थे। यों हनुमान प्रसाद लास्य अंग के विविध रंगों को भी कुशलता पूर्वक प्रदर्शित कर सकते थे। त्रिताल तक सीमित न रहकर जयपुर घराने के विशेषज्ञों ने लक्ष्मीताल, ब्रह्मताल, धमार जैसी कठिन तालों पर अत्यंत सहज ढंग से नृत्य का प्रयास किया। नारायण प्रसाद का नृत्य एक ताल में बेदम चक्करदार परन के लिए उल्लेखनीय था जिसमें उसके विविध पल्लों में कहीं दम नहीं होता और जो बिना बोलों को कम ज्यादा किये लयात्मक गति के द्वारा ही किसी भी ताल में आ सकती है। लगातार तीन बार आठ तक गिनती, जिसका पहला हिस्सा विलम्बित में हो, दूसरा मध्य तथा तीसरा द्रुत लय में होकर ठीक सम पर आये तथा अनाघात और अतीत में आने वाले बोलों में लय का चतुर इस्तेमाल जैसी चीजें इनके नृत्य की उल्लेखनीय विशेषताएँ थीं।

आज लखनऊ और जयपुर घराने के नृत्य का अन्तर बिरजू महाराज और रोशन कुमारी जैसे प्रमुख नर्तकों में ही देखा जा सकता है। इनके प्रदर्शनों में दोनों घरानों की प्रमुख विशेषताएँ और बारीकियाँ स्पष्ट ही झलकने लगती हैं। अधिकांश कथक नर्तक आज दोनों घराने के तत्त्वों का निसंकोच इस्तेमाल करते हैं

और उनके बोलों के अलावा अन्य किसी रूप में उनके घराने का पता लगाना प्राय: असम्भव है। प्राय: जो नृत्य में अब नजर आता है वह है लखनऊ घराने का सुकोमल अंग विन्यास और जयपुर घराने की लमछड़ परनों की अदायगी। कुछ नर्तक इन दोनों शैलियों का सुसंगत मेल कर पाते हैं। अधिकांश उसे चूँ-चूँ का मुरब्बा बना डालते हैं। यह सचमुच अफसोस की बात है कि एक कला जिसे बड़े गुरुओं ने अपनी दक्षता और कौशल से ऊँचाई के शिखर पर पहुँचाया था उसके साथ नौसिखिए अयोग्य नर्तक इस तरह का व्यवहार करें।

टिप्पणी और सन्दर्भ

1. टोड जेम्स : एनल्स एंड एंटिक्विटीज आफ राजस्थान I और II, शर्मा, जी० एन०—सोशल लाइफ इन मिसीवल राजस्थान।
2. मानचित्र और अप्रकाशित पाण्डुलिपि— मानसिंह संग्रहालय से पाण्डुलिपि नं० 1901, छंद 31 और 32, इनमें दरबार में बजाये जाने वाले वाद्यों के नाम हैं।
3. बहुरा, जी० एन० : लिटरेरी हेरिटेज आफ द रूलर्स आफ अम्बर एंड जयपुर, जयपुर 1976, पी० बी० 39-40।
4. विभिन्न पाण्डुलिपियों तथा गुणीजन खाना जैसी संस्था की जानकारी के लिए मैं एस० एम० एस० म्यूजियम सिटी पैलेस, जयपुर, की रजिस्ट्रार कुमारी चंद्रमणि का आभारी हूँ।
5. मोहल रायपातर द्वारा रचित क्रीड़ा विनोद—पाण्डुलिपि नं० 1959, महाराजा सवाई मानसिंह, जयपुर के संग्रह से।
6. दस्तूर कुँवर, ग्रंथ 26, फोलियो 335 सन् 1717, एफ, एफ 937, 971, एफ 983 सन् 1896, राजस्थान आरकाइव्ज, बीकानेर। डा० राम पाण्डे कल्चरल हेरीटेज आप जयपुर, जयपुर में स्त्रियों की दशा नामक लेख भी देखें। पृष्ठ 77-78।
7. राजस्थान देवस्थान डिपार्टमेंट उदयपुर के विवरण में बस्ता नं० 15, राज आरकाइव्ज, जयपुर।
8. शर्मा जी० एन० नं० I टिप्पणी से।
   डॉ० राम पाण्डे—टिप्पणी नं० 6 के लेख से।
9. गीतं वाद्यं च नृत्यं च त्रयं संगीतं उच्यते।
10. महाराज कॉक शैली के संग्रह में है।
    अंधारे, एस० के० : तारीख अंकित अम्बर रागमाला और द प्रॉब्लेम आफ प्रॉवनेन्स आफ द एटीन्थ सेन्चुरी जयपुर पेन्टिग्स, ललित कला नं० 15, 1972।

11. वात्सयायन कपिला : डांस इन इण्डियन पेन्टिंग्स, अभिनव प्रकाशन, नयी दिल्ली।
12. टोड जेम्स : ऐनैल्स एण्ड एन्टीक्स ऑफ राजस्थान II
13. राजस्थान अभिलेखागार बीकानेर में सुरक्षित पत्र जो विभिन्न प्रशाखाओं में दर्ज है।
14. हंटर डब्ल्यू : सम एसपेक्ट आफ द एस्ट्रौनोमिकल लेबर्स आफ जयसिंह, राजा आफ अम्बर आफ जयनगर, एशियाटिक रिसर्चेज और ट्रांजेक्शन आफ द सोसायटी इंस्टयूटेड इन बंगाल, ग्रंथ V, 1779 एफ० एफ० 177।
15. नं० 7 की टिप्पणी देखें।
16. कुमारी चन्द्रमणि : लेख गुणीजन खाना, जयनारायण अस्यूब द्वारा सम्पादित द कल्चरल हेरीटेज आफ जयपुर, 1979 से पृ० 98-99।
17. शाहबखतराम : बुद्धिविलास पद्मधर पाठक, जयपुर द्वारा 1964 में सम्पादित, पृष्ठ 14-31।
18. पंडित गौरीशंकर : जयपुर घराना और राजस्थान की कथक नृत्य परम्परा हिन्दी में पढ़े लेख से जो कथक केन्द्र दिल्ली के सेमिनार (1978) में पढ़ा गया था।
19. राधा गोविन्द संगीत सार।
20. मार्ग का कथक पर विशेषांक ग्रंथ 12 नं०, 4 सितम्बर 1959, इसमें डॉ० एस० के० सक्सेना के जयपुर घराना का विवरण देखें, पृ० 12-15।
21. टिप्पणी नं० 16 देखें।
22. मार्ग कथक विशेषांक, पृ० 16-17।
23. नं० 2 और 3 का वंश विषयक लेख देखें।
24. कथक इन राजस्थान, रंगाजर जनरल आफ भारतीय लोक मंडल, दिसम्बर 1976 में, महेन्द्र भनावत का लेख देखें।
25. भारतीय लोक कला मंडल के संस्थापक निदेशक स्वर्गीय देवीलाल सामर का मैं इस जानकारी के लिए विशेष आभारी हूँ।
26. पंडित गौरीशंकर : कथक केन्द्र दिल्ली में 1977 के सेमिनार में पढ़े लेख से तथाकथित सभा में वापसी।
27. वही
स्वर श्रृंगार भी देखें।
28. मार्ग कथक विशेषांक, पृष्ठ 15।

जयपुर घराना : सौन्दर्य शोध

रोहिणी भाटे

जो विषय मुझे इस गोष्ठी में सौंपा गया है, वह है, "जयपुर घराने का वैशिष्ट्य और सौन्दर्यशास्त्र"। किन्तु मैं इस शीर्षक को "जयपुर घराने का वैशिष्ट्य तथा सौन्दर्य शोध" इस शीर्षक में बदल देना चाहती हूँ। एक तो 'सौन्दर्यशास्त्र' कहने से प्रस्तुत विषय की व्याप्ति हद से बढ़ने का डर है, और दूसरी बात यह, कि कथक नृत्य के क्षेत्र में आजकल घरानों के भेद या विशेषताएँ इतनी वास्तव और स्पष्ट रूप से नहीं दिखाई देती हैं, जिनसे उनका एक संगोपाँग शास्त्र निर्माण होने की संभावना हो। 'सौन्दर्यशास्त्र' के जगह 'सौन्दर्य शोध' का उपयोग करने का एक व्यक्तिगत और सबसे प्रमुख कारण यह है कि यह निबंध प्रस्तुत करने के पीछे मेरी जो नम्र भूमिका है वह आसानी से उद्घोषित हो जाये। मैं चाहती हूँ, कि इस विद्वत्सभा में मैं कथक-प्रशिक्षणार्थियों का ही प्रतिनिधित्व करूँ। जयपुर घराने के सौन्दर्य-वैशिष्ट्यों पर मैं अपना अनुभूतिगम्य चिन्तन करूँ, तथा आशंकाएँ उपस्थित करके अपने साथ सभी कथकाभ्यासकों की समस्याएँ हल होने की दिशा की ओर बढ़ने का प्रयास करूँ।

कथक की शिक्षा का मेरा शुभारम्भ स्व० सोहनलाल जी के मार्गदर्शन में बंगलौर में हुआ। वे जयपुर घराने के ख्यातिप्राप्त गुरुजन पं० जयलालजी और पं० सुंदरप्रसाद जी के भांजे थे। सोहनलालजी का उन दिनों बड़ा नाम था। श्री रामगोपाल की नृत्य मंडली के साथ वे देश-विदेश की यात्रा कर चुके थे। उनका नृत्य रंगमंच पर देखने का सौभाग्य तो मुझे नहीं प्राप्त हुआ, किन्तु तालीम के दरम्यान की जो कुछ धुंधली-सी स्मृतियाँ मेरे मनःपटल पर अभी तक छायी हैं, तथा उनके जो छायाचित्र मेरे पास हैं, उनसे मैं आज भी प्रभावित हूँ। जहाँ तक मुझे याद है, स्व० सोहनलाल जी का नृत्य जोशीला, तैयार तथा सुभग (Stylish) था। उस समय ना ही कथक घरानों की विशेषताओं से मेरा परिचय था, ना मैं जानती थी, कि जो तालीम मुझे दी जा रही थी, वह जयपुर घराने की प्राथमिक तालीम थी। आज वह तालीम तो कुछ अंश में शेष है, किन्तु महत्त्व की बात यह है कि स्व० सोहनलानजी की स्मृतिवशात् जयपुर शैली के प्रति निर्माण हुई रुचि तथा समुत्सुक वृत्ति मेरे मन में आज भी जीवित है। स्व० सोहनलालजी की यह तालीम कुल चार-छः महीनों की रही होगी। किसी कारणवशात् मेरा पूना आना आवश्यक सिद्ध हुआ। बीच में बहुत साल बीत गये, जिस अवधि में पं० जयलालजी की

सुपुत्री श्रीमती जयकुमारी, और शिष्याएँ पुवय्या भगिनी, पं० गौरीशंकरजी तथा श्रीमती दमयन्ती जोशी, इन कलाकारों का नृत्य मैं देख पायी। पुवय्या भगिनियों की निशस गतें, तथा पं० गौरीशंकरजी का 'कालिया दमन' का लंबछड़ गत भाव, इन चित्रों का अस्पष्ट सा रूप मेरे स्मरण में रेखित है। और उसी समय का मेरा एक निरीक्षण भी मुझे याद आता है कि सोहनलालजी की नृत्य शैली से पं० गौरीशंकरजी की नृत्य-शैली बहुत भिन्न महसूस हुई थी। याद आता है कि चक्कर की तैयारी का एक अभूतपूर्व आविष्कार जयकुमारी जी के नृत्य में दिखाई दिया था, जिसमें वे स्वयं हवा हो जाती थीं। दमयन्ती जी की चालें तथा कलाई का प्रचलन उन सभी कलाकारों के नृत्याविष्कार से तभी निराला लगा था। परन्तु कलाकारों की व्यक्तिगत धारणाओं में प्रतीत होने वाला अन्तर, तथा अपने भिन्न-भिन्न गृहित तत्त्वों के अनुसार शैलियों के आविष्कारों में निर्माण होने वाला अन्तर, इन स्थितियों का आपसी मेल उन दिनों मेरी समझ में पूरी तरह नहीं आ रहा था।

कुछ समय बाद गुरु मोहनराव कल्याणपुरकरजी के मार्गदर्शन में मेरा रुका हुआ नृत्य शिक्षण पुनः शुरू हुआ। क्योंकि मोहनराव जी पं० सुंदरप्रसाद जी जैसे जयपुर के विख्यात गुरु के शिष्य रहे, मेरी शिक्षा जयपुर घराने की चीजों-बंदिशों के अध्ययन के साथ आरम्भ हुई। शुरुआत तो ताल-लयादि अभ्यास से ही हुई थी। अनेक आवर्तनों की, संकीर्ण, लयकारी वाली परनें, तत्कार की तैयारी तथा लयकारी उसमें कठिन हिसाब, लयों के विभिन्न दर्जे आदि का अभ्यास शुरू हुआ, और कुछ वर्षों तक अथक चलता रहा।

इसके बाद एक नया दसवर्षीय पर्व मेरे नृत्य जीवन में आया, लखनऊ घराने के नृत्याचार्य स्व० गुरु लच्छू महाराज जी का निर्देशन पाने का। प्रस्तुत कालावधि मेरे लिए एक बहुत महत्त्वपूर्ण मोड़ ठहरा। लखनऊ शैली का अंग, रंगमंच प्रस्तुतिकरण तथा नृत्य क्रम, भाव अदा करने का ढंग, घराने की बंदिशें आदि पहलुओं का जयपुर नृत्य शैली की तुलना में प्रकट होने वाला निरालापन मेरे ध्यान में इसी अवधि में आया, तथा दोनों घरानों से जुड़े हुए घनिष्ठ सम्बन्धों के द्वारा एक नयी निर्लिप्त सौन्दर्य दृष्टि का मुझे इसी समय लाभ हुआ।

मैं सोचती रही और सभी समानान्तर घरानों की शैलियों का तुलनात्मक अध्ययन करती रही। साथ ही साथ गुरुओं की इस विषय में आपस में चलने वाली चर्चा, विश्लेषण आदि ध्यान से सुनती रही। जितने कार्यक्रम देखने का सौभाग्य हुआ देखती गयी। घराना, परम्परा, व्यक्तिगत गुण, कौशल तथा नवता आदि निकषों पर उन कार्यक्रमों की गुणवत्ता की जाँच करने का मेरा निरन्तर प्रयास रहा। जयपुर घराने की विशेषताएँ तथा सौन्दर्य घटकों के विषय में आज का यह प्रकट चिन्तन मेरे उस प्रयास का तथा उभय प्रणालियों के गुरुजनों के मार्गदर्शन का ही परिणाम है।

कथक के रंगमंच प्रदर्शन में वंदना, ठाठ, आमद, पर न, टुकड़े, ततकार, गत-भाव और इनके अनन्तर शब्दाधिष्ठित भाव, आदि पहलुओं का क्रम और रूप वैशिष्ट्य, तथा अन्तिम सौन्दर्यानुभूति में इन पहलुओं का वैयक्तिक सहयोग इन सब चीजों में हर घराना अपनी परम्परा और चाहत भिन्न रखता है।

जयपुर घराने के गुरुजन राजस्थान तथा मध्य प्रदेश के हिन्दू राजाओं के आश्रय में अधिकतर रहे। इसलिए कलाविष्कार के प्रारम्भ में 'गणेश वंदना' की प्रस्तुति की प्रथा चलती आयी है। 'सलामी' का प्रयोग इस घराने में क्वचित् ही हुआ होगा। 'ठाठ' या 'थाठ' की प्रस्तुति की लय इधर विलम्बित तथा छोटी-छोटी उपजों के साथ 'सम' दिखाई देने से चमकदार होती है। किन्तु उपांगों के सूक्ष्म चलन-वलन तथा कसक-मसक, डोल इत्यादि का प्रयोग ठाठ में बहुत कम दिखाई देगा। ठाठ के बाद 'आमद' की बारी आती है, जब "थै ता थै ता तिग्धा तत्, तिगधा तत् तत् ता थै" आदि शुद्ध नृत्य भाषा की आमद, तथा 'धातक धूंगा धागेदिंगेता' इस प्रसिद्ध परनआमद के साथ धातिट-धातिट धाधातिट किड़धातिट धेध्यातिट धिकिट् धादिन्ता, या "धातिट, धातिट धाधातिट किड़धातिट-किड़धातिट धातिट धागेदिगिन थुन-थुन" आदि सर्वविश्रुत परनें भी नाची जाती हैं। तथापि इस परनों के अन्त में नटवरी के 'ता थै तत् थै' आदि बोलों की छोटी-बड़ी रचनाओं का जोड़ बहुतांश दिया जाता है।

जैसे बुजुर्ग कहते आये हैं, 'लय का बरतना' संभवतः दो प्रकार का होता है। एक, मात्रा-मात्रा का हिसाब लगाने से और दूसरा, पूरे आवर्तन का अंदाज मन में रखने से। प्रथम प्रकार के लय को 'हिसाबी' तथा दूसरे प्रकार के लय को 'जिगरी' लय कहने की प्रथा है। जयपुर घराने की शिक्षा के अंतर्गत मुझे अधिकतर, 'हिसाबी' लय का अनुभव हुआ, जिसमें लय के दर्जे तथा ताल की हर मात्रा का सूक्ष्म विभाजन आदि अंगों का सहज प्रयोग होता रहता है। इसी कारण त्रिपल्ली-चौपल्लीनुमा लंबछड़ परनें इधर स्थायी गति में नाची जाती हैं, और उनकी मूल ताल गति के साथ चलने वाली लड़न्त समझना और उसका रस लेना गुणिजनों का ही काम होता है। नृत्य प्रस्तुति में ताल की गति जैसे-जैसे बढ़ती है, तरह-तरह की 'ततकार' प्रस्तुत की जाती है, जिसमें विविध जातियों तथा गतियों का विकट प्रयोग तैयारी तथा बोलों की सफाई के साथ किया जाता है। टुकड़ों में तथा परनों में अति जल्द चक्कर या 'भ्रमरी' का चमत्कार भी संभवतः इसी घराने की नृत्य प्रस्तुति में दिखाई देता है।

जयपुर के प्रति प्रेमादर रखने वाले जानकार लोगों का कहना है कि लंबछड़ गतभाव नाचने की प्रथा पहले जयपुर घराने की ही विशेषता थी। जिन दिनों मैंने पंडित गौरीशंकर जी का 'कालिया दमन' प्रसंग देखा, लखनऊ या और किसी घराने का नाच पूने तक पहुँचा ही नहीं था। इसलिए अपने निजी अनुभव से इस

विषय में मैं कुछ नहीं कह सकती। तथापि, एक पुराण कथाओं पर आधारित लंबछड़ प्रसंग नृत्यान्वित होने की संभावना हिन्दू राजाश्रय के जरिये ही अधिक थी, न कि मुगल सम्राटों की महिफल के। और दो, आगे चलकर स्व० लच्छू महाराज जी के निर्देशन में जो गतें और गतभाव मैंने सीखे उनमें भाव प्रदर्शन की बहुत गुंजाइश होते हुए भी, कथाएँ छोटी हुआ करती थीं, और कथा का समग्र विवरण करने का प्रचार भी नहीं था। इसलिए उपरिर्निदिष्ट विधान सही लगता था। किन्तु हाल ही में छपी पं० कार्तिकराम जी की 'रायगढ़ में कथक' नामक पुस्तक में स्व० अच्छन महाराज से पं० कार्तिकराम जी को दी गयी शिक्षा के अन्तर्गत, गुलाल, पिचकारी, छेड़-छाड़ आदि छोटी गतों के साथ चीर हरण, कालिया दमन, इन्द्रकोप, इत्यादि लंबछड़ गतों का भी निर्देश है। ऐसे में लंबछड़ गतभावों की प्रस्तुति का सम्मान दोनों घरानों को देना ही तर्कसंगत होगा। रही बात शब्दांकित भाव प्रदर्शन की—ध्रुपद, भजन, पद, ठुमरी, गजल, खमसा, दादरा आदि गीत प्रकारों का उपयोग भावों की अभिव्यक्ति के लिए करने की। जयपुर प्रणाली में ध्रुपद, भजन, तथा पद इत्यादि गीत प्रकारों का प्रयोग सम्भवत: अधिक होता है। हाल ही में पुवय्या भगिनियों में से सीताजी के साथ बात-चीत करने का संयोग हुआ, जिसमें सीताजी ने जयपुर घराने को 'ध्रुपद' की मिसाल दी और लखनऊ घराने को 'ठुमरी' की। यह मिशाल बहुत अर्थपूर्ण महसूस हुई। उसी क्षण स्मरण हुआ मुझे 'हे निरतत ढंग' इस अष्टपदी का, जो मोहनराव जी से सीखा पहला भाव नृत्य था। उस रचना में जिस तरह गुरुजी ने लय का प्रचलन रखा था, ठाह-दुगुण का प्रयोग किया था, वह ध्रुपद गान शैली के समान्तर था। इस रचना में पारम्परिक गंभीरता का प्राचुर्य था, न कि छलबल और नाजुकता का।

जयपुर घराने के पं० जयलाल जी, सुन्दर प्रसाद जी, हनुमान प्रसाद जी, नारायण प्रसाद जी, गौरीशंकर जी आदि अतिरथी महारथियों में से एक किसी बुजुर्ग व्यक्ति का नाम मुझे संदेह में डाल रहा है—भाव प्रदर्शन छोड़ अन्य गुणिजनों का भाव प्रदर्शन देखने का सौभाग्य मुझे नहीं प्राप्त हुआ। अखिल भारतीय कथक नृत्य परिषद के उपलक्ष्य में 1969 में उपरिर्निदिष्ट बुजुर्ग कलाकार ने एक पद पर भाव बताये थे। उस समय की धुंधली-सी स्मृति यह है कि 'करभाव' दिखाने में वे बहुत सशक्त थे।

जयपुर घराने के प्रथम प्रवर्तक श्रीमान भानूजी शिवभक्त थे, तथा इनको एक सन्त द्वारा शिव ताण्डव की शिक्षा प्राप्त हुई थी। इसी कारण से बहुधा इस घराने का अभिनय बजाय श्रृंगार रस के वीर, रौद्र, तथा शान्त आदि रसों के आविष्कार में अधिक रुचि रखता है।

'नृत्त' में अंग-संचालन के वैशिष्ट्यों का विचार किया जाय तो महसूस होगा कि सीधी रेखाओं से तथा ललित और सीमित वक्राकारों से उभरते हुए नृत्तबंधों के

रूप में आविष्कृत होना वस्तुतः सम्पूर्ण कथक शैली का जन्म स्वभाव है। किन्तु इसकी उपशैली जयपुर का जीव भाव ताण्डव रूप होने से इसमें वक्राकारों की गुंजाइश तथा प्रयोग बहुत ही कम दिखाई देता है। 'सम' पर आते समय बाहुओं का तथा हस्तों का संचालन जोशीला, किन्तु एक समान होता है। जिधर कहीं 'त्राम' 'थै थै ता थै थै ता थै' जैसे बोल आते हैं, कोहनी से पंजे तक के हाथ की एक विशिष्ट क्रिया दिखाई देती है, जो खास जयपुर की पहचानी जाती है।

अंग-संचालन चमकदार तथा परिणामकारी होता है दो चित्रों के प्रयोग से। एक, संचालन की गति बढ़ाने से, तथा दो, अंग-संचालन के अन्तर्गत दृष्टि का कुशलतापूर्वक उपयोग करने से।

'अभिनय दर्पण' में प्रस्तावित नियमों के बाद 'नाट्यक्रम' शीर्षक के अन्तर्गत, नृत्याविष्कार में अन्तिम रसोत्पत्ति का श्रेय प्राप्त करने की विधाएँ दो श्लोकों में उद्धृत की गयी हैं।

आस्येना लम्बयेद् गीतं हस्तेनार्थ प्रदर्शयेत्।
चक्षुर्भ्या दशायेद् भावं पादाभ्यां तालमादिशोत्॥
यतो हस्तस्ततो दृष्टिःयतो दृष्टिस्ततो मनः।
यतो मनस्ततो भावो यतो भावस्ततो रसः॥ (अभि : 36-37)

इन चार चरणों का भावार्थ यह है कि जानकारी तथा समझ के साथ आँखों का प्रचलन करने का महत्त्व नृत्याविष्कार में मूलभूत है। नृत्त पक्ष में हर क्षण हर एक सौन्दर्य स्थान का यथायोग्य निर्देश करते रहने क, तत्वद् नृत्य पक्ष में भावों की विविधता तथा आर्तता का प्रक्षेपण करने का आँखों का खास कार्य होता है। जयपुर घराने में नृत्त गति बढ़ते-बढ़ते तैयारी की चरम सीमा तक पहुँच चुकी है। आँखों का परिणामकारी प्रयोग का विचार भी इस शैली में जागृतिपूर्वक अधिक किया जायेगा, तो रसिक रंजन की गुंजाइश सम्भवतः बढ़ती जायेगी।

शास्त्रों में जितनी भ्रमरियों का निर्देश है, उन सभी भ्रमरियों का अति तेज प्रचलन इस प्रणाली का एक विशेष गुण समझा जाता है। एक जगह पर खड़े रहके, एक, दो या तीन चक्कर (भ्रमरियाँ), एक या दोनों पैरों के प्रचार से चक्कर, आगे-पीछे इत्यादि सब दिशाओं में बढ़ते हुए चक्कर, उड़ान के साथ चक्कर (इस प्रकार को 'आकाश भ्रमरी' कह सकते हैं), तथा रंगमंच पर बड़ा गोल रेखते हुए और उसी समय अपनी ओर भी घूमते हुए चक्कर, आदि सभी प्रकार इधर दिखाई देते हैं। इनका प्रयोग हद से बढ़ न जाये तो अंतिम सौन्दर्य-परिणाम में बहुत सहयोग देता है।

यहाँ तक निरीक्षण, अनुभव तथा शिक्षा आदि के बल जयपुर घराने के वैशिष्ट्यों की यथाशक्ति आलोचना तथा एकाध गुण विशेष की त्रुटि जो महसूस हुई थी, उसकी ओर निर्देश मैं कर चुकी हूँ। किन्तु मेरे इस प्रकट चिन्तन का

सन्दर्भ अधिकांश उस कालावधि से संबंधित है, जिसमें जयपुर घराने की पाँच शाखाओं से निर्माण हुए एक से एक गुणी कलाकार नृत्य प्रांगण में सुस्थित तथा प्रभावशाली थे। उनका नृत्य और प्रणालियों की तुलना में रंगमंच पर भिन्न रूप से छा जाता था। नृत्त, या ताल प्रधान पक्ष में 'गंगा-यमुना', 'त्रिवेणी', 'तालमाला' जैसी कल्पनाओं का संचार था। लय क्षेत्र अतिविलम्बित-विलम्बित-मध्य-द्रुत-अणुद्रुत लयों तक विस्तृत था। सम, विषम, अतीत, अनागत आदि लयग्रह, तथा समा, स्त्रोतगता, गोपुच्छा, मृदंगा, पिपीलिका ये यति भेद इत्यादि तकनीकी जानकारी अथवा ज्ञान, तोड़ो-टुकड़ों-परनों की कुशल रचनाओं में प्रतिबिम्बित दिखाई देता था।

'था' 'रहा' इत्यादि भूतकालीन निर्देश इसलिए अभी मैं कर रही हूँ, कि जयपुर घराने की वर्तमान शैली का बदलता रूप देखकर मेरे मन में कुछ उलझनें तथा आशंकाएँ निर्माण हो रही हैं। विद्यमान ख्याति प्राप्त कलाकारों में से एकाध अपवाद छोड़, चोटी के कलाकारों से साधारण शिक्षणार्थिओं तक के सभी व्यक्तियों के नृत्तांग पर, लखनऊ घराने के यथितयश तथा प्रतिभावान् नर्तक पं० बिरजू महाराज की व्यक्तिगत शैली का असर मुझे दिखाई देता है। यह शैली सच में बहुत ही मनोरम है, और इस रम्यता के परिणाम से लाभ उठाने की मनोवांछा भी वस्तुतः कोई विपरीत बात नहीं। परन्तु सुन्दरता के आविष्कार की कोई सीमा नहीं होती। उनका कोई एक निश्चित रूप नहीं होता। घराने का विशिष्ट गुणवत्ता ध्यान में रखकर उसी के विकास के भिन्न रुचि, भिन्न स्वरूप शैली निर्माण हो हो सकती है, होनी चाहिए और हुई भी थी, जिसका अंग रेखा-तन्त्र-वस्तुनिधि रूप सांगोपांग अध्ययन और प्रचार जयपुर घराने के विद्यमान नृत्याचार्यों से तथा विख्यात नर्तकों से आज अधिक अपेक्षित है।

घराने का सूत्रपात तब होता है, जब घराने की शैली में कोई विलक्षणता या अनोखा तत्त्व हो। और घराना तब तक सुरक्षित रहता है, जब तक घराने के नव प्रतिनिधि पारम्परिक रीति-नीति का पालन करते हुए रस दृष्टि से एकमेव बल से विकास की निश्चित दिशा की ओर बढ़ते रहते हैं।

कथक प्रेमियों की यही प्रार्थना रहेगी कि जयपुर जैसा नामी घराना इस अर्थ से सदा 'सुरक्षित' रहे।

जयपुर घराना : कलात्मक वैशिष्ट्य

पुरु दाधीच

भारत में ललित कलाओं का विकास आनुवंशिक रूप से ही हुआ है। इसी आनुवांशिकता ने घराना शब्द को जन्म दिया है। जब किसी एक ही घर-परिवार या कुनबे ने किसी कला-कौशल को अपने पारिबारिक व्यवसाय के रूप में अपना लिया और कुछ पीढ़ियों तक वह परम्परा गतिमान रही तो उनका खानदान उस कर्म विशेष के अनुरूप संज्ञा से ही सम्बोधित किया जाने लगा, जैसे कि चितेरों का घराना या संगीतज्ञों का घराना आदि। इस प्रकार आनुवांशिक परम्परा में प्रशिक्षित प्रत्येक संगीतज्ञ अपने आपको 'घरानेदार कलाकार' कहता है और उनके द्वारा ऐसा कहा जाना कुछ अनुचित भी नहीं है। किन्तु इधर कुछ वर्षों से कला-समीक्षकों द्वारा 'घराना' शब्द शैली विशेष का प्रतीक माना जाने लगा है। जब कोई प्रतिभा सम्पन्न कलाकार अपनी नवनवोन्मेषशालिनी प्रज्ञा के बल पर किसी नवीन कला शैली की उद्भावना करता है और वह शैली उसके शिष्य-प्रशिष्य अर्थात कम से कम तीन पीढ़ी तक यथावत् रूप से गतिमान रहती है तो उसे 'घराना' संज्ञा प्राप्त हो जाती है। इन दोनों ही मानदण्डों के आधार पर कथक नृत्य शैली के मुख्यतः दो ही घराने सार्वजनिक रूप से मान्यता प्राप्त हैं—लखनऊ घराना व जयपुर घराना।

जयपुर घराना कथक नृत्य की प्राचीन 'हिन्दू शैली' का प्रतिनिधि घराना है जो किसी एक खानदान व स्थान में ही विकसित न होकर सम्पूर्ण राजस्थान में फैले हुए कथकों के सैकड़ों परिवारों का प्रतीक है। कम से कम सम्राट अकबर के राज्यकाल (सन् 1556 से 1605 ई०) तक तो उसके अस्तित्व के पुष्ट प्रमाण प्राप्त होते ही हैं। क्योंकि सम्राट अकबर के राज्यकाल में ही सर्वप्रथम वृन्दावन में रासलीला मण्डली का गठन हुआ था। रास की इन लीलाओं की नृत्य रचना जिस 'वल्लभ' नाम के कथक नर्तक ने की थी उसे आमेर (जयपुर का प्राचीन नाम) के महाराज मानसिंह ने ही अपने यहाँ से भेजा था। उक्त वल्लभदास नर्तक की बनायी हुई एक 'गणेश-परन' नाथद्वारा के शंकरजी सुत घनश्यामजी पखावजी ने अपने 'मृदंग सागर' ग्रंथ के आरम्भ में ही लिपिबद्ध की है, जिसमें वल्लभदास का नामोल्लेख भी है। उक्त गणेश परन इस प्रकार है—

गणपति सुर मुनि बंदे कन्त विविध भाः दुग-दुग झीं झीन

कीट कुकू थरी कीन जग विघन बिनासन ना की टर तक नंगे
थुंगे था : चारू तेज पर भाव तागृड दीगृड दाम अच्छः जग
तंझे ढग नग दाम काम केल तरंगः तक तक झीम दुग-दुग
झीम तक धीग गुन वो हो विकासं झीन कीट झीझी किटी थुगु
दामः दीपं धूपं फलं पत्रं फल राज्य विनंग नई वैदंलोतक दाम
वस्तर समर्पयं झे काम तरंग विलासं शिष्य उ करणं
गंडम् तिलकम् पुष्पं चन्दन सर्व विघ्ने प्रशान्ते दीग्डदीग्ड़
दीग्ड दांम मधुकर शाय तरंग तराब नरंग तत थरि
किट तक सुन्दर तन देशातन्त वो हो श्री वो हो गणेश टेहे
कुकुः ताको थरी-थरी किन जग प्रनोज श्याम जनंगः **नटुआ वल्लभ**
वल्लभदास कहावत परण भेद वो हो विध सों बनावत श्री
गणपति को ध्यान लगावत थरींग झें थरींग झें थु किटता
किटि तक थर्री खर्री खर्री जे तयनांग् देत्थात् थुंगता किट किट तक था।

इस परन को स्व० नारायण प्रसाद जी आदि नर्तक भी नाचा करते थे और उनके छोटे सुपुत्र श्री तेज प्रकाश 'तुलसी' से अभी तीन वर्ष पूर्व चण्डीगढ़ में एक गोष्ठी में मैंने यह परन सुनी है। घनश्यामजी पखावजी के सुपुत्र व देश के वरिष्ठतम पखावज वादक श्री पुरुषोत्तम जी तो इसे बजाते ही हैं। अर्थात इस परन के नाचे जाने की चार सौ वर्ष पुरानी जीवन्त परम्परा जयपुर घराने में विद्यमान है। इस प्रकार रासलीला में राधा-कृष्ण व सखियों के नृत्य के बीच-बीच में जिन परनों का प्रयोग किया जाता है वे सभी ज्यों की त्यों जयपुर घराने के कलाकारों में आज भी प्रचलित हैं। उदाहरण के लिए यह परिमलु देखिए :

तिकट तिकट धिलांग धिक तक तो दीम धिलांग
तक थो थो ता धिलांग धिक धिलांग धिक तक तो दीम तो
दीम धेत्ताम धेत्ताम धिलांग धिलांग धिलांग तक गदिगिन थेई
तत् तता थेई तत् तता थेई तत् तता थेई।

यह रास के पाँच प्रधान परमेलुओं में से एक है जो नित्य रास में अनिवार्यतः नाचा जाता है और जिन लोगों ने स्व० सुन्दर प्रसाद जी का नृत्य देखा है या उनसे शिक्षा ग्रहण की है, वे जानते हैं कि सुन्दर प्रसाद जी इस परमेलु को कितने प्रकार से प्रस्तुत किया करते थे। रासलीला परम्परा व जयपुर घराने के जीवन्त सम्बन्धों का यह दूसरा प्रमाण है। जयपुर घराने की वर्तमान पहली शाखा के प्रथम प्रवर्तक भानुजी के प्रपोत्र कानुजी द्वारा भी वृन्दावन जाकर लास्य नृत्य की शिक्षा ग्रहण करने की बात भी इस घराने के इतिहास लेखकों ने कही है।

इसके अतिरिक्त इस तथ्य से तो सभी भली प्रकार परिचित हैं कि मुस्लिम शासकों के निरन्तर आक्रमणों से त्रस्त होकर श्री गोविन्द जी, श्री श्रीनाथ जी,

श्री चारभुजा नाथ जी आदि देवों के दिव्य विग्रहों को वृन्दावन से लाकर राजस्थान के विभिन्न भागों जयपुर, नाथद्वारा, कांकरोली में प्रस्थापित किया गया था, जिनके साथ ही वैष्णव भक्ति धारा समग्र राजस्थान के जनसामान्य में व्याप्त हो गयी। कृष्ण भक्त कवियों ने अपने पदों में राधा, कृष्ण व सखियों के जिस नृत्य का सोत्साह वर्णन किया है उसमें पग-पग पर कथक नृत्य की तकनीकी शब्दावली, जैसे उरप, तिरप, सुलप, औघट, सुढंग आदि का बहुतायत से प्रयोग इस विश्वास की पुष्टि करता है कि उपर्युक्त वैष्णव मन्दिरों में कथक नृत्य का प्रदर्शन बहुत प्रचलित था और सामान्य प्रेक्षक वर्ग भी कथक नृत्य की बारीकियों व पारिभाषिक शब्दावली से परिचित था। प्रायः समस्त समीक्षकों ने ब्रजभाषा साहित्य में प्राप्त इन पारिभाषिक शब्दों को कथक नृत्य के प्राचीन तथा वर्तमान में अप्रचलित अंग माना है। इनके ठीक-ठीक लक्षणों के विषय में भी बड़ा विवाद है। किन्तु इस प्रसंग में मैं विनम्रतापूर्वक यह कहना चाहूँगा कि ये कथक नृत्य के प्राचीन अंग अवश्य हैं किन्तु अप्रचलित नहीं। जयपुर घराने के नृत्य में इन सभी का प्रयोग आज भी यथावत रूप से हो रहा है। यहाँ एक दो उदाहरण पर्याप्त होंगे। दीपशिखा की भाँति बदन को धीरे-धीरे डोलाने को 'सुलप' कहा जाता है। जैसा कि 'रस कौमुदी' (5/180) का कथन है—

मन्द-मन्द चलद् दीप शिखेव स्वाङ्ग चालनम्।
नृत्यतत्व विचारज्ञैः सुलप शब्द इति स्मृतः।

जयपुर घराने के नृत्य में 'ठाट' के आरम्भ में तथा बीच के स्थानकों में इस 'सुलप' का प्रयोग आज भी दृष्टव्य है। इस सुलप का ही निकटवर्ती एक शब्द 'सिरप' है। यह शब्द संस्कृत 'सृ(सर)' धातु से बना है। इसी धातु से 'सर्प' शब्द भी बना है। जैसे साँप बिना शरीर को उठाये जमीन पर सरकते हुए चलता है वैसे ही क्रमशः एड़ी व पंजे को खिसका कर सरकते हुए चलने को ही 'सिरप' कहते हैं। जयपुर घराने के ठाट अंग में इस क्रिया का इतना अधिक प्रयोग किया जाता है कि यह कहा जा सकता है कि सिरप के धागे में ही उनके सम्पूर्ण ठाट की माला गूँथी जाती है।

इन उपर्युक्त उदाहरणों से जिस प्रकार मैंने रासलीला व ब्रजभाषा साहित्य के माध्यम से जयपुर घराने की न्यूनतम चार सौ वर्ष पुरानी जीवन्त परम्परा बताई है ठीक वैसे ही संगीत या चित्रकला के माध्यम से भी संभव है। यहाँ एक उदाहरण ही पर्याप्त होगा। कला समीक्षकों के मत से चित्रकला की राजपूत शैली परम्परावादी, आलंकरिक एवं वर्ण विधान में अपभ्रंश शैली के अत्यन्त निकट है। राजपूत शैली के चित्रों में अंकित मानव मुद्राएँ जयपुर घराने के तत्कालीन नृत्य रूप से वेशभूषा, भाव मुद्रा व अंगविन्यास में बहुत साम्य रखती हैं। मोटी रेखाओं में सहज स्वाभाविक अंगस्थिति में अंकित राजपूती मानव कृतियाँ जो

गम्भीर भाव उत्पन्न करती हैं वही जयपुर घराने का वैशिष्ट्य है। उदाहरण के तौर पर हम 'किशनगढ़कलम' के ई० सन् 1820 में चित्रित राधाकृष्ण व गोपियों के उस नृत्य चित्र को लें जो आज भी किशनगढ़ दरबार में सुरक्षित है और ललित कला अकादमी, नयी दिल्ली द्वारा प्रकाशित 'किशनगढ़ पेंटिंग्स' नामक पुस्तक में प्लेट संख्या 15 पर प्रकाशित है। इस चित्र में कृष्ण हाथ बाँध कर ठीक वैसे ही तिरछे खड़े हुए चित्रित किये गये हैं जैसे जयपुर घराने के कथक नृत्यकार 'ठाट' के आरम्भ में खड़े होते हैं। तकनीकी रूप से इसे ही 'कवच' या 'कवची' मुद्रा कहा जाता है। हिन्दू धर्म में मंत्रजाप से पूर्व जो पाँच प्रकार का अंग-न्यास किया जाता है उसमें 'कवचाय हुम्' कहते हुए जैसी मुद्रा बनायी जाती है यह वही कवच है जो जयपुर घराने की नृत्य परम्परा की आध्यात्मिक पृष्ठभूमि की ओर संकेतित करता है। इसी प्रकार गोपियों की मुद्राएँ भी जयपुर घराने के 'हस्त भेद' से मिलती-जुलती हैं।

उपर्युक्त उद्धरणों में जयपुर घराने के जिस सुसमृद्ध नृत्य रूप के दर्शन होते हैं उसे उक्त रूप में विकसित होने में कम से कम डेढ़-दो सौ वर्षों का समय तो लगा ही होगा। हिन्दी-साहित्य के विद्यार्थी जानते हैं कि अवधी, ब्रजभाषा आदि के साहित्यिक रूप सुस्थिर होने से पूर्व अपभ्रंश या डिंगल भाषा में काव्य रचना होती थी और जयपुर घराने की नृत्य परम्परा में ऐसी बंदिशें भी प्राप्त होती हैं जिनका भाषा वैज्ञानिक परीक्षण करने पर वे डिंगल का ही प्रतिरूप मानी जा सकती हैं जैसे कि––

जटि जटि गंगाधर मुकुट मगोरी यावग्री कर
किकन उत्तम था तत तत था हस्त कवल दल पुत्र विन्यायक
फिर नंगा थो थोरू दर सही शिव काला देरूदर सही गिन
थरींर थरींग मन हुलासे डिमरू कै: डिम डिम घटा वाहन
ढलंकपर त्रतीयक नैत्रक पत्रक था।

ये अन्त:साक्ष्य स्वत: ही सिद्ध कर देते हैं कि जयपुर घराने की वर्तमान नृत्य परम्परा पाँच सौ वर्षों से भी अधिक प्राचीन है। जैसे हिन्दुस्तानी या उत्तर भारतीय गायन के क्षेत्र में ग्वालियर घराना आदिम घराना माना जाता है वैसे ही कथक नृत्य के क्षेत्र में जयपुर घराना ही आदिम घराना है जो उत्तर भारत की हिन्दू नृत्य परम्परा को अपने में अब भी सँजोए है। यही उसका सर्वोपरि वैशिष्ट्य है।

आचार्य नन्दिकेश्वर ने अपने 'अभिनयदर्पण' में कहा है कि––"नृत्यं गीताभिनयनं भावमालयंतु भवेत्" अर्थात गीत के अभिनयन को ही नृत्य कहते हैं जो भाव व ताल से युक्त होता है। इसका तात्पर्य यह है कि नृत्य का आधार सदा से ही गीत रहा है। जिस युग में जिस प्रकार की गीति शैली का मुख्यत: प्रचार रहा वही उस युग के नृत्य का आधार बनी। 13वीं शताब्दी के श्री जयदेव की

अष्टपदियाँ जिस प्रकार अन्य नृत्य शैलियों में लोकप्रिय हैं उसी प्रकार जयपुर घराने में भी वे अब तक प्रचलित रही हैं। मुगल काल में ध्रुवपद गान का विकास हुआ और वैष्णव मन्दिरों में सेवारत जयपुर घराने के कथक कलाकार ध्रुवपदों व भजनों पर नृत्य करते रहे। 18वीं शताब्दी में जब उत्तर भारत में ठुमरी का प्रचार हुआ तब वह ठुमरी तो राजस्थान पहुँची ही उसके समान्तर राजस्थान में 'मॉड' गाने का प्रचार हुआ और वह जयपुर घराने के अभिनय का आधार बना। झूला, फाग, आदि ऋतु पर्वों के गीतों के अलावा इस घराने में राजस्थानी लोक-गीतों पर नृत्य किये जाने की भी परम्परा है। जयपुर घराने के अभिनय-व्यापार में ऐसी सरलता, स्वाभाविकता व सात्विकता है जो सहज ही मन को मोह लेती है। राजस्थानी लोक नृत्यों की गत्यात्मकता का भी इस अभिनय-विधि पर प्रभाव पड़ा है।

इन सबके अतिरिक्त जिस ओर मैं विशेष रूप से ध्यान आकृष्ट करना चाहता हूँ वह इस घराने में पल्लवित 'निर्गीत' को नाचे जाने की परम्परा है। अर्थहीन शब्दों से रचित गीत को भरत ने 'निर्गीत या बहिर्गीत' कहा है। तिग्दा, दिगदिग, दिग्ले, थुं, थुं, तंझे, त्राम आदि जिन निरर्थक शब्दों से कथक नृत्य के बोलों की रचना होती है उनका भरत, शार्ङ्गदेव आदि ने निर्गीत के उदाहरण के रूप में ही कथन किया है। नृत्य के इन बोलों को शास्त्रीय राग-रागिनियों में बाँध कर उन पर नृत्य किये जाने की जयपुर घराने की परम्परा में 'नृत्यसांगीत' कहा जाता है। वृन्दावन के रासधारियों में भी यह परम्परा गतिमान है और मृदंग-सागर में भी इस प्रकार की कुछ रचनाएँ संग्रहीत हैं, जिन में इस बात का भी स्पष्ट उल्लेख किया गया है कि उसका कौन सा अंश राधा के नाचे जाने के लिए है और कौन सा कृष्ण के। नृत्य के बोलों के समान ही तबला-पखावज के बोलों को भी रागों में बाँध कर प्रस्तुत किया जाता रहा है जिसे "तिरवट' (त्रिवट) कहते हैं। इसकी भी परम्परा बहुत पुरानी है।

अष्टछाप के भक्त कवि कृष्णदास न भी अपने फागलीला के एक पद में इसका उल्लेख किया है, देखिए—

भाई हो हा होली खिलाईए।
झाँझ बीन पखावज किन्नरी डफ मृदंग बजाइए॥
ताल त्रिवट ततकार चाँचर खेल मचाईए॥

निर्गीत की परम्परा में सबसे लोकप्रिय 'तरानों' पर भी नृत्य होता है। इसके लिए ऐसे विशेष प्रकार के तराने रचे जाते थे जिनमें नृत्य की गत्यात्मकता व अंगों का लालित्य स्पष्ट रूप से परिलक्षित हो सके। इन्हें 'नाच के तराने' ही कहा जाता था।

इसी प्रकार जयपुर घराने के नर्तकों में लोकप्रिय अन्य गीति प्रकार 'चतुरंग'

है जो सार्थक व निरर्थक शब्दों का समन्वय है। शब्द(काव्य) स्वर, ताल व तराना-चार तत्त्वों को लेकर चतुरंग की रचना की जाती है, जो कथक नृत्य में भाव व ताल दोनों की संयुक्त प्रस्तुति के लिए उचित आधार प्रदान करती है।

संस्कृत, ब्रज या राजस्थानी भाषा के पद्यों के माध्यम से इष्टदेव की वन्दना कर नृत्य के प्रारम्भ की परम्परा भी मूलतः जयपुर घराने की ही देन है जिसे अब अन्य लोगों ने भी अपना लिया है।

गीताभिनयन का यह संक्षिप्त विवरण यह सिद्ध करने के लिए पर्याप्त है कि जयपुर घराने में अभिनय की भी अपनी वैविध्यपूर्ण सुसमृद्ध परम्परा रही है। जयपुर घराने के अभिनय-व्यापार में ऐसी सरलता, स्वाभाविकता व सात्विकता है जो सहज ही मन को मोह लेती है। राजस्थानी लोकनृत्यों की गत्यात्मकता का भी इस अभिनय-विधि पर प्रभाव पड़ा है।

जयपुर घराने में अभिनय के प्रस्तुतिकरण की एक और सशक्त विधा प्रचार में है जिसे 'गत भाव' कहा जाता है। शास्त्रों में नटन या नर्तन क्रिया के तीन भेद माने गये हैं—नाट्य, नृत्त, नृत्य ! इनमें से से तालाश्रित अभिनय अर्थात नृत्य का प्रस्तुतिकरण तो प्रायः समस्त नृत्य शैलियों में समान रूप से प्रचलित है किन्तु विशुद्ध नाट्य अर्थात बिना गीत का आधार ग्रहण किये मात्र अभिनय द्वारा किसी कथानक के प्रस्तुतिकरण की परम्परा का विकास केवल जयपुर घराने में ही 'गत भाव' के रूप में हुआ है। 'गत' का शाब्दिक अर्थ अवस्था या दशा होता है किन्तु कुछ विद्वान इसे गीत शब्द का अप्रभंश रूप मानते हैं। वस्तुतः गत शब्द के उपर्युक्त दोनों ही अर्थों को संयुक्त रूप से ग्रहण करने पर कथक नृत्य में प्रचलित गतों का रूप स्पष्ट होता है। क्योंकि इसके अन्तर्गत नृत्यकार पलटा लेकर चलनों के साथ विभिन्न नायक-नायिकाओं की छवि प्रस्तुत करता है। इसके दो भेद हैं—गत निकास और गत भाव। गत निकास का प्रचार लखनऊ घराने में अधिक रहा है किन्तु गत भाव का विकास जयपुर घराने में ही हुआ है। इसके अन्तर्गत नृत्यकार अकेला ही किसी कथानक के समस्त पात्रों का अभिनय करते हुए रसभाव की सृष्टि करता है। यह गत भाव पाश्चात्य देशों के 'माइम' या 'मोनोप्ले' (एकल अभिनय) से मिलता-जुलता है, किन्तु मोनोप्ले में जहाँ एक ही पात्र की विभिन्न मानसिक अवस्थाओं का प्रदर्शन होता है वहाँ गत भाव में कथानक के समस्त पात्रों की विभिन्न भावावस्थाओं का प्रदर्शन किया जाता है। दूसरी बात यह है कि मोनोप्ले में लय-ताल का प्रतिबंध नहीं होता किन्तु गत भाव में समस्त अभिनय तालबद्ध होता है। इस प्रकार गत भाव का अपना विशिष्ट व्यक्तित्व है जिस पर अधिकार प्राप्त करने के लिए अभिनय के साथ-साथ लय-ताल में भी पारंगत होना आवश्यक है। इसमें एक क्षण में सीता और दूसरे क्षण में रावण या किसी अन्य पात्र का भाव प्रस्तुत करना अभिनय की परिपक्वता का परिचायक

है। जयपुर घराने में रामायण, महाभारत, श्रीमद्भागवत व अन्य पुराणों की लोकप्रिय कथाओं का प्रस्तुतिकरण तो इसके अन्तर्गत होता ही आया है किन्तु जैसे काव्य के क्षेत्र में आशुकवित्व की परम्परा रही है वैसे ही जयपुर घराने में महफिल में बैठे किसी रसिक की फरमाइश पर उसके द्वारा दिये गये विषय या कथानक पर तत्काल गतभाव बनाकर करने की भी परम्परा रही है। जयपुर घराने के इस प्रभावशाली अंग का अनुकरण भी अब अन्य लोग करने लगे हैं।

सन् 1700 से 1900 ई०का काल, जिसे हिन्दी साहित्य के इतिहास में 'रीतिकाल' कहा जाता है, ब्रजभाषा में लक्षण-ग्रंथों के बहाने श्रृंगार रस और नायिका भेद के स्फुट छन्दों का रचनाकाल रहा है। ये समस्त रीतिकालीन कवि हिन्दू राजाओं के आश्रय में ही अपनी काव्य-साधना करते रहे हैं। अय: स्वाभाविक तौर पर उनके रचे कवित्त-सवैयों पर दरबारी कथक नर्तकों को 'भाव दिखाने' के लिए कहा जाता था। इस प्रकार कवित्त-सवैयों पर अभिनय घराने के अभिनय-क्रम की एक स्वतंत्र विधा ही बन गया। आज भी जयपुर का कोई ऐसा कथक नर्तक न होगा जिसे सौ-दो सौ कवित्त-सवैये याद न हों और जयपुर घराने के कलाकारों का ऐसा कोई नृत्य प्रदर्शन नहीं हो सकता जिसमें दो-चार कवित्त-छन्दों की प्रस्तुति न हो।

इन रीतिकालीन कवित्त-सवैयों के अतिरिक्त, जैसा कि हम आरम्भ में ही देख चुके हैं, कविता के शब्दों के साथ तबला, पखावज व नृत्य के बोलों को मिलाकर बंदिश या परन बनाकर प्रस्तुत करने की परम्परा जयपुर घराने में प्राचीन काल से रही है, जो क्रमशः पल्लवित होती रही। ताल के एक आवर्तन से लगाकर पचास-पचास आवर्तन तक के लम्बे कवितांगी बोल रचे गये, जिन्हें 'लमछड़' कहा जाता है। पूरे-पूरे कथानकों को चतस्र, तिस्र व मिश्र जाति के छन्दों में रचे गये इन कवित्तों में ढाला गया। रीतिकालीन कविता का प्रधान गुण उक्ति वैचित्र्य व चमत्कार है और इन कवित्तों की प्रस्तुति भी जयपुर का नर्तक जिस प्रकार अतिद्रुत में पढ़कर करता है वह सचमुच चमत्कारपूर्ण ही है। धीरे-धीरे शब्दों का उच्चारण करते हुए चैन से भाव बताना तो आसान है किन्तु उतनी द्रुत लय में जहाँ सामान्यतः कविता पढ़ पाना भी आसान न हो वहाँ शब्दों के साथ अंगों को पलटते हुए भाव बताना निश्चय ही दुष्कर कार्य है, जिसे चमत्कार ही कहा जा सकता है।

"नृत्तं ताललयाश्रयम्" अर्थात ताल-लय के अनुसार भावविहीन किन्तु सौन्दर्यपूर्ण अंग-संचालन की क्रिया को 'नृत्त' कहा जाता है। यों तो प्रायः समस्त शास्त्रीय नृत्य शैलियों में किसी न किसी रूप में नृत्त का प्रदर्शन होता ही है किन्तु वर्तमान कथक नृत्य शैली में इसे सर्वाधिक महत्ता प्राप्त है। किसी भी कथक नृत्य प्रदर्शन का तीन-चौथाई भाग और कभी-कभी सम्पूर्ण प्रदर्शन इसी नृत्त भाग से आवृत्त रहता है। जयपुर घराना इस ताल प्रधान नृत्तांग के प्रदर्शन के लिए सदा से ही प्रसिद्ध रहा है। नृत्त भाग के अंतर्गत कथक नर्तक किसी भी ताल में उठान, ठाट,

आमद, तोड़े-टुकड़े, परन, परमेलु व ततकार का प्रदर्शन करते हैं। सामान्यत: कथक नर्तक त्रिताल में ही नृत्तांग का प्रस्तुतिकरण करते हैं या विविधता की दृष्टि से थोड़ा बहुत धमार, झपताल या चौताल में नाच लेते हैं किन्तु जयपुर घराने में ब्रह्म, रुद्र, अष्टमंगल, लक्ष्मी, गणेश, शिखर, बसन्त, सवारी आदि अप्रचलित कही जाने वाली प्राचीन व कठिन, तालों में भी घण्टों तक सहूलियत के साथ नाचे जाने की परम्परा विद्यमान है। इन तालों की ततकारें, इनमें हलन-चलन व विस्तार (प्रस्तार) के गुर ये ही लोग जानते हैं।

मंगलाचरण या स्तुति के बाद जयपुर घराने के नर्तक अपेक्षित ताल में विलम्बित लय में लहरा कायम करके थोड़ी देर तक केवल ततकार या पदाघातों के द्वारा लय-ताल से खिलवाड़ करते हैं। इसे ही 'उठान' या 'चौक भरना' कहा जाता है। जिस प्रकार अल्पना के द्वारा खाली आँगन (चौक) को सजाया जाता है वैसे ही ताल के चौखट को विभागान्तर के अनुकूल लय के विभिन्न रूपाकारों से सज्जित करने को ही 'चौक भरना' कहते हैं। यहीं से नृत्त का रूप उभरने या उठने लगता है, इसी कारण इसे 'उठान' कहते हैं। इस क्रिया में कुछ देर तक निरन्तर तबला, पखावज व घुँघरुओं की लयबद्ध ध्वनि के गुंजित होने से लय-ताल का एक समा सा बँध जाता है और दर्शकों का ध्यान नृत्य की ओर केन्द्रित हो जाता है। मूलत: जयपुर घराने के इस अंग को अब अन्य लोग भी अपनाने लगे हैं किन्तु खयाल के समान अति विलम्बित लय में विभागान्तर या ताली-खाली का ध्यान रखते हुए ज़रबों व ताल की आवृत्तियों को पं० जयलाल, सुन्दर प्रसाद जैसे विद्वान जिस खूबसूरती से भरते थे वह उन्हीं के बस की बात थी।

'ठाट' कथक नृत्य का प्रस्तावना भाग है। ठाट का शब्दिक अर्थ ढाँचा या आकार है। इसके अन्तर्गत कथक नर्तक छोटे-छोटे मुखड़े, टुकड़े व तिहाइयों के साथ 'स्थानक' (खड़े रहने की मुद्राएँ'), बदलते हुए उपांग व प्रत्यांगों का लयबद्ध परिचालन करता है इसे ही 'ठाट बाँधना' या 'ठाट बरतना' कहा जाता है। जयपुर घराने का ठाट बरतने का अपना विशिष्ट अन्दाज है। ये नर्तक पैरों से तो मंच के विभिन्न कोणों पर निरन्तर सिरपते रहते हैं और भौंह, गरदन और विशेषकर कलाई ये लय के विभिन्न रूपाकारों को उभारते जाते हैं। जैसे जल की धारा में एक लहर से दूसरी लहर पैदा होती जाती है वैसे जयपुर के ठाट में कलाई से लय के कटाव सतत जारी रहते हैं और उनके बीच जिस तरह वे अचानक ही चमक कर सम पर स्थानक बदलते हैं उसे देखकर बरबस ही मुँह से 'वाह' निकल पड़ती है।

'आमद' फारसी भाषा का एक शब्द है, जिसका अर्थ होता है—आगमन या अवतरण। अत: इसके शाब्दिक अर्थ को लेकर ही लोगों ने यह परिभाषा बना दी कि जब नर्तक कोई टुकड़ा नाचते हुए मंच पर प्रवेश करता है तो उसे आमद कहते हैं। किन्तु आमद का यह लक्षण उचित नहीं है। क्योंकि एक तो कथक नृत्य का विकास

मंदिरों व महफिलों में हुआ है, जहाँ लोग एक गोल घेरा बनाकर बैठ जाते थे और बीच में नाचने के लिए जगह छोड़ दी जाती थी अत: जब मंच ही नहीं तो मंच पर प्रवेश का प्रश्न ही नहीं उठता। दूसरी बात यह है नर्तक तो स्तुति करने व ठाट बरतने के लिए पहले से ही सभामंडप में मौजूद है अतः उसके दुबारा प्रवेश की संभावना ही नहीं रह जाती। वस्तुतः यहाँ आमद शब्द को लाक्षणिक रूप में ग्रहण करने की आवश्यकता है। पारम्परिक रूप से आमद सदैव ठाट के बाद नाची जाती रही है। ठाट में नर्तक छोटे-छोटे टुकड़े-मुखड़े व तिहाइयों का ही प्रयोग करता है, इसके बाद सम से सम तक एक पूरा बोल वह आमद के रूप में ही नाचता है। अत: विलम्बित लय में ताल के स्वरूप के अनुसार सम से सम तक पूरा बोल बनाकर सम पर आना ही 'आमद' कहलाता है। कथक शैली में आमद नामक बोलों का एक अलग समुदाय है। नृत्य के तत्कारिक वर्णों से निर्मित आमद के बोलों में प्राय: दुहरी शब्द योजना पायी जाती है जिसे शरीर के दाहिने व बायें अंग से समान रूप से व्यक्त किया जाता है। इस अर्थ में आमद भरतनाट्यम शैली 'अलारिपु' के निकट है। वैसे तो आजकल सारे भारत में 'ता थेई तत थेई आ थेई तत थेई थेई तथेईत थेई थेई थेई तत ता' यही रचना प्रचलित है, जिसके आरम्भ में कभी-कभी धातक थुँगा धागे दींगे ता' या 'धातिट धातिट धाधा तिट ऋधातिट' जैसी परनें लगा दी जाती हैं और इन्हें ही विभिन्न लयों में प्रस्तुत किया जाता है। परनजुड़ी आमद की ही तरह परमेलु जुड़ी आमद भी नाची जाती रही है किन्तु जयपुर घराने में इस 'ता थेई तत थेई' के अलावा भी आमदों के अनेक रूप प्रचलित रहे हैं। उदाहरण के तौर पर पं० दुर्गा प्रसाद जी से प्राप्त यह एक रचना देखिए—

ता थेई ता। थेई थेई थेई। थेई तथे ईत थेई।
× 2 0
थेई थेई तत तत। आ थेई ता। थेई थेई थेई।
3 × 2
थेई तथे ईत थेई। थेई थेई तत तत। ता थेई ता।
0 3 ×
थेई ता। तत थेई तत थेई। तत थेई तत थेई।
2 0 3
आ थेई ता। थेई ता। ता थेई तत थेई। तत थेईत्राम।
× 2 3
थेई थेई ता थेई थेई ता। थेई त्राम थेई थेई ता। थेई थेई ता थंई त्राम।
× 2 0
थेई थेई ता थेई थेई ता। थेई
3 ×

आमद के सम्बन्ध में अन्य महत्त्वपूर्ण बात यह है कि आजकल प्रायः नर्तक 'ता थेई तत थेई' को ही बढ़ा-घटा कर प्रत्येक ताल में आमाद के नाम से नाच देते हैं। किन्तु यह तो त्रिताल के छन्द पर बनी हुई उसी की आमद है। अन्य तालों में जब उनकी यति-गति ताली-खाली के अनुसार बोलों की रचना की जायेगी तभी वे उस ताल की आमद कहलाएँगी। अन्यथा आमद में व नाच के अन्य बोलों में अन्तर ही क्या रह जायेगा। जयपुर घराने में इस प्रकार ताल के मूल स्वरूप के अनुसार ही आमदें बनाकर नाचे जाने का प्रचलन रहा है किन्तु इस रहस्य को वे अब तक संगोपित भी रखे रहे हैं।

तोड़ा, टुकड़ा, परन व प्रमेलुओं के तो सैकड़ों प्रकार जयपुर घराने में प्रचलित हैं। एक ओर नाच के बोल, नटवरी के बोल, प्रिमलू, पक्षी परन, जातिपरन आदि तो दूसरी ओर तबला व पखावज में विकसित बोलों के प्रकार जैसे चमकदार, फरमाइशी, कमाली, दुपल्ली, तिपल्ली, चौपल्ली, नौहक्का, बढ़ैया, जातिपरन, यतिपरन, सिंहावलोकन, रहसखानी, बाइलपरन, बिजली परन आदि प्रकार हैं। कथक नृत्य का यही वह भाग है जिसमें जयपुर घराने के कलाकार को अपने तालाध्याय के ज्ञान व पाण्डित्य प्रदर्शन का पूरा-पूरा अवसर प्राप्त होता है। बोलों की पैरों से शुद्ध निकासी, तेजी-तैयारी व सफाई पर ये लोग बहुत परिश्रम करते हैं। 'धड़न्न' व 'धिलांग' या 'धाकिटतक' और 'धुमकिटतक' जैसे समान वजन के बोलों में भी जो उच्चारण भेद हैं तद्वत ही पैरों से प्रतिध्वनित करने के लिए ये अलग-अलग प्रकार से आघात करते हैं। जैसे कि 'धा' के लिए पूरी पगथली से भूमि पर जोर से आघात किया जाता है जबकि 'धुम' की निकासी में एड़ी पर जोर दिया जाता है। बिना घुँघरू की सहायता के ही पैरों से बोल साफ तौर से कटता जाये इसके लिए अभ्यास काल में बिना छर्रे वाले ठोस घुंघरू बाँधे जाते थे तथा रेत बिछा कर, टखने तक पानी में व अन्य विविध प्रकार से अभ्यास कर पैरों को तैयार किया जाता है। जब बोलों को ज्यों का त्यों पैरों से काटने पर इस कदर ध्यान केन्द्रित किया जायेगा तब स्वाभाविक तौर से पूरे बदन की रगें तन जायेंगी और हाथ बँध जायेंगे। अतः प्रायः यह बात कही जाती है कि जयपुर के नर्तक पैरों की सफाई व तैयारी पर जितना ध्यान देते हैं उतना अंगों की बनावट पर नहीं। इस कथन में किसी सीमा तक सचाई भी है और उसका कारण भी मैंने स्पष्ट किया है किन्तु इसके साथ ही मैं इस ओर भी संकेत करना चाहूँगा कि जिस प्रकार जयपुर घराने में एक-एक बोल की पैरों से सही निकासी का तरीका आविष्कृत किया गया है वैसे ही प्रत्येक बोल के अनुरूप अंग या हस्तक भी निर्मित किये गये हैं और उन पर अधिकार प्राप्त करने के लिए भी उतना ही परिश्रम करना पड़ता है जितना पैरों को तैयार करने में। क्लिष्टता जयपुर घराने का प्रधान गुण है। जितने बल उनकी पगड़ी में हैं उतने ही बल उनकी बन्दिशों में हैं और वैसे बल-पेंचदार उनकी

निकासी भी हैं।

नृत्य शब्द का उच्चारण करते ही सर्वप्रथम जिस क्रिया का बोध होता है वह है—पद संचालन। शास्त्रों में कहा गया है कि "पदाभ्यां ताल माचरेत्" अर्थात नृत्य करते समय पैरों से ताल का आचरण करना चाहिए। शास्त्रों की इस व्यवस्था का भरपूर विकास जयपुर घराने की कला में 'ततकार' के रूप में हुआ है। जैसे एक कुशल तबला वादक कायदा, पल्टा, गत, रेला, परन, लग्गी, लड़ी आदि के द्वारा ताल का प्रस्तार करता है वैसे ही जयपुर घराने के नर्तक ततकार के पल्टे, लय बाँट, बोल बाँट, लय जाति, बोल जाति, जरब, क्रमलय, कायदे, तिहाइयों के प्रकार, लग्गी-लड़ी की प्रस्तुति करते हैं जो उनके नृत्तांग को चरमोत्कर्ष तक ले जाते हैं।

जयपुर घराने की कला में नृत्तांग का यह स्पृहणीय विकास प्रधानतः गत दो-तीन सौ वर्षों में तबला-पखावज वालों से होने वाली नित्य प्रति की लाग-डाँट का ही परिणाम है, जिसकी अपनी कुछ निजी विशेषताएँ हैं। जैसे लखनऊ घराने में ठाट व आमद के साथ ही विलम्बित लय का नाच समाप्त कर देते हैं और टुकड़े-परन की प्रस्तुति द्रुत लय में करते हैं जो कि "बराबर की लय" होने से सुगम हो जाती है जबकि जयपुर घराने में टुकड़े-परनों की प्रस्तुति विलम्बित लय में होती है जो अपेक्षाकृत अधिक दुष्कर है और इसी कारण इनके बोलों का आकार भी बढ़ जाता है। तेजी-तैयारी, चमक-दमक, जोश-खरोश, लय के चमत्कार पूर्ण प्रयोग, क्लिष्ट बन्दिशें व भ्रमरी के वैविध्यपूर्ण प्रयोग जयपुर घराने के नृत्य पक्ष की निजी विशेषताएँ हैं।

उपर्युक्त समस्त विशेषताओं के अतिरिक्त भी जयपुर घराने के कथकों ने चमत्कार प्रदर्शन के लिए कतिपय नृत्य-क्रियाएँ आविष्कृत की हैं जिनका लय-ताल या भाव की दृष्टि से चाहे कोई महत्त्व न हो किन्तु सामान्य दर्शक उन्हें देखकर अभिभूत हुए बिना नहीं रह पाता। जमीन पर गुलाल बिछाकर उस पर 'गजपरन' नाचते हुए हाथी का चित्र बना देना, बताशे बिछाकर उन पर इस कुशलता से नाचना कि उनमें से एक भी न टूटे, शर शैया (खड़ी हुई तीखी कीलों से भरे पटरे) पर नाचना, नंगी तलवार की धार पर नाचना, काँच के टुकड़े जमीन पर फैला कर नाचना, पानी से भरे थाल पर इस प्रकार पैर जमा कर नाचना कि एक बूंद पानी भी न छलके, नदी या तालाब के पानी में पटरा डाल कर उस पर नाचना, सिर पर पीतल के सात घड़े रखकर नाचना आदि इसी प्रकार के चमत्कार पूर्ण कौशल हैं जो जयपुर घराने की नृत्य परम्परा में प्रचलित रहे हैं और जिन्हें साधने के लिए न केवल घनघोर श्रम ही करना पड़ता है अपितु खतरों से भी खेलना पड़ता है।

जयपुर घराने के कलात्मक वैशिष्ट्य का यह विवरण तब तक पूर्ण नहीं होता

जब तक कि राजस्थान में रचित नृत्य-साहित्य का उल्लेख नहीं किया जाता। वैसे तो संगीत की घरानेदार परम्परा में "सीना-बसीना" तालीम को ही विशेष महत्ता प्राप्त है और गुरु के वचन के प्रमाण हैं किन्तु राजस्थान के कलाप्रेमी शासकों की शास्त्रीय अध्ययन के प्रति भी समान रुचि रही है और उनकी प्रेरणा से नृत्य सम्बन्धी अनेक शास्त्र ग्रंथों की रचना भी सम्पन्न हुई है, जिनमें से अधिकांश की पाण्डुलिपियाँ अब भी उन राजाओं के निजी संग्रहालयों में सुरक्षित व अप्रकाशित हैं। इनमें से महाराणा कुम्भा रचित "नृत्य रत्नकोश" तथा किसी अज्ञात लेखक की रचना "नृत्य-संग्रह" राजस्थान ओरिएण्टल रिसर्च इन्स्टीट्यूट द्वारा प्रकाशित हो चुके हैं। बीकानेर के अनूप संस्कृत ग्रंथालय में अनूप संगीत विलास, अनूप संगीत रत्नाकर, अनूप संगीतांकुश, संगीत दर्पण, संगीत पारिजात, संगीत मकरंद, संगीत मुक्तावली, संगीत विनोद आदि ग्रंथ सुरक्षित हैं। इन समस्त ग्रंथों में "नर्तनाध्याय" उपलब्ध है। वस्तुतः इन सभी उत्तर मध्यकालीन शास्त्रकारों का आदर्श शार्ङ्गदेव रचित संगीत-रत्नाकर रहा है और उसी के अनुकरण पर इन सभी ने अपने ग्रंथों को सात अध्यायों में विभक्त किया है, जिसमें से अन्तिम अध्याय "नर्तनाध्याय" है। इसी परम्परा का एक महत्त्वपूर्ण ग्रंथ "संगीत-मण्डन" है, जिसकी एक मात्र प्रति श्री हेमचन्द्राचार्य जैन ज्ञान मन्दिर, पाटन में सुरक्षित है। जयपुर राजमहल के "पोथीखाना" में जो पाण्डुलिपियाँ रखी हैं उनके नाम हैं—नर्तन, निर्णय, नृत्य प्रकरण, नृत्यविनोद, संगीतोपनिषद सारोद्धार, हस्तकर रत्नावली, हस्तमुक्तावली, श्री राधागोविन्द-संगीतकार आदि। इन सभी ग्रंथों में परम्परानुसार करण, चारी, अंगहार, स्थान, मंडल, हस्तक भेद, अंग-उपांग-प्रत्यांगों के अभिनय आदि तो दिये ही गये हैं किन्तु नृत्य की समसामयिक परम्पराएँ भी उपेक्षित नहीं हैं। यहाँ मैं विस्तार भय से केवल एक उदाहरण जयपुराधीश महाराज सवाई प्रतापसिंह जी देव रचित "श्री राधा गोविन्द संगीत सार" के नर्तनाध्याय से प्रस्तुत करता हूँ—

"जहाँ नृत्य कीजिए ता महल को लछन लिख्यते।

प्रथम सास्त्ररीति सों महल बनाय—जहाँ बैठिवे को स्थानक अनेक प्रकार को रचे—तहाँ दोय मृदंग च्यारि गद्धि बावरे एक पुरुष लीला अवतार की कथा पूछिवे वारो। ताको नाम परिहासक दोय पुरुष ताल धारी एक पुरुष तंवुरा बजावे। और यथायोग्य यथारुचि सब बाजे बजायवे वारे राखिये। याको नाम नाट्यमंडल जानिये। फिर जो नाट्य करता होय। सो सभापात्र को सिगरे बाजे बजाय-वेवारे को तिनपर रंगभूमि करिये नृत्य करिवे को बिच में चोक होय तामें आवे फेर इष्ट देवता की स्तुति करे। इष्ट देवता के श्लोकन को रागतालजुत गान करे ता समें और गाइवे-वारे पाठाक्षरण सों प्रबन्ध छन्द गान कर पढ़े॥ और श्री गणेश जी की स्तुति प्रथम पढ़े।—फेरवा रंगभूमि में एक तरफ मंडप के परदा

लगाय वाके भीतर रामकृष्णादि अवतारन की रचना रुचि के चतुर पुरुष रंगभूमि आप सभा को चेष्टा दिखावे। उहाँ इस्तक करन स्थानक भीतर अंगहार आदि नृत्य की सब सामग्री बरते। जो अवतारन की लीला वेद पुरानन में प्रसिद्ध हो ते लीला और परिहासक या पूछिवे-वारो पुरुष जैसें-जैसें सभा के प्रसन्न करिवे कों कथा पूछे छेछे तेसें-तेसें जो छन्द कवितन सों पूछि बातन को उत्तर दे के कथा के अनुसार नृत्य करिये ॥—जहाँ ध्रुपद प्रबन्ध छंद दोहा आदि भाषा में जो रस होय सो सब नकल करि नृत्यन में दिखावे।"

क्या यह पर्याप्त प्रमाण नहीं है कि जैसे आज भरतनाट्यम या ओडिसी नर्तक मंच के एक ओर देव प्रतिमा स्थापित करके नृत्य प्रस्तुत करते हैं वैसे ही किसी समय जयपुर घराने के नर्तक करते थे। उनको शास्त्रीय क्रियाओं का ज्ञान था। वे ध्रुपद आदि प्रबन्धों, छन्दों व कवित्त सवैयों पर नृत्य करते थे तथा आशु प्रदर्शन प्रतिभा के साथ कथाओं की प्रस्तुति करते थे। उक्त अंश यह भी सिद्ध करता है कि जयपुर की नृत्य परम्परा मन्दिरों से सम्बद्ध रही। यह मुख्यतः पुरुषों का ही नृत्य रहा है, तवायफों का "मुजरा" नहीं।

इस प्रकार हम देखते हैं कि जयपुर घराना कथक नृत्य शैली का आदिम घराना है, जो किसी एक ही वंश या खानदान में पल्लवित न होकर पूरे राजस्थान में फैले हुए कथकों के सैकड़ों परिवारों का प्रतिनिधित्व करता है। यदि भारत की अन्य शास्त्रीय नृत्य शैलियाँ अपनी परम्पराएँ 12वीं-13वीं शताब्दी तक ले जाती हैं तो उनके मुकाबले में कथक की प्राचीन परम्परा के प्रमाण जयपुर घराने की परम्परा से ही प्रस्तुत किये जा सकते हैं। कथक की "हिन्दू शैली" ही जयपुर घराने के रूप में सुरक्षित है। हिन्दू धर्म के समान ही उसकी भी अनेक शाखा-प्रशाखाएँ हैं। इसमें ताण्डव की उद्धत चारियाँ भी हैं और लास्य का ललिल अंगहार भी। भक्ति व रीति काव्य की भाव प्रवणता, संगीत का साहचर्य और देशी नृत्यों की सहज गतिमत्ता ने इसके रूप को सँवारा है। लयकारियों के कौशल पूर्ण प्रयोग ने इसमें चमत्कार पैदा किया है। समय-समय पर प्राप्त होने वाले राज्याश्रय के बावजूद मुख्यतः लोकाश्रय में ही यह घराना पल्लवित हुआ है। हनुमान प्रसाद, नारायण प्रसाद, जयलाल व सुन्दर प्रसाद जैसे नृत्यकारों ने अपनी कठोर साधना से इसे गौरवान्वित किया है। वृहत्तर भारत का कोई भाग ऐसा नहीं है जहाँ जयपुर के कलाकारों ने जाकर कथक नृत्य का प्रचार-प्रसार न किया हो। अतः जयपुर घराना ही उत्तर भारतीय नृत्य परम्परा का वास्तविक प्रतिनिधि घराना है—इसमें सन्देह नहीं।

पंडित सुन्दर प्रसाद

एम० एस० कल्याणपुरकर

श्रद्धेय गुरुजी पं० सुन्दर प्रसाद जी का स्मरण आते ही मेरे सक्रिय जीवन के 47 वर्षों का जीवन्त चित्र उभर आता है। यह अवधि मैंने कथक नृत्य की अल्प सेवा में बितायी।

16 जुलाई 1935 का दिन मेरे लिए परम सौभाग्यशाली और अविस्मरणीय दिन था, जबकि गुरुजी ने परंपरागत गंडाबन्धन के साथ मुझे अपने शिष्य के रूप में स्वीकार किया। उस दिन मैंने परम सन्तोष का अनुभव किया। मैंने अनुभव किया कि अन्ततः मैंने वह पा लिया, जिसकी मुझे तलाश थी। भटकती राह से मुझे सही राह का सन्धान मिल गया। मेरी दायीं कलाई पर बँधा लाल और पीला गंडा मेरे और गुरुजी के बीच चिर स्नेह और प्यार के बन्दन का प्रतीक बन गया। यह स्वीकार करने में मुझे तनिक भी हिचक नही कि आज मैं जो कुछ हूँ और मेरी जो भी उपलब्धि कथक नृत्य के क्षेत्र में है, उसका पूरा श्रेय गुरुजी को है; वस्तुतः यह सम्पूर्ण उपलब्धि गुरुजी की अनुकम्पा एवं हार्दिक स्नेह का प्रतिफल है।

गुरुजी पं० सुन्दर प्रसाद जी के प्रति श्रद्धा सुमन के साथ मैं अपनी योग्यता एवं क्षमता के अनुसार उनके जीवन से सम्बन्धित कुछ तथ्य प्रस्तुत करता हूँ।

गुरु सुन्दर प्रसाद जी का जन्म 1898 में राजस्थान के करवाड़ी गाँव में हुआ। उनके पिता का नाम पं० चुन्नीलाल जी था। गुरु जी के दो भाई एवं एक बहन थी। बड़े भाई थे—विख्यात गुरु पं० जयलाल जी, जो बाद में पं० कार्तिकराम, पुवैया बहनों और पं० सोहनलाल जी तथा अन्य कई नर्तक-नर्तकियों के गुरु हुए। कु० जयकुमारी गुरु जयलाल जी की पुत्री थीं। उनका पुत्र था पं० रामगोपाल, जिनका कुछ वर्षों पूर्व कलकत्ता में देहान्त हो गया। गुरुजी के छोटे भाई का नाम था पं० मालू जी, जो 1930-35 में किसी समय बम्बई से एकाएक लापता हो गये। बहन लक्षमा का विवाह पं० भूरालाल के साथ हुआ। फिल्म जगत के दो विख्यात नृत्य निर्देशक स्व० पं० सोहनलाल और पं० हीरालाल, पं० भूरालाल के पुत्र हैं।

पं० चुन्नीलाल के एक भाई पं० दुर्गाप्रसाद और एक बहन थीं। बहन का विवाह पं० हनुमान प्रसाद जी के साथ हुआ। पं० मोहनलाल, पं० चिरंजीलाल और गुरु नारायण प्रसाद जी पं० हनुमान प्रसाद जी के पुत्र थे। पं० कुन्दनलाल जी, जो अभी कथक केन्द्र, दिल्ली में गुरु के पद पर हैं, गुरु नारायण प्रसाद जी की बहन

के पुत्र हैं। कथक केन्द्र, जयपुर में गुरु पं० गौरीशंकर गुरुजी पं० सुन्दर प्रसाद जी के द्वितीय चचेरे भाई हैं। मैं सोचता हूँ कि गुरुजी की वंशावली के लिए इतना पर्याप्त है।

पं० हनुमान प्रसाद जी अपने परिवार और भाई पं० हरिप्रसाद जी के साथ गोपालपुरा से जयपुर चले आये और अपनी पत्नी के अनुरोध पर पं० चुन्नीलाल जी और उनके परिवार को जयपुर बुला लिया। इस प्रकार सभी भाई और चचेरे भाई इस परंपरागत कला की साधना के लिए साथ रहने लगे। युवजन एक दूसरे से स्पर्धा करते थे, इस प्रकार इस महान कला में प्रवीणता प्राप्त करने के लिए स्वस्थ वातावरण बन जाता।

पं० चुन्नीलाल जी ने महसूस किया कि उनके दो पुत्रों के लिए इस कला का व्यापक ज्ञान प्राप्त करना आवश्यक है अतः उन्होंने अपने दो पुत्रों—पं० जयलाल जी और पं० सुन्दर प्रसाद जी को उनके मामा रावता जी के साथ 1910 और 1915 के बीच किसी वर्ष में लखनऊ भेजा। वहाँ उन्होंने लखनऊ घराने के विख्यात दिग्गज गुरु महाराज बिन्दादीन से गहन प्रशिक्षण प्राप्त किया, जिससे उन्हें नयी दृष्टि मिली तथा जयपुर में उन्होंने जो कुछ सीखा था उसे अधिक व्यापकता और बल मिला। गुरु जी के लखनऊ जाने और महाराज बिन्दादीन से प्रशिक्षण प्राप्त करने सम्बन्धी विवादों से मैं परिचित हूँ, किन्तु मेरे कथन के आधार पं० रावताजी, गुरु अच्छन महाराज, गुरु लच्छू महाराज एवं लखनऊ के पं० सरजू प्रसाद, जो महाराज बिन्दादीन के शिष्य थे, द्वारा प्रदत्त तथ्य हैं। एक अन्य महत्त्वपूर्ण बात यह है कि मुझे शिक्षा देते समय पं० अच्छन महाराज ने परंपरागत गण्डाबन्धन का निर्वाह नहीं किया क्योंकि मैं गुरु पं० सुन्दर प्रसाद जी का शिष्य था और गुरु जी एवं अच्छन महाराज गुरु भाई थे। मैंने तथ्य रखे हैं और इस विषय पर किसी वाद-विवाद में नहीं पड़ना चाहता। यह सर्वविदित सत्य है कि महाराज बिन्दादीन के प्रति गुरुजी का बड़ा आदर भाव था, जो अंत समय तक बना रहा।

1929-30 में रायगढ़ के राजा चक्रधरसिंह के दरबार की एक घटना से गुरुजी के जीवन में एक चिर स्मरणीय मोड़ आया। जैसा कि गुरुजी ने बताया, घटना इस प्रकार है—

गुरु जयलाल जी अपना नृत्य कार्यक्रम आरम्भ करने वाले थे। सारंगी पर लहरा अति विलम्बित लय में था। गुरुजी तबले पर संगत कर रहे थे। किसी असावधानी से या भूल से गुरुजी ने ठेका दुगुन लय में आरंभ किया। विद्वान रसिक राजा साहब की भौंहें तन गयीं और वे जयलाल जी की ओर देखकर मुस्कराये। गुरु जयलाल जी कुछ क्षण रुके और अपमान भरी दृष्टि से अपने भाई की ओर देखा तथा अंत में धैर्य खोकर उन्हें डाँटा तथा तबला उस्दाद अजीम खाँ को देने का

निर्देश दिया। अपने को अपमानित अनुभव कर गुरुजी ने उसी दिन रायगढ़ छोड़ दिया और वम्बई चले आये। अपने चाचा दुर्गाप्रसाद जी के चरणों में गिर कर वे फूट-फूट कर रोने लगे तथा उस दुःखद घटना का विवरण सुनाने लगे। महान शिक्षक एवं नृत्य और संगीत के अधिकृत विद्वान पं० दुर्गाप्रसाद जी ने अपने भतीजे को आश्वस्त किया और प्रशिक्षण के लिए अपने पास रख लिया। उन्होंने गुरुजी को लयकारी की बारीकियों की शिक्षा दी तथा कथक के अन्य महत्त्वपूर्ण अंग बताये। पं० दुर्गाप्रसाद जी से ही गुरुजी ने जाति, यति, क्रम-लय और नायिका भेद तथा अन्य महत्त्वपूर्ण विषयों का ज्ञान प्राप्त किया। गुरुजी का अपने चाचा के प्रति बड़ा आदर भाव था और वे उनकी प्रशंसा करते नहीं अघाते और कहा करते थे कि जीवन में मैंने ऐसा व्यक्ति नहीं देखा जो न केवल संगीत एवं नृत्य के अधिकृत विद्वान थे, बल्कि ज्योतिष, तंत्र-मंत्र शास्त्र का भी उन्हें असाधारण ज्ञान था। उन्होंने भविष्यवाणी की थी कि गुरुजी नृत्य विद्या में बड़ी ऊँचाई पर पहुँचेंगे और उन्हें नाम तथा यश मिलेगा। गुरुजी कभी-कभी विनोद में विचित्र नाकीसुर से गुरु दुर्गाप्रसाद जी की बोलने की नकल किया करते थे। रायगढ़ की घटना से गुरुजी इतने मर्माहत हुए थे कि उन्होंने अपना नाम सुन्दरलाल से बदल कर सुन्दर प्रसाद कर लिया—याने अपने नाम से 'लाल' शब्द हटाकर 'प्रसाद' कर दिया। उन्होंने सोचा कि अपने गुरु चाचा दुर्गाप्रसाद जी के प्रति ऋणी होने का प्रदर्शन इसी प्रकार से हो सकता है।

वह समय आ गया जबकि गुरुजी ने अनुभव किया कि वे रायगढ़ के प्रतिष्ठित कलाकारों का मुकाबला करने के लिए पूरी तरह प्रशिक्षित एवं तैयार हैं। अपने चाचा एवं गुरु का आशीर्वाद प्राप्त कर वे रायगढ़ के लिए रवाना हो गये। संभवतः यह 1931-32 का समय था। गुरु जयलाल जी रायगढ़ की घटना से वस्तुतः बड़े दुःखी थे, जिसके कारण उनके भाई को रायगढ़ छोड़ना पड़ा। और जब उन्होंने अपने भाई को साक्षात् सामने आते देखा तो उनके आनन्द का ठिकाना न रहा। वास्तव में यह आनन्दाश्रुपूर्ण पुर्नमिलन था। गुरु जयलाल जी ने उन्हें गले लगा लिया और क्षमायाचना की। गुरुजी ने अपने भाई का चरणस्पर्श करते हुए कहा, "प्रिय भ्राता, जो भी हुआ वह अच्छे के लिए ही हुआ। यदि आप मुझे डाँटते नहीं तो मुझे अपने विद्वान चाचा पं० दुर्गाप्रसाद जी से सीखने का अवसर कभी नहीं मिलता। राजा साहब को भी यह जानकर प्रसन्नता हुई कि गुरुजी वापस आ गये और वह भी पंडित दुर्गाप्रसाद जी से शिक्षा प्राप्त कर। जैसा कि राजा साहब का स्वभाव था, उन्होंने एक दिन गुरुजी को अपने दरबार के बहुत प्रवीण तबलिये के विरुद्ध खड़ा कर दिया और इच्छा प्रकट की, कि गुरुजी प्रथम आमद में ही 'सम' पर उन्हें परास्त करें। यह एक बहुत कड़ा आदेश था किन्तु गुरुजी ने इसे शिरोधार्य कर उस्ताद को क्रमशः दो बार परास्त कर दिया। गुरुजी की महान उपलब्धि

पर राजा साहब ने प्रसन्नता प्रकट की और उनकी भूरि-भूरि प्रशंसा की। गुरुजी की अन्य कलात्मक उपलब्धि थी किसी ताल विशेष के एक आवर्तन के साथ गुलाल में पूरा चित्र अंकित करने की उनकी क्षमता। मुझे स्वयं ऐसे दो रोमांचकारी प्रदर्शन देखने का सौभाग्य मिला है जबकि गुरुजी ने त्रिताल में 'सम' से 'सम' तक हाथी का चित्र अंकित किया। विद्वान एवं चतुर राजा साहब ने एक बार गुरुजी को दादरा ताल में हाथी अंकित करने की चुनौती दी। उन्हें आशा थी कि गुरुजी पीछे हट जायेंगे क्योंकि छः मात्रा में हाथी अंकित करना प्रायः असंभव था। किन्तु गुरुजी ने चुनौती स्वीकार की और दादरा को विलंबित लय में रखकर हाथी अंकित कर सबको आश्चर्यचकित कर दिया।

जब गुरुजी ने रायगढ़ छोड़ा तब राजा चक्रधरसिंह ने उनकी हार्दिक प्रशस्ति की और गुरुजी की उपलब्धियों के लिए लिखित प्रशस्ति-पत्र प्रदान किया। मैंने गुरुजी के पास यह प्रशस्ति-पत्र देखा है।

रायगढ़ में यश प्राप्त करने के बाद गुरुजी 1932-33 में बम्बई आ गये और अपने चाचा पं० दुर्गाप्रसाद के आदेश पर उन्होंने कुछ शिष्यों को प्रशिक्षण देना आरम्भ किया। उनकी प्रथम शिष्या थीं विख्यात कवयित्री श्रीमती सरोजनी नायडू की बहन श्रीमती सुनलिनी देवी। उसके बाद थीं विख्यात पुवैया बहनें—सीता, चित्रा एवं लता। पूवैया बहनों के सम्पर्क से गुरुजी की सृजनात्मक प्रतिभा के लिए अनुकूल वातावरण निर्मित हुआ। उनके सुझाव और कथावस्तु के आधार पर गुरुजी मंच-प्रस्तुति के लिए सुन्दर बन्दिशें बना देते, जो परम्परा के अनुरूप होतीं।

सीता हरण, जटायु वध, मुद्रिका के साथ हनुमान का लंकावाटिका में आगमन, लंका दहन जैसे रामायण के प्रसंगों के प्रस्तुतिकरण की अपनी विशेषता थी। गायक उस्ताद अमीर खाँ के, जो संगीत निर्देशक थे, वाद्य संगीत संयोजन से, बन्दिशों को एक अपूर्व नया रंग मिल जाता था। मेरी दृष्टि में गुरुजी की श्रेष्ठ सर्जनात्मक कृति थी—राधा-कृष्ण युगल नृत्य। इसमें उन्होंने स्वयं भगवान कृष्ण के रूप में नृत्य किया और राधा थी सीता। बाँसुरी पर राग पीलू में विलम्बित लहरा चल रहा था और उसके साथ नृत्य आरम्भ हुआ। वह लहरा आज भी मेरे कानों में गूंज रहा है। यह उत्कृष्ट बन्दिश पूर्णतः 'थाट' और 'गत' पर आधारित थी। इसके पश्चात गुरुजी ने कभी किसी के साथ युगल नृत्य नहीं किया। यह प्रथम और अंतिम था। उनकी अन्य बन्दिशों में हैं—विभिन्न नायिकाओं की गतें और जिनमें अभिसारिका 'गत' की बड़ी प्रशंसा हुई। इस विशिष्ट 'गत' को सीखने के लिए विख्यात कथक नृत्यांगना मैडम मेनका ने उन्हें खण्डाला स्थित अपनी संस्था में आमंत्रित किया।

यह उल्लेखनीय है कि पुवैया बहनों के अनुरोध पर कार्यक्रम के आरम्भ में गणेश स्तुति और गणेश परन नाचने का प्रवर्तन गुरुजी ने किया। मुझे अभी तक

स्मरण है कि चित्रा ने 19 मात्रा की ताल में निबद्ध एक गणेशपरन बन्दिश की प्रस्तुति में सफल प्रदर्शन किया।

पुवैया बहनों का नृत्य का कार्यक्रम (अनिवार्यतः) गुरुजी के संक्षिप्त परम्परागत कथक नृत्य के साथ समाप्त होता था। इस सम्बन्ध में सीता बड़े विनोद से बताती हैं कि किस प्रकार गुरुजी द्वारा 'गलत व्याख्या' के परिणामस्वरूप एक 'गत' का जन्म हुआ। सीता ने गुरुजी को परम्परागत कथक शैली में सोलो (एकाकी) नृत्य पेश करने के लिए मनाना चाहा। सीता ने गुरुजी से कहा—गुरुजी, क्या हमारे प्रोग्राम में आप 'सोलो' नहीं नाच सकते हैं? गुरुजी ने 'सोलो' का गलत अर्थ लगाया और कहा, "बेटी, जितना 'सोलो' (स्लो) कहो उतना 'सोलो' (स्लोविलम्बित) नाच सकता हूँ। कहो तो विलम्बित लय में गत नाचूँ। सीता ने अनुभव किया कि गुरुजी ने शब्द को गलत अर्थ में लिया है किन्तु वह यह जानने के लिए उत्सुक थी कि गुरुजी क्या करते हैं, उसने गुरुजी को 'गत' बनाने के लिए प्रेरित किया। इस प्रकार 'शेष-शायी विष्णु गत' का जन्म हुआ, जो अपने ढंग की एक ही गत है।

आश्चर्य और दुःख की बात है कि अच्छी बात प्रायः दीर्घजीवी नहीं रहती। किसी गलतफहमी के कारण गुरुजी का पुवैया बहनों से सम्बन्ध विच्छेद हो गया। यह समय था 1936 का। उस समय मैं गुरुजी से शिक्षा ले रहा था। जिस समय मैंने महसूस किया कि पुनः मेल की कोई सम्भावना नहीं है और गुरुजी भारी आर्थिक कठिनाई में हैं तब मैंने श्रद्धेय गुरु महाराज बिन्दादीन के नाम पर एक संस्था स्थापित करने का प्रस्ताव रखा। गुरुजी प्रसन्न हुए और इसके लिए वे तत्काल तैयार हो गये। यह सौभाग्य की बात है कि संस्था के लिए हमें गामदेवी क्षेत्र में स्थान भी मिल गया। आप विश्वास करें या न करें, स्थान पर फर्नीचर लगाने और आवश्यक साज लाने के लिए मैंने एक पैसा भी खर्च नहीं किया। हर वस्तु यहाँ तक कि घुँघरू भी मेरे सम्बन्धियों द्वारा अनुदान स्वरूप दिये गये। इस प्रकार 1937 में "महाराज बिन्दादीन स्कूल ऑफ डांस" एक सादे समारोह के साथ आरम्भ हुआ। गुरु लच्छू महाराज इस समय उपस्थित थे और गृह-पूजा के पश्चात गुरु लच्छू महाराज ने "मैं तो खेलूँगी उन्हीं से होरी गुइयाँ" पर अभिनय प्रस्तुत किया। संगीत एवं नृत्य के कई प्रतिष्ठित कलाकार गुरुजी से मिलने के लिए स्कूल में आने लगे। श्री माधवसिंह पखावजी, पं० अलकुटकर पखावजी, पं० खापरूजी, उस्ताद शमसुद्दीन खां (तबला), उस्ताद अमीर खाँ साहब, श्री सोहनलाल, श्री गौरीशंकर तथा जयपुर घराने के कई कथक यहाँ आते थे। इन प्रतिष्ठित विद्वानों के आपसी विचार-विमर्श से मैं बड़ा लाभान्वित होता था। गुरु जयलाल जी एक बार कुछ दिनों तक अपने भाई के साथ रहे और उनकी पुत्री कुमारी जयकुमारी के रियाज को देखने का मुझे सौभाग्य मिला। रियाज की गति और इसके लिए दिये

जा रहे समय से मैं आश्चर्यचकित हो जाता। स्कूल के शान्त वातावरण से गुरु जी नवसर्जन के लिए प्रेरित हुए। इस प्रकार गुरु जयलाल जी के साथ हुए विचार-विमर्श से "तालमाला" का सर्जन हुआ। गंगा-जमनी, ताल त्रिवेणी और नायिका माला उनकी अपनी निर्मिति थी। उन्होंने स्वयं जिन "गतों" की सृष्टि की, वे हैं "भष्मासुर मोहिनी", "अहिल्या उद्धार", "काम दहन", "माखन चोरी", "कालिया दमन", "होली" तथा "द्रौपदी वस्त्र हरण" मेरे ख्याल से आज जिसे "बड़ी गत" कहा जाता है वह गुरुजी की सृष्टि है। स्कूल में आने वाले अन्य व्यक्ति थे डा० एस० एन० रातनजंकर और मैडम मेनका। डा० रातनजंकर ने मेरा नृत्य देखकर सुझाव दिया कि मैं लखनऊ स्थित मॉरिस कॉलेज में जाऊँ। उस समय डॉ० रातनजंकर मॉरिस कॉलेज के प्रिंसिपल थे। मेरे सम्बन्धियों ने इस सुझाव का समर्थन किया और मुझे मॉरिस कॉलेज जाने की सलाह दी। आरम्भ में गुरुजी मुझे छोड़ने को तैयार नहीं थे किन्तु बाद में कहा, "बेटा मोहन, मेरा गुरु द्वारा लखनऊ जाने से मैं तुम्हें कैसे रोक सकता हूँ। यदि तुम वास्तव में जाना चाहते हो तो मेरी अनुमति है। तुम बड़े भाग्यवान हो।" अत: मैं 9 अगस्त 1939 को लखनऊ के लिए रवाना हो गया। बिदाई की इस बेला में जब मैंने गुरुजी के चरण छुये तो वे रो पड़े। वह दृश्य आज भी मेरी आँखों के सामने है जबकि गुरुजी वी० टी० स्टेशन पर खड़े थे और नि:सहाय मेरी ओर देख रहे थे। मेरी दृष्टि भी उनकी ओर थी और ट्रेन की गति पकड़ने के साथ गुरुजी का आकार छोटा होता जा रहा था।

बम्बई में स्कूल स्थापना होने के कुछ माह पूर्व गुरुजी अपनी पत्नी को बम्बई लेने आये थे। यह दुर्भाग्य है कि गुरुजी का पारिवारिक जीवन सुखद नहीं था जैसी कि अपेक्षा थी। पत्नी के प्रति हार्दिक प्रेम के बावजूद उसके साथ विवाद हो ही जाता था। बच्चों के मामले में भी ईश्वर की विशेष दया नहीं थी। प्रथम बच्ची थी, जिसका जन्म विवाह के कई वर्षों बाद हुआ। गुरुजी बहुत प्रसन्न थे किन्तु यह खुशी अल्पकालिक ही थी। 2-3 वर्ष की आयु में उस बालिका को निमोनिया हुआ और सब प्रकार की चिकित्सा सुविधा के बावजूद उसे बचाया नहीं जा सका। इस स्थिति में उन्हें शान्त करना भी कठिन हो गया। महाराज बिन्दादीन की तस्वीर के सामने बैठकर वे खूब रोये और अनुनय प्रार्थना की, कि किस पाप की सजा मुझे मिल रही है। गुरुजी, महाराज बिन्दादीन की पूजा प्रतिदिन किया करते थे।

कुछ वर्षों बाद गुरुजी को एक पुत्र हुआ। उनकी खुशी का पार नहीं था। बालक वास्तव में प्रतिभा का धनी था। माँ-बाबा बोलने के पहले ही वह झपताल का पूरा ठेका बोलने लगा था। 2-3 वर्ष की आयु में ही वह गुरुजी के पास बैठ जाता जबकि गुरुजी अपने शिष्यों को शिक्षा देते थे। यदि शिष्य गलती करता

अथवा ताल चूक जाता तो वह बालक अपनी नाराजगी हुंकार से व्यक्त करता। यह वास्तव में आश्चर्यजनक था। वह 4-5 वर्ष की आयु में तबला बजाने लगा था। गुरुजी लहरा बजाते और जब अन्य ताल का लहरा बजता तो बालक ठेका बदल देता।

गुरुजी किसी कारणवश बम्बई छोड़कर अपने परिवार के साथ अहमदाबाद चले गये। वहाँ यह बालक आकर्षण का केन्द्र बन गया। कुछ ही महीनों में गुरुजी ने काफी धन कमाया और आनन्द से पारिवारिक जीवन बिता रहे थे। अपने श्वसुर के अनुरोध पर उन्होंने अपनी पत्नी और पुत्र को गाँव भेज दिया। वहाँ दुर्दैव से एक दुर्घटना घटी, जबकि पुत्र खेत में मलत्याग के लिए गया था और वहाँ उसे सर्प ने डस लिया। किसी प्रकार की चिकित्सा के पूर्व ही वह बालक इस संसार से चल बसा। गुरुजी को असमय धक्का लगा और वस्तुतः वे अपना सन्तुलन ही खो बैठे। उन्होंने बाद में मुझे बताया कि वे गुरु महाराज बिन्दादीन का चित्र छाती से चिपकाये दिशाहारा होकर घूमा करते थे। गुरुजी के भतीजे पं० सोहनलाल ने जब यह सुना तो वे गुरुजी और उनकी पत्नी को मद्रास ले गये। पं० सोहनलाल ने फिल्म जगत में अच्छा नाम कमाया था और उनके भव्य बंगले और आसपास के शान्त वातावरण से गुरुजी ने शान्ति अनुभव की। उन्होंने अपनी पत्नी के भाई चेलाराम को प्रशिक्षण देना आरम्भ किया। यह बालक शीघ्र ही मद्रास के कलाकारों के लिए आकर्षण का केन्द्र बन गया। प्रतिभावान बाल कलाकार को एक समारोह में श्रीमती बाल सरस्वती द्वारा "बाल गुरु" की उपाधि दी गयी।

काल के कराल हाथों ने पुनः गुरुजी को उद्वेलित कर दिया। इस बालक को एक पागल कुत्ते ने काट खाया और सब प्रकार की चिकित्सा के बावजूद वह "बाल गुरु" इस दुनिया से उठ गया। हार्दिक संवेदना और सांत्वना से गुरुजी को सँभाला जा सका, अन्यथा यह अवस्था विक्षिप्तता की थी।

जब पं० सोहनलाल से मैंने यह सब सुना तो उन्हें और गुरुजी को लिखा कि गुरुजी भारतीय कला केन्द्र में गुरु का पद स्वीकार करें, जहाँ गुरु शम्भू महाराज और बिरजू महाराज कार्य कर रहे हैं। पं० सोहनलाल और मेरे बार-बार अनुरोध के बाद गुरुजी राजी हुए और सम्भवतः 1958 में भारतीय कला केन्द्र में आये। 1960 में उन्हें संगीत नाटक अकादमी का राष्ट्रपति पुरस्कार मिला और इस प्रकार पं० दुर्गाप्रसाद की भविष्यवाणी सत्य सिद्ध हुई।

भारतीय कला केन्द्र में और बाद में कथक केन्द्र में, जिसकी स्थापना शायद 1974 में हुई, गुरुजी ने वास्तव में बहुत अच्छे शिष्य तैयार किये। सबका नाम बताना तो मेरे लिए सम्भव नहीं किन्तु इनमें प्रमुख हैं—उमा शर्मा, उर्मिला नागर, रानी कर्णा, स्व० देवीलाल, दुर्गालाल, ओमप्रकाश इत्यादि।

मैंने अनुभव किया कि दिल्ली में गुरु का वह रूप नहीं था, जो पहले था। वे

सदा उदास रहते किन्तु प्रशिक्षण में उनका उत्साह पूर्ववत था। वे कड़े शिक्षक थे और कभी-कभी शिष्य को कड़ी 'शिक्षा' देते थे। ऐसे कुछ ही पुरुष शिष्य हैं, जिन्हें उन्होंने न पीटा हो। मैं गर्व के साथ कह सकता हूँ कि मैं उनमें से एक हूँ और संभवतः श्री कुन्दनलाल एवं मेरठ के श्री हजारीलाल इस पिटाई से बच सके।

गुरुजी अपनी शारीरिक शक्ति पर गर्व करते थे और यह थोथा गर्व नहीं था। एक बार हम बम्बई में एक औद्योगिक प्रदर्शनी देखने गये। गुरुजी एक पकड़-परीक्षण मशीन के प्रति आकृष्ट हुए। उन्होंने फीस दी और मशीन को पूरी गति से चलने के लिए इंडिकेटर को बाध्य कर दिया। उन्होंने मशीन के प्रभारी से कहा—"मुझे अपने दोनों हाथों का प्रयोग करने दीजिये, मैं आपकी मशीन वाकई तोड़ दूँगा।" मेरा विश्वास है कि वे वैसा कर भी देते। एक ही मुष्टी प्रहार में नारियल तोड़ देना उनके लिए खेल था। एक बार हम उस्ताद मुहम्मद खाँ साहब के घर गये। वहाँ उपस्थित एक तबलिये ने लच्छू महाराज एवं लखनऊ घराने के लिए कुछ अपशब्द कहे। गुरुजी ने उसे चेतावनी दी और फटकारा किन्तु वह गुरुजी पर ही बिगड़ पड़ा। गुरुजी ने उसे वस्तुतः उठा लिया और अपनी लौह बाँहों में जकड़ लिया। उस व्यक्ति की आँखें और जीभ निकल आयीं। उस्ताद मुहम्मद खाँ और एक अन्य व्यक्ति चिल्लाये और उसे छोड़ने के लिए कहा तब गुरुजी ने उसे छोड़ा। बाद में उसने गुरुजी से माफी माँगी और उनसे तबला भी सीखा।

गुरुजी शौकीन तबीयत के थे। उन्हें अच्छा खाना पसन्द था। कभी-कभी वे स्वयं भी खाना पकाते थे। युवा अवस्था में वे 'चिल्लम' के आदी थे और दो-तीन प्रकार की चिल्लम तैयार करने की मुझे भी शिक्षा दी थी।

इसमें सन्देह नहीं कि गुरुजी श्रेष्ठ शिक्षक थे और किसी प्रकार के भेद-भाव के बिना, शिक्षा देते थे। योग्य एवं परिश्रमी छात्रों को बहुत कुछ मिलता था। जहाँ गुरुजी कड़े थे, वहाँ छात्रों के प्रति प्यार भी प्रदर्शित करते थे। वे किसी भी सुझाव को, चाहे वह छात्र का ही हो, क्रिया रूप देकर उसका परीक्षण करने को तैयार रहते थे। उनके कई शिष्यों ने नृत्य में ख्याति प्राप्त की है।

गुरु महाराज बिन्दादीन के प्रति उनकी अटूट श्रद्धा थी वे उनकी फोटो की दिन में दो बार पूजा करते थे और उन्हें नैवेद्य चढ़ाते थे। उन्होंने जो भी सर्जन किया उसका श्रेय वे महाराज बिन्दादीन को देते थे। एक बार बम्बई में उस गद्दी को आग लग गई जिस पर बिन्दादीन महाराज का चित्र रखा था। फोटो का फ्रेम जल गया किन्तु फोटो सुरक्षित रही। गुरुजी ने सोचा कि उनके गुरु महाराज उन पर नाराज हैं अतः उन्होंने अपने घर का सामान दान में दे दिया। जब मैं स्कूल पहुँचा तो देखा कि धोती-बनियान पहने गुरु महाराज की फोटो के आगे बैठ रो रहे थे। ऐसी थी उनकी गुरु भक्ति।

कथक नृत्य के क्षेत्र में गुरुजी का अवदान अतुल्य है किन्तु उसे अपेक्षित मान्यता

नहीं मिली। मैंने उनकी उपलब्धियों का वर्णन किया है।

1970 में गुरुजी फेफड़े के कैंसर से पीड़ित हुए और सब प्रकार की चिकित्सा के बावजूद 30 मई 1970 को उनका देहावसान हो गया। इस प्रकार एक महान कलाकार, श्रेष्ठ गुरु, प्रिय व्यक्तित्व, एक निष्ठावान शिष्य के जीवन का अवसान हो गया। ऐसे महान गुरु उनके शिष्यों और रसिकों के लिए सदा स्मरणीय रहेंगे। ईश्वर उनकी आत्मा को शान्ति प्रदान करें।

रायगढ़ में कथक

प्रमोद वर्मा

कथक नृत्य जिसकी जन्मकथा भारतीय मनुष्य के धार्मिक मन से जुड़ी हुई है अन्य ललित कलाओं की तरह तेरहवीं से पन्द्रहवीं शताब्दी तक सांस्कृतिक संकट के असह्य दबावों के बीच अपनी पहचान खोने लगा था। इसलिए कथक के प्रति समर्पित कलाकार उसकी आत्मा को बचाये रखने की चिंता में राज्याश्रय तक गये और बहुत विपरीत स्थितियों में भी एक कलाकार की नैतिकता के अनुरूप उन्होंने इसे पालने, विकसित और समृद्ध करने की अशेष कोशिश की। आज का कथक इसलिए ही अपने इस कलात्मक और समावेशी चरित्र को विरासत में पा सका है।

कला की समझ के धनी जिन राजाओं ने अपने समय में इस नृत्य रूप को भी उर्वर होने योग्य संरक्षण दिया उनमें जयपुर और लखनऊ के राजाओं के अलावा रायगढ़ के राजा चक्रधरसिंह भी थे। नृत्य की दुनिया में आज कथक के जयपुर और लखनऊ घराने नये-नये प्रयोगों के साथ जीवित हैं लेकिन समय, स्थिति और साधन की प्रतिकूलता ने राजा चक्रधरसिंह के दरबार में कथक के जिस बेजोड़ रूप की खोज और पुनर्रचना हुई थी उस पर कुहासे की चादर डाल दी है। चक्रधरसिंह स्वयं कलाकार थे। प्राचीन आचार्यों की तरह उन्होंने भी संगीत को उसके चारोंअंगों गान, वाद्य, नृत्य, लास्य या भाव प्रदर्शन समेत स्वीकार किया और संगीत का सम्बन्ध आत्मकल्याण से जोड़ते हुए जैसे उसे परोक्ष रूप से जनरुचि को समृद्ध सांस्कृतिक समझ देने का माध्यम माना। कलाओं को हर वक्त उदरस्थ करने को तत्पर तरह-तरह के अमानवीय दबावों के खिलाफ सोचते रहने के कारण ही शायद राजा चक्रधरसिंह ने प्रयाग-संगीत समिति और एकेडेमी आफ म्यूजिक में 1936 में अध्यक्ष की हैसियत से बोलते हुए यह स्पष्ट किया था कि—कला को कला ही रहना चाहिए शास्त्रीय विज्ञान (Technique) नहीं।

कलाओं की अस्मिता के प्रति इस हद तक अनुरक्त और जागरूक राजा के आश्रय में नृत्य और संगीत को जीने और नये-नये रूपाकार में अभिव्यक्त होने के मुक्त अवसर मिले। दरबारों में प्रचलित हो जाने के बाद अपनी परम्परा से कटकर रूढ़ि में बदलते कथक नृत्य को उन्होंने फिर से खोजा, पुनर्परिभाषित किया और ऐसे कलाकारों से जिन्होंने घोर असुरक्षा के बीच भी कथक की आत्मा को नहीं बेचा था—सहयोग कर—रायगढ़ दरबार के कुछ कुशल नर्तकों को कथक के मूल

संस्कार दिये। कथक को आश्रय देने वाली वनिताओं को सौभाग्यवती कहा और कथक कलाकारों को उनके मूल धर्म के अनुरूप तत्त्व कथाकार।

चक्रधरसिंह को संगीत के संस्कार विरासत के तौर पर मिले थे। उनके पितामह घनश्याम सिंह, पिता भूपदेव सिंह और अग्रज नटवरसिंह भी संगीत प्रेमी थे। इनायत खाँ, मुनीर खाँ और मुहम्मद खाँ ने राजा भूपदेव सिंह के दरबार की शोभा बढ़ायी। अहमद जान थिरकवा बहुत दिनों तक रायगढ़ दरबार में रहे। मुनीर खाँ साहब का तो इंतकाल ही रायगढ़ में हुआ। ठाकुर लक्ष्मणसिंह की तो एक तरह से चक्रधरसिंह के ट्यूटर गार्जियन की हैसियत थी। उन्हें तबले की प्रारम्भिक शिक्षा इन्हीं ठाकुर लक्ष्मणसिंह से मिली थी जो वयोवृद्ध मृदंग वादक ठाकुर जगदीश सिंह के भी गुरु थे। अपने अग्रज के असमय देहपात के बाद जब चक्रधरसिंह शासक हुए तो रायगढ़ रियासत में जैसे संगीत, नृत्य और काव्य का संगम हो गया। राजा का जन्म गणेश चतुर्थी को हुआ था। यह धार्मिक और सांस्कृतिक उत्सव राजोत्सव में बदल गया। इस उत्सव में देश के सभी ख्याति प्राप्त कलाकार भाग लेते। चुन्नीलाल, मोहनलाल, सीताराम और झण्डे खाँ जैसे कला-निपुण कथक तो चक्रधरसिंह से पहले भी आ चुके थे। उनके रहते जयलाल, अच्छन, शिवनारायण, शिवलाल, सुखदेव प्रसाद, चिरंजीलाल, हनुमान प्रसाद, सोहनलाल और लच्छू महाराज वगैरह आये। जयपुर घराने के प्रसिद्ध आचार्य जयलाल तो बरसों रायगढ़ दरबार के मुलाजिम रहे। राजा ने मुकुतराम, मोहरसाय और कार्तिक को उनके सुपुर्द कर दिया। फिर अच्छन महाराज को बुलवाया। जयपुर और लखनऊ घराने की कथक शैलियाँ उन दिनों रायगढ़ दरबार में बड़े सार्थक ढंग से टकरायीं। राजा ने दोनों घरानों के आचार्यों से अपनी-अपनी शैलियों में शिष्यों को दीक्षित करते रहने का अनुरोध किया। दोनों घरानों की खासियत को धारण करने के अलावा राजा चक्रधरसिंह के निजी कलात्मक हस्तक्षेप के प्रभावों से भी रायगढ़ का कथक नृत्य अगर उन दिनों जयपुर और लखनऊ घरानों की सीमाओं से मुक्त होकर एक निराला भाव लोक रच सका हो तो इसमें आश्चर्य नहीं।

रायगढ़ दरबार के नर्तकों, कार्तिक, कल्याण और फिरतू ने पं० शिवनारायण, पं० मोहनलाल और पं० जयलाल से शिक्षा प्राप्त की। पं० जयलाल के राजा से अलग हो जाने पर लखनऊ घराने के अच्छन महाराज ने इन्हें शिक्षा दी। बाद में पं० जयलाल की वापसी से इन तीनों शिष्यों ने दोनों घरानों को आत्मसात करना सीखा। यहाँ एक और बात ध्यान देने योग्य है। छत्तीसगढ़ मूलतः आदिम जन-जातियों की भूमि है। यहाँ की रियासतों के शासक भी राजगोंड़ कहलाते थे। नृत्य और संगीत आदिम जनजातियों के धार्मिक अनुष्ठान के अंग हैं। जन्म से लेकर मरण तक फैले उनके कार्यकलापों में इनकी छाया देखी जा सकती है। रायगढ़ रियासत के शासकों ने शास्त्रीय नृत्य में पारंगत कलाकारों के अलावा लोक-नर्तकों

को आगे लाने की भी नीति अपनायी थी। ऐसे उत्सवों में से जन्मजात प्रतिभा सम्पन्न कलाकारों को चुनकर राजा उनके विकास की समुचित व्यवस्था करते। एक फिरतू को छोड़कर कथक नर्तक के रूप में ख्याति अर्जित करने वाले रायगढ़ दरबार के प्राय: सभी कलाकार लोकनृत्य से कथक तक गये थे जिनमें कार्तिकराम, कल्याणदास और बैंमन भी शामिल हैं। संस्कार रूप में प्राप्त लोक नृत्य की सहज गतिशीलता, आवेग और जीवंतता अगर रायगढ़ घराने के कथकों में स्वयमेव प्रतिभाषित हो उठी हो तो मुझे आश्चर्य नहीं होगा क्योंकि लोक और आभिजात्य तत्त्वों का मेल शायद ही कहीं और हुआ हो। पं० गौरीशंकर ने भी अपने आलेख में स्वीकार किया है कि हमारे देश में आज भी कथक जिस रूप में नाचा जाता है उस पर रायगढ़ में प्रवर्तित विद्या की गहरी छाप है।

यदि हम कथक के इतिहास पर गौर करें तो पायेंगे कि चौदहवीं शताब्दी तक इसका धार्मिक रूप प्राय: नष्ट हो गया था। हालाँकि ठाकुर प्रसाद, बिन्दादीन और कालिका प्रसाद जैसे श्रेष्ठ आचार्यों ने उसे बहुत हद तक फिर से उसकी खोयी प्रतिष्ठा दिला दी फिर भी उसका शास्त्रीय आधार विकसित नहीं हो सका। कथक का शास्त्रीय रूप विकसित करने के लिहाज से भी मेरे ख्याल से रायगढ़ का योगदान खासा महत्त्वपूर्ण था। राजा चक्रधरसिंह के जमाने में जयपुर और लखनऊ घराने की कथक शैलियाँ अपने निरंतर आदान-प्रदान के बावजूद एक दूसरे से भिन्न हो गयी थीं और दोनों ही घरानों के मर्मज्ञ आचार्य उनके दरबार के रत्न थे। राजा ने इन दोनों को ही अपनी-अपनी शैलियों को विकसित करने की पूरी छूट दे रखी थी इसलिए नृत्य में दीक्षित हो रहे उनके उदीयमान कलाकार दोनों शैलियों को जानने लगे। राजा ने अनेक गुणी आचार्यों और संस्कृत-हिन्दी के पंडितों-कवियों के सहयोग से 'नर्तनसर्वस्वम्' ग्रंथ की रचना की जो अभी भी उनके मंझले पुत्र सुरेन्द्र कुमार सिंह के पास सुरक्षित है। इस ग्रंथ का आधार था पंडित विशाख दत्त कृत 'नर्तन रहस्य' जो दुर्भाग्य से अब अप्राप्त है। कथक को शास्त्र सम्मत रूप देकर चक्रधर सिंह ने निश्चय ही एक बड़े अभाव की पूर्ति की। देश के जाने-माने कथक नर्तकों के बड़ी-बड़ी रियासतों के बनिस्बत रायगढ़ जैसी छोटी रियासत को पसंद करने का कुछ तो कारण रहा होगा और वह कारण उसके सिवा क्या हो सकता है कि यहाँ का राजा गुण ग्राहक ही नहीं स्वयं भी गुणी था और कथक के बिखरे-बिखरे वर्तमान को उसके वैदिक अतीत से जोड़कर मनुष्य के बाहर-भीतर की भाषा को नृत्य में अनुदित करने-कराने को विकल।

रायगढ़ के कथक को असाधारण होने का गौरव जैसा कि कहा जा चुका है मूलत: राजा चक्रधरसिंह के निजी कलात्मक हस्तक्षेप के कारण मिला। राजा स्वयं नये-नये बोल और चक्करदार परन रचते थे। आचार्यों के निर्देशन में उनके शिष्य इनका प्रदर्शन करते थे। अपने उसी अध्यक्षीय अभिभाषण में आगे उन्होंने

कहा भी है कि—नृत्य साहित्य में भी वृद्धि की बड़ी गुंजाइश है। नवीनता लाने के लिये नये-नये तोड़े खूब बन सकते हैं। हाल ही में हमने जो सप्तस्वरों की गतियाँ अनेक मुद्राओं की गतियाँ, शिवतांडित स्त्रोत्र तथा अमृत ध्वनि मृकुहरकिरीट आदि छंदों के साथ पखावज के परन और ताण्डव के बोल आदि जो-जो चीजें तैयार कीं उन्हें हमारे दरबार के नृत्यकार ने बखूबी अदा कर दिखाया है। अन्य स्थानों में यदि इसी प्रकार नूतन साहित्य का निर्माण होता गया और नृत्य कुशल लोग उनके अनुसार नवीनताएँ दिखाते गये तो वह कला भी अपनी संकुचित सीमा को तोड़कर विशाल बनती जायेगी।

नये-नये बोल और परन रचते राजा कथक के कलाकारों से यह उम्मीद रखते थे कि वे उसके पारम्परिक स्वरूप को आत्मसात करते हुए उसे नये जीवन संदर्भों से जोड़े। नये बोल और परन नयी भाव मुद्राओं में ही अभिव्यक्त हो सकते हैं। रायगढ़ दरबार में प्रचलित बोल ध्वन्यात्मक और चित्रात्मक हैं। ये सिर्फ तत्कार के बोल नहीं हैं। ये बोल जितनी स्पष्टता और निखार के साथ तबले और मृदंग पर बज सकते हैं उतने ही घुँघरुओं से भी। राजा ने तबला बजाने की कला को हासिल किया था। कार्तिकराम जैसे बेजोड़ कथक की संगत वे सहज ही कर लेते थे। उनका प्रसिद्ध अप्रकाशित ग्रथ तालतोयनिधि दो से तीन सौ अस्सी मात्राओं के तालों का चक्र सहित वर्णन करता है। यहाँ के बोल इतने ध्वन्यात्मक हैं कि पढ़ंत के साथ ही अर्थ खुलने लगते हैं और भावानुप्रवेश के बाद रस-निष्पत्ति होने लगती है। कथक के इस रूप में अभिनयपक्ष प्रधान है। भावहीन होकर नृत्य कहीं एक मशीनी हरकत की तरह न रह जाये राजा इस बात को लेकर बेहद सचेत थे। उन्होंने कहा भी था कि नृत्य का अर्थ यदि अंग विक्षेप ही है तो यह निश्चिय ही अपना महत्त्व खो बैठेगा। नृत्य के अंग संचालन में यदि हृदयगत बातों का अभिनय नहीं हो रहा हो तो वह एक मशीन का ही कार्य समझा जायेगा।

रायगढ़ का कथक मूलतः भावाश्रित और नाट्याभिमुख है। लखनऊ की तुलना में जयपुर घराने के नर्तक बिलम्बित लय के काम ज्यादा दिखाते थे। राजा चक्रधरसिंह अपने दरबार के कविभूषण से नये-नये नृत्य बोलों की रचना करवाते और उनका स्वयं अंग-भाव से प्रदर्शन करते हुए जयलाल जी और अच्छन महाराज को भी अपने-अपने घरानों के अनुरूप नये अंग भाव आविष्कृत करने के लिए जैसे चुनौती देते। रायगढ़ दरबार के नर्तक राजा द्वारा तैयार कराये इन बोलों को विलम्बित लय में अनेक थाट बनाकर प्रस्तुत करते। अतिविलम्बित लय का काम रायगढ़ कथक शैली की एक विशेषता बन गया। चक्करदार परन भी शायद इसी ने दिये। धर्म, देश और काल के अनुरूप बने बोलों के अलावा शास्त्र-सम्मत होना इसकी खासियत है। इसका आधार वही नर्तन सर्वस्वम् ग्रंथ है जिसे राजा ने बड़ी निष्ठा से लिखा था। कथक के शास्त्र सम्मत और मूल रूप की खोज करने जाकर

भी राजा चक्रधरसिंह ने प्रयोगधर्मिता और निर्वाह की नयी पद्धतियों की खोज को महत्त्व दिया। जयपुर और लखनऊ घरानों की खुली टकराहट ने इस सदी के तीसरे-चौथे दशक में कथक को निस्संदेह एक नया आयाम दिया होगा शायद इसलिए रायगढ़ उन दिनों कथक नृत्य का अखिल भारतीय केन्द्र बन गया था और सुखदेव महाराज ने भी अपने बेटे चौबे को तामील हासिल करने के लिए रायगढ़ रख छोड़ा था।

यदि इमारतें भी बोल सकतीं तो रायगढ़ के बादल महल और टाउन हॉल नृत्य संगीत का इतिहास रच सकते हैं। नयी पीढ़ी के भला कितनों को यह मालूम होगा कि एक समय ऐसा भी था जब कार्तिक फिरतू, और कार्तिक कल्याण की जोड़ी पूरे भारत में धूम मचा रही थी, तब बिरजू महाराज, सितारा देवी, कृष्णकुमार, गोपीकृष्ण, रामगोपाल जैसे आज के जाने-माने कथकों की नृत्य शिक्षा जारी थी। चक्रधरसिंह की असमय मृत्यु के साथ ही रायगढ़ के कथक का यह जीवित अध्याय खामोश हो गया और कार्तिक, फिरतू और कल्याण जीते जी शोध के विषय में बदले गये। ये देहात के भोले-भाले लोग थे। नैसर्गिक प्रतिभा के सिवाय इनके पास और कुछ भी नहीं था जो इस बीच नव आभिजात्यों द्वारा विकसित और पोषित सांस्कृतिक केन्द्रों में अपनी धाक जमा पाते। न संगठन, न राजनीति और न बुद्धिजीवियों जैसा चालाक मुहावरा ही। इसके बावजूद मैं समझता हूँ कि यदि इन्हें वह स्वीकृति नहीं मिल सकी जिसके वे सचमुच अधिकारी थे तो इसके लिए वे खुद भी बहुत हद तक जिम्मेदार हैं। ये यह शिकायत नहीं कर सकते कि इन्हें अच्छा स्टार्ट नहीं मिल सका। इनके जैसा स्टार्ट तो बिरलों को मिला होगा। कलाकार अपने कलारूप को बड़ा करते हुए ही बड़ा बन सकता है। रायगढ़ दरबार के ये कथक यह भूल गये कि कला में महारत तो मरते दम तक हासिल नहीं होती और जब तक फेफड़ों में दम और देह में हरकत है मृदंग की थाप पर घुँघरुओं का बोलना जारी रहना चाहिए। गुरु के प्रति प्रश्नहीन निष्ठा और संरक्षक के प्रति कृतज्ञता ही काफी नहीं, फिर यह भी कोई निष्ठा या कृतज्ञता है जो सवाये को ब्याज समेत ड्योढ़ा करके वापस नहीं करती? लेकिन पूरी तरह निराश नहीं हूँ। जमीन में दबी ये धुकधुकियाँ अभी एकदम बंद नहीं हुई हैं। कार्तिक, फिरतू और कल्याण के पास अभी भी बहुत कुछ है जिसे मैं उम्मीद करता हूँ वे देकर ही जावेंगे, अपने साथ लेकर नहीं। यह उम्मीद इस आधार पर बनती है कि अनेक सुविधाओं और कठिनाइयों के बावजूद अपनी ढलती उम्र में भी फिरतू रायगढ़ के अलावा राउरकेला में भी नृत्य विद्यालय चलाकर शिक्षण की परम्परा को जारी रखे हुए हैं। उधर कल्याणदास खैरागढ़ विश्वविद्यालय से सम्बद्ध होकर छात्र तैयार कर निकाल रहे हैं। कार्तिकराम के पुत्र रामलाल की कला ने तो राजा चक्रधर के दरबार में ही पहली बार आँख खोली थी। हमें विश्वास है कि कम से

कम वे तो अपने पिता से सारी विद्या सीखकर नयी पीढ़ी को सौंप जायेंगे। यहाँ पर यह उल्लेख कर देना भी अप्रासंगिक नहीं होगा कि आज की इस फिल्मी संस्कृति के दौर में भी रायगढ़ के खाते-पीते घरों की बच्चियाँ कम से कम दो-चार साल तो कथक जरूर सीखती हैं। विषम परिस्थितियों में भी इन लगभग गुमशुदा कलाकारों ने अपनी नृत्य परम्परा को अपने गाँव घर में तो लुप्त नहीं होने दिया है, इसका श्रेय उन्हें अवश्य देना चाहिए।

आज

कथक । आज

रश्मि वाजपेयी

पिछले वर्षों के दौरान उभरी कथक की तस्वीर के बारे में सोचें तो एक बात बहुत साफ है कि कथक के विषय में सोचने-समझने, उसे देखने और अभिव्यक्त करने की प्रक्रिया में एक निश्चित बदलाव आया है। आज से कुछ वर्ष पूर्व जिस तरह से कथक नाचा-समझा जाता था उससे हटकर उसके प्रस्तुतिकरण के ढंग में भी बदलाव आया है। जाहिर है, हर बदलाव, जरूरी नहीं बेहतर ही हो—जैसे यही कि नृत्य को पूरी तरह से समझने वालों और इस समझ के अनुरूप दाद दे सकने वालों में कमी हुई है। नृत्य के प्रति उतनी निष्ठा और सम्पूर्ण साधना की दिशा में निश्चित ही गिरावट आयी है—पर नृत्य के प्रति एक नयी सौंदर्य-दृष्टि भी इधर विकसित हुई है—जिसने कथक को उसके स्वाधीनतापूर्ण गिरे सामाजिक कलात्मक स्तर से उबारने और प्रतिष्ठित करने में अहम् भूमिका निभायी है। नृत्य सुनने नहीं देखने की चीज है और वह कर्णप्रिय ही नहीं नेत्रप्रिय भी होना चाहिए, वह केवल व्याकरण ही नहीं, भाषा है—शरीर की भाषा, अंगों, मुद्राओं की भाषा जिसे हम अंतरिक्ष में रचते हैं, व्याकरण उसका एक अंग, एक साधन है उस भाषा पर अधिकार करने का, इस तरह की कुछ बुनियादी बातों की ओर हमारा ध्यान गया है और उस दिशा में काम करने की गति में तेजी आयी है।

कथक आज जिस रूप में उपलब्ध है उसका इतिहास पिछले ढाई-तीन सौ वर्षों से अधिक का नहीं लगता। कथावाचक वाली परम्परा से उसमें इतने अधिक बदलाव आये हैं कि सीधे भरत-नाट्यशास्त्र की परम्परा से जोड़कर देखना मुश्किल लगता है। यों जरा भी गहराई में जायें तो पायेंगे कि उसमें नाट्यशास्त्र के अनेक तत्त्व मौजूद हैं। अयोध्या के मंदिरों में कथावाचक कथकों की जो परम्परा चली आ रही है उसमें नृत्य अपेक्षाकृत कम और कथावाचन अधिक है। और इस दृष्टि से उसमें लोक तत्त्व की प्रधानता है। यों एक मायने में कथक नृत्य में भी लोकनृत्य के तत्त्व कम नहीं और कथावाचन का नृत्यानुवाद गतभावों में देखा जा सकता है। लगता है कथावाचन की इसी शैली से नृत्य तत्त्व लेकर बाद में इसमें वे तत्त्व विकसित हुए जो आज इस नृत्य शैली की प्रमुख विशेषता के रूप में उभरता है। यह सोचने की बात है कि वह क्या चीज है जो इस नृत्य को शास्त्रीय नृत्य की श्रेणी में रखती है। अन्य नृत्यों की रूढ़ मुद्रा भाषा का कथक नृत्य में प्रायः अभाव माना

जाता है। जिन मुद्राओं का प्रयोग आमतौर पर कथक में किया जाता है वे स्वाभाविक मुद्रा के रूप में अधिक प्रयुक्त होती हैं परम्परा से रूढ़ अर्थ में कम। भावों की अभिव्यक्ति के दौरान उस विशेष वातावरण और भाव की निर्मिति में भी सम्पूर्ण शरीर सहायक होता है और बहुत सी बातों को व्यक्त करने के लिए, भावों को सम्प्रेषित करने के लिए कुछ मुद्राओं का सहारा लेने के बजाय सम्पूर्ण अंगों से वातावरण रचा जाता है जिसके परिप्रेक्ष्य में वह विशेष चरित्र या भाव उभरकर आता है।

नाट्यशास्त्र की परम्परा से क्षीण लगते इस सम्बन्ध के कारण जहाँ कथक की अनेक सीमाएँ हैं विशेषकर अभिनय के एक स्तर पर—वहीं उसका लाभ भी कथक को मिलता है। कथावस्तु के विस्तार की जितनी सम्भावना कथक में है उतनी सम्भव है और किसी नृत्य में नहीं। यह दूसरी बात है कि प्रायः कथक नर्तक इस सम्भावना की ओर ध्यान नहीं देते। अधिक शास्त्र सम्मत व्याकरण में न जकड़े होने के कारण कथावस्तु ही नहीं गतियों और अंग संचालन (मूवमेंट्स) के प्रयोग में भी यहाँ कहीं अधिक टूट और गुंजाइश है। कथक के इस लचीलेपन का बहुत सफल उपयोग उसके नृत्य नाट्यों में देखा जा सकता है जिनमें गतियों और खासतौर पर विषय के स्तर पर अनेक कथावस्तुओं का सफल उपयोग है। कथा पौराणिक हो या आधुनिक दोनों को समान अधिकार और प्रभावपूर्ण ढंग से प्रस्तुत किया जा सका है। और इस दिशा में निरन्तर प्रयोग हो रहे हैं। मध्ययुग पौराणिक संदर्भों से जुड़ा था और हमारी नृत्य शैलियाँ प्रायः उन्हीं संदर्भों को, विशेषकर कृष्ण-राधा और कभी-कभार राम-सीता, शिव-पार्वती से जुड़ी कथाओं को, आधार बनाते रहे हैं। धीरे-धीरे नये विषयों को भी इस नृत्य की भावभूमि का आधार बनना चाहिए। यों इस दिशा में भी कई तरह के प्रयोग हुए हैं जैसे ऋतुओं या रागों आदि पर आधारित नृत्य अथवा कुछ शाश्वत अवधारणाओं जैसे नाद, ताल को लेकर रचनाएँ कथक के नृत्य पक्ष को भी अधिक सौन्दर्यपरक और कल्पनाशील ढंग से प्रस्तुत किया जा सकता है। गाना सुनते हुए अक्सर महसूस होता है कि कथक का ध्रुपद गायकी से ही नहीं खयाल गायकी से भी घनिष्ठ सम्बन्ध रहा है। कथक की इस सम्भावना की भी खोज की जा सकती है। दरअसल ऐसे अधिकांश प्रयोग समूह नृत्यों के लिए ही होते हैं। उन्हें एकल नृत्य की परिधि से प्रायः बाहर रखा जाता है।

सामान्य तौर पर कथक शृंगार प्रधान नृत्य बनकर रह गया है। रीतिकालीन दरबारी मानसिकता का गहरा प्रभाव इस नृत्य पर देखा जा सकता है। अधिकांश भाव लौकिक शृंगार के इर्दगिर्द घूमते रहते हैं। राधा-कृष्ण के नाम पर सामान्य नायक-नायिकाओं की चेष्टाएँ, विभिन्न अवस्थाएँ ही प्रायः प्रदर्शित की जाती रही हैं। कई बार लगता है मानो कथक में शृंगार के अलावा कोई रस है ही नहीं। भाव

के स्तर पर अन्य रसों और अवस्थाओं और उनके भाव-विभाव संचारी भावों की ओर ध्यान और उनकी जानकारी नर्तक के लिए उपयोगी तो होगी ही आवश्यक भी होनी चाहिए। कथक में अनेक हस्तमुद्राओं का प्रयोग तो है किन्तु उसकी जानकारी नर्तक को नहीं होती। इसलिए मुद्रा भाषा का ज्ञान भी कथक नर्तक को होना चाहिए। इस भाषा का उपयोग भले ही हम ठीक उसी ढंग से न करें किन्तु अन्ततः इस तरह की जानकारी नर्तक की समझ को गहरा और उसके दायरे को विस्तृत ही करेगा। एक संकुचित शास्त्र में न बँधे होने के कारण ऐसी जानकारी भावों को व्यक्त करने में अधिक विस्तार, व्यापकता और छूट दे सकता है। निश्चय ही यह सब कथक की अपनी पारम्परिक शैली और व्याकरण सम्मत होने पर ही सम्भव होगा।

इधर परम्परानुगत कथक नर्तकों के अलावा पढ़े-लिखे लोगों की रुचि भी पैदा हुई और ऐसे नर्तक-नर्तकियों की संख्या बढ़ी है जो कथक को एक सीमित घेरे में ही नहीं देखते बल्कि उसे आसपास की और दूसरी चीजों से भी जोड़कर देख पाते हैं—सोच पाते हैं और अधिक तर्कसम्मत समाधान ढूँढ़ने की कोशिश करते हैं। इनमें प्रायः घरानेदारी की कुछ बेहद संकुचित विचारधारा से ही न बँधकर अधिक उदार और व्यापक दृष्टिकोण तो दिखाई पड़ता ही है ये लोग कथक प्रदर्शन को अधिक प्रभावशाली, कल्पनापूर्ण और कलात्मक बनाने की दिशा में भी प्रयत्नशील लगते हैं। घराने से अलग इस दिशा में आज काम करने वालों में कुमुदिनी लाखिया, रानी करना, उमा शर्मा, रोहिणी भाटे आदि का नाम विशेष उल्लेखनीय है। कुमुदिनी लाखिया ने जहाँ आधुनिक नारी के अकेलेपन और समस्याओं को लेकर एकदम नये कथ्य को दुविधा जैसी रचना में दर्शाया वहीं रानी करना ने विभिन्न अन्तर्विरोधी भावों को ताल और साहित्य के माध्यम से बड़ी खूबसूरती से एक-दूसरे के बरक्स रखकर उसे प्रभावपूर्ण बनाया है। उमा शर्मा ने रास से कुछ चीजें लेकर कथक में लोक नाट्य परम्परा को विस्तार दिया तो रोहिणी भाटे ने कथक के तकनीकी पक्ष और लयकारी में दिलचस्प प्रयोग किये। इससे कुछ हट कर इनका ऋग्वेद से उषस् की ऋचाओं का नृत्य प्रयोग विशेष रूप से उल्लेखनीय है। पीढ़ीगत और व्यावसायिक नर्तक न होने के कारण उस तरह के बंधनों में जकड़े होना इनके लिए जरूरी भी नहीं है और पढ़े-लिखे होने के कारण अधिक स्वस्थ और अन्वेषणपूर्ण व्यक्तित्व उभरकर सामने आता है।

इन लोगों के साथ ही नृत्य गुरु श्री बिरजू महाराज का उल्लेख करना अप्रासांगिक न होगा। आज कथक गुरुओं में नृत्य के प्रति सबसे व्यापक दृष्टिकोण और कथक प्रदर्शन को सौन्दर्य, गरिमा तथा लालित्यपूर्ण रूप देने का बहुत बड़ा श्रेय इनको है। इस नृत्य को घटिया मनोरंजन से ऊपर उठाकर न केवल उसे शालीन और गरिमामय बनाने में बिरजू महाराज ने अहम् भूमिका निभायी है।

अपने नृत्य व्यक्तित्व के कारण वे सम्पूर्ण कथक नृत्य जगत पर छा गये हैं। इसके अतिरिक्त मैडम मेनका ने शास्त्रीय नृत्य विशेषकर कथक को नृत्य नाटिका का आधार बनाकर जिस सम्भावना को उजागर किया था उसे आगे बढ़ाने और प्रतिष्ठित करने की दिशा में बिरजू महाराज ने महत्त्वपूर्ण कार्य किया। ऐसा करने के लिए अनुकूल परिस्थितियाँ जुटाने में श्रीमती निर्मला जोशी जैसे व्यक्तित्व विशेष रूप से सहायक हुए जिनकी मदद और सलाह के बिना ऐसी शुरुआत असम्भव थी। इस तरह आज भी कथक में एक ओर सितारादेवी, रोशन कुमारी जैसी नृत्यांगनाएँ हैं जो वर्षों से उसी तैयारी और आत्मविश्वास से नृत्य करती जा रही हैं। इनके पास नृत्य शिक्षा, तैयारी और लगन की कमी नहीं पर उस सौन्दर्य-दृष्टि का अभाव है जो नृत्य को चमत्कारपूर्ण प्रदर्शन से अलग करता है। ऐसे कथक प्रदर्शन की लोकप्रियता को प्रामाणिक मानते हुए इसी शैली में नृत्य करने वाला युवा वर्ग भी है किन्तु उसमें अन्ततः न ऐसी साधनाजनित परिपक्वता है और ना ही सौन्दर्य चेतना। इनसे अलग एक वर्ग ऐसे नर्तकों का है जिनमें भले ही साधना और शिक्षा सम्पूर्ण न हो—यों कला में कोई शिक्षा सम्पूर्ण कहाँ कही जा सकती है—पर एक कलात्मक चेतना है जो नृत्य को सम्पूर्ण और कलात्मक रचना के रूप में सामने लाता है।

बेहतर संगीत और साहित्य का नृत्य में इस्तेमाल आज कथक की उपलब्धि कही जा सकती है। नृत्य रचना के आधार के लिए सूर, तुलसी, मीरा, जयदेव, विद्यापति, पद्माकर आदि के काव्य का उपयोग भाव के स्तर को तो उठाता ही है, इस तरह नृत्य को भी विस्तार देने में मदद करता है। एक और दिलचस्प बात जिसकी ओर हल्का सा इशारा पहले भी किया जा चुका है वह यह है कि कथक के कलाकारों की अन्य कलाओं और कलाकारों में दिलचस्पी बढ़ी है, साथ ही परस्पर सम्वाद की स्थिति बनी है। इनको यह बात भी समझ में आयी है कि कथकों के सीमित संसार से निकलकर दूसरी कलाओं और सामाजिक, सांस्कृतिक, राजनैतिक वातावरण के प्रति जागरूक और सचेत होना भी उतना ही आवश्यक है जितना अपनी कला के प्रति ईमानदार होना। दूसरी कलाओं के परिप्रेक्ष्य में कथक को देखने से उसकी अच्छाइयों और कमजोरियों को देख पाना अधिक सम्भव है।

कथक की विभिन्न समस्याओं के प्रति चिन्ता और उनसे जूझने और उन्हें समझने के लिए स्वस्थ और खुला दृष्टिकोण इधर कथक से सम्बन्ध रखने वालों में हुआ है। और एक सम्वाद की स्थिति बनी है। कथक संस्थाओं द्वारा आयोजित विभिन्न सेमिनार और प्रसंगों में नर्तक की समस्याओं से लगाकर स्वयं कथक के पारिभाषिक शब्दों को लेकर व्याप्त भ्रम और अस्पष्टता पर बातचीत होती रही है। एक बहुत अच्छी शुरुआत हुई है घराने के आपसी वैमनस्य को दूर करने की। यह जरूरी है कि आज कथक नर्तक इस बात को समझें कि घराने की पद्धति का

कारण इन जगहों का एक-दूसरे से दूर होना था न कि आपसी वैमनस्य या बेहतर कहे जाने की होड़। परस्पर विचारों और नर्तकों का आदान-प्रदान कठिन होने के कारण नृत्य की सौन्दर्य चेतना में या किन्हीं नृत्य पक्षों की प्राथमिकता में अन्तर जरूर हुआ किन्तु मूल रूप में ये घराने कथक के ही हैं इसमें दो राय नहीं हो सकती। इस तरह विभिन्न घराने के नर्तकों के निकट आने और एक-दूसरे को समझने और उनसे सीखने-सिखाने का अवसर मिले और साथ मिलकर काम कर सकें, यह सचमुच अच्छी बात है। रायगढ़ में राजा चक्रधरसिंह ने भी इसी तरह की एक शुरुआत की थी जिसे दुर्भाग्यवश उनके बाद उचित प्रोत्साहन न मिल सका।

स्वतंत्रता के पश्चात् सांस्कृतिक चेतना, कला जाग्रति और पुनरुद्धार के दौरान कथक भी संभ्रान्त कला के रूप में उभरकर आया। उसने प्रादेशिक स्तर से उठकर राष्ट्रीय दरजा प्राप्त किया और देश की प्रमुख नृत्य शैली के रूप में प्रतिष्ठित हुआ। इस तरह धीरे-धीरे वह प्रभाव और लोकप्रियता की प्रादेशिक सीमाओं को पार कर सम्पूर्ण भारत का नृत्य बन गया है। इसकी लोकप्रियता का दिलचस्प नमूना है, अन्य नृत्य शैलियों पर इसका प्रभाव। आज भरतनाट्यम, कुचिपुड़ी और ओडिसी की कितनी ही प्रमुख नर्तकियाँ कथक के कई तत्त्वों को अपने नृत्य में समावेश करती देखी जा सकती हैं, जैसे—पलटों का प्रयोग विभिन्न चरित्रों को अलग करने के लिए, लयकारी के प्रति उनका विशेष मोह। ततकार और तेजी के प्रति उनका आकर्षण सम्भवतः स्वाभाविक ही है क्योंकि वह दर्शक को प्रभावित करने का सबसे आसान और अचूक अस्त्र है। यों अपने-अपने नृत्य के अनुरूप ढालकर इन तत्त्वों का अपनी नृत्य शैली में समावेश उनकी लोकप्रियता को कम नहीं करता।

यहाँ जब अन्य नृत्य-शैलियों की बात उठी ही है तो इसीके सन्दर्भ में हमें यह बात नहीं भूलनी चाहिए कि आज यह बहुत जरूरी है कि कथक समुदाय एकजुट होकर नृत्य क्षेत्र की चुनौतियों का सामना करे। पिछले दशकों में कई विस्मृत और अज्ञात नृत्य शैलियाँ उभरीं और विकसित हुई हैं जैसे—ओडिसी, कुचिपुड़ी, मोहिनी अट्टम, छाऊ नृत्य आदि जो नृत्य जगत पर जैसे छा-सी गई हैं। हमको उन कारणों की भी जाँच करना चाहिए जो कथक को इनके बरक्स कम लोकप्रिय बनाता है और एक ही श्रेणी के कथक नर्तक की तुलना में अन्य नर्तक को प्रायः बेहतर स्थापित करने की दिशा में कारगर होता है। सम्भवतः इसका एक सीधा कारण तो कथक का इस उत्तरी भारत क्षेत्र में बहुत साफ और आसानी से समझ में आना भी है। प्रायः जिसे हम पूरी तरह नहीं समझ पाते उसको अतिरिक्त आदर देना, बेहतर मानना, हमारी मानसिकता का एक अंग बन गया है। पर आज केवल यही कारण ही नहीं है। सम्भवतः एक कारण प्रदर्शन का तरीका भी है। जहाँ अन्य नृत्य अपने प्रस्तुतिकरण में एक सम्पूर्ण और सुचिन्तित नृत्य का प्रभाव

छोड़ते हैं वहीं कथक प्राय: टुकड़ों में बँटा, बिखरा, बेतरतीब नृत्य के रूप में सामने आता है। पूरे प्रस्तुतिकरण में कोई भी हिस्सा कहीं भी हो सकता है—जैसी चेतना मन में रहती है। बहुत हुआ आरम्भ में बंदना और अन्त में कहीं ठुमरी या ऐसी कोई रचना—बाकी और जो करना है वह प्राय: ना तो नर्तक के मन में निश्चित होता है और न ही उसके संगतकारों को उसका पता। नृत्य की सफलता बहुत कुछ उसके नामीग्रामी तबलिए पर निर्भर होती है। यदि प्रसिद्ध तबले वाला है, और वह अपने तबले से प्रभावित कर लेता है तो नृत्य सफल मान लिया जाता है और ऐसा नर्तक एक सफल नर्तक, बिना यह समझे कि इस तरह नृत्य कहीं गौण हो जाता है।

कथक प्रदर्शन का यह सवाल एक गम्भीर और अहम् सवाल है जिसे आज की परिस्थिति में नकारा नहीं जा सकता है। क्योंकि अन्ततः आज नृत्य को अधिक सुरुचिपूर्ण, अर्थपूर्ण और सम्पूर्ण बनाने की ओर हमारा प्रयास होना चाहिए और उसे श्रव्य नहीं दृश्य बनाने की कोशिश इसी के साथ जुड़ी है। बहुत समय तक कथक के संगीत और वेशभूषा जैसे महत्त्वपूर्ण पक्षों को भी प्राय: कथक नर्तक अनदेखा करते रहे हैं। यों उनके प्रति जागरूकता इधर के नर्तकों में देखी जा सकती है। कथक के कथ्य के साथ-साथ उसके संगीत की भी अनन्त सम्भावनाओं की खोज और उनका उचित प्रयोग कथक प्रदर्शन को विस्तार देने के साथ ही उसे सुरुचिपूर्ण बनाता है। विभिन्न वाद्यों का रचनात्मक प्रयोग या कि संगीत के कुछ अपने प्रचलित रूपों को नृत्य का आधार बनाने का प्रयत्न कुछ नर्तकों ने किया है। ऐसे प्रयोग सराहे भी गये हैं। और इससे नृत्य की अपनी रचना सम्पदा में विस्तार और विविधता आयी है। मंच पर नर्तक का निरन्तर बीच-बीच में बोलना रसभंग भी करता है और एक सम्पूर्ण अन्विति में भी बाधक बनता है। लहरा, जो कि कथक संगीत का अविभाज्य अंग है कई बार उसका नृत्य से बड़ा निर्विकार सा सम्बन्ध लगता है। आचार्य बृहस्पति जी से इस विषय में बातचीत के सिलसिले में एक-दो पुराने लहरे सुनने को मिले थे जो वे अच्छन महाराज के साथ बजाते थे। इन लहरों में एक जीवन्तता थी, और निश्चित ही ऐसे लहरे नर्तक और संगतकार के बीच सामंजस्य और समझ के बिना सम्भव नहीं। किन्हीं भी संगतकारों के साथ कथक करने की यह परम्परा न जाने क्यों और कैसे चल पड़ी। पर बिना इस साझेदारी के नृत्य पूरी खूबसूरती से प्रस्तुत करना प्राय: असम्भव है। कथक की वेशभूषा पिछले वर्षों में अपेक्षाकृत अधिक सौन्दर्यपरक और सुरुचिपूर्ण बन सकी है। उत्तर मध्ययुगीन मिनिएचर चित्रों के प्रभाव से जहाँ उसमें नजाकत आयी है वहीं रंगों के चुनाव पर भी बहुत असर पड़ा है। कथक वेशभूषा की परिकल्पना दो मुख्य परिधानों के इर्द-गिर्द घूमती है। युवतियों के लिए उत्तर भारतीय लहँगा, चोली, दुपट्टा और चूड़ीदार पायजामा अथवा अंगरखा, दुपट्टा तथा चूड़ीदार। युवक धोती तथा

कमर में पटका, अथवा पेशवाज चूड़ीदार पजामा तथा पटके का प्रयोग करते हैं। इसके कई प्रकार प्रचलित हैं।

नृत्य अन्ततः कलाबाजी नहीं कला है—और प्रस्तुतिकरण में उसका पूरा सौन्दर्य निखर कर आना चाहिए। कथक के स्वरूप, सौन्दर्य चेतना, विकास इतिहास, उसके शास्त्र आदि को लेकर जो तरह-तरह की शंकाएँ, सवाल और उन्हें समझने, उनसे जूझने और उनका समाधान और विकल्प खोजने के निरन्तर प्रयास हो रहे हैं, इस तरह की यह पहल अपने आप में महत्त्वपूर्ण है, और बहुत कुछ कथक को नयी दिशा दे सकने में समर्थ होगी ऐसी उम्मीद की जा सकती है।

परिशिष्ट

लेखक-परिचय

आचार्य वृहस्पति

रामपुर दरबार के अन्तिम संगीत शास्त्री आचार्य वृहस्पति का जन्म सन् 1918 में हुआ। उन्होंने काव्य कला और संगीत की गहन शिक्षा प्राप्त की। वे आकाशवाणी में संगीत संस्कृत और ब्रजभाषा के सर्वोच्च परामर्शदाता के रूप में वर्षों तक कार्यरत रहे हैं। 1979 में उनका देहावसान हुआ। उनके ग्रन्थों में मुसलमान और भारतीय संगीत, खुसरो, तानसेन तथा अन्य कलाकार और संगीत चिन्तामणि प्रमुख हैं। उन्होंने 'संगीत समय सार' का सम्पादन भी किया। भरत के 'नाट्यशास्त्र' के 28वें अध्याय पर संस्कृत और हिन्दी में टीका की। उनका बहुशंसित ग्रन्थ "भरत का संगीत सिद्धान्त" है। विशेषत: संगीत में रागों के स्वरूप को वैज्ञानिकता की कसौटी पर परखकर संगीत जगत के सामने रखने का महत्त्वपूर्ण कार्य आचार्य वृहस्पति ने किया। वे हिन्दी और संस्कृत में कविताएँ भी लिखते थे।

रामनारायण अग्रवाल

जन्म विक्रम संवत् 1980 में मथुरा के एक मध्यवर्गीय वैश्य परिवार में। मथुरा में ही प्राप्त शिक्षा-दीक्षा के बाद सम्पूर्ण रूप से ब्रजभूमि रंगमंच और ब्रज-संस्कृति—विशेष रूप से "रासलीला" और "रामलीला" के लिए सर्मपित।

"मथुरा हिन्दी-साहित्य परिषद्" तथा "ब्रज साहित्य मण्डल" के साथ सक्रिय रूप से सम्बद्ध रहे। दिल्ली स्थित "ब्रज कला केन्द्र" के संस्थापक। "नया संसार", "बालबन्धु" तथा "ब्रजभारती" पत्र-पत्रिकाओं का सम्पादन भी किया।

ब्रज का रास रंगमंच, ब्रजभूमि की कहानियाँ, सूरदास (नाटक), कूबरी (ब्रजभाषा-प्रबन्ध काव्य), संगीत : एक लोकनाट्य परम्परा (शोध-समीक्षा), राजा महेन्द्रप्रताप अभिनन्दन ग्रन्थ (सम्पादन), ब्रज और ब्रजयात्रा (सम्पादन), रासलीला : एक परिचय (सम्पादन) आदि महत्त्वपूर्ण रचनाएँ हैं।

मोहनराव कल्याणपुरकर

ये कथक के मर्मज्ञ विद्वानों में विख्यात हैं। मूलत: विज्ञान के छात्र रहे, बाद में अपना पूरा जीवन कथक के लिए समर्पित कर दिया। इन्होंने कथक की शिक्षा प्रतिष्ठित

गुरु पंडित सुन्दर प्रसाद, पंडित अच्छन महाराज और पंडित शम्भू महाराज से प्राप्त की। 1937 में लखनऊ में कथक स्कूल का शुभारम्भ किया। महाराज बिन्दादीन स्कूल ऑफ कथक में भी दो वर्ष तक रहे। आप मॉरिस कॉलेज ऑफ हिन्दुस्तानी म्यूजिक, लखनऊ में नृत्य विभाग के अध्यक्ष पद का कार्यभार भी निरन्तर सँभालते रहे। श्री कल्याणपुरकर एक श्रेष्ठ शिक्षक और नृत्यकर्मी थे। उन्होंने अनेक कविताओं कोरस के साथ ही "शकुन्तला", "मालती-माधव", "मेघदूत", "विक्रमोर्वशीयम्", "वार एण्ड पीस" आदि बैले निर्देशित किये हैं। आप अनेक राष्ट्रीय कथक संस्थाओं के साथ-साथ परामर्शदाता रहे हैं। उस्ताद अलाउद्दीन खाँ संगीत अकादेमी द्वारा स्थापित "चक्रधर नृत्य केन्द्र" की परामर्श समिति के सम्माननीय सदस्य रहे हैं।

रोहिणी भाटे

परिष्कृत नृत्य और लालित्य के लिए सुचर्चित हैं। लखनऊ घराने के पंडित लच्छू महाराज के निर्देशन में बारह वर्ष और जयपुर घराने के पंडित एम० एस० कल्याणपुरकर के निर्देशन में पन्द्रह वर्ष तक कथक का प्रशिक्षण प्राप्त किया। पिछले दो दशकों में आयोजित सभी महत्त्वपूर्ण संगीत सभाओं में शिरकत की है। यूरोप के अनेक देशों में नृत्य प्रदर्शन भी हो चुके हैं। मराठी में नन्दिकेश्वर का अभिनय दर्शन के अनुवाद और दो मौलिक पुस्तकें—"माँझी नृत्य साधना" और "माँ इस दौरा" के अलावा इधर-उधर अनेक लेख प्रकाशित हुए हैं। जयपुर, दिल्ली और भोपाल के कथक परिसंवादों में अनेक बार शामिल हुए हैं। नृत्य और संगीत में सृजनात्मक कार्य के लिए राष्ट्रीय संगीत नाटक अकादेमी सम्मान (1977) प्राप्त हुआ है।

माया राव

संभवतया कथक की एक मात्र दक्षिण भारतीय नृत्यांगना। कथक की प्रारम्भिक शिक्षा जयपुर घराने के श्री सोहनलाल से। भारत शासन से छात्रवृत्ति पाकर पंडित शम्भू महाराज के सान्निध्य में शिक्षा। एकल प्रदर्शनों के अलावा अपने गुरु पंडित शम्भू महाराज के साथ युगल नृत्य भी प्रस्तुत। कई नृत्य नाटिकाओं का निर्देशन भी। इन दिनों मैसूर में कर्नाटक नृत्य संगीत अकादेमी की अध्यक्ष हैं और वही नाट्य इन्स्टीट्यूट ऑफ कथक एण्ड कोरियोग्राफी का संचालन भी कर रही हैं।

सुशील कुमार सक्सेना

जाने माने कथक और संगीत के विद्वान। हिन्दुस्तान टाइम्स दिल्ली में अनेक वर्षों तक संगीत और नृत्य के समीक्षक के रूप में कार्य करते रहे हैं। कथक के सौन्दर्य

शास्त्र पर अनेक पुस्तकें और लेख प्रकाशित। दिल्ली विश्वविद्यालय में पाश्चात्य दर्शन और सौन्दर्य शास्त्र के प्रोफेसर रहे हैं।

डॉ० सुनील कोठारी

अग्रणी नृत्यविद् हैं। पहले नृत्य समीक्षक जिनको नृत्य में डाक्टरेट की उपाधि से सम्मानित किया गया। इन्होंने नृत्य-परम्परा और रस सिद्धान्त विषयक शोध किया है। केन्द्रीय शिक्षा मन्त्रालय की छात्रवृत्ति और फैलोशिप भी प्राप्त हो चुकी है। अन्तर्राष्ट्रीय नृत्य परिषद (यूनस्को) पेरिस की कार्यकारिणी के सदस्य भी हैं। इन्होंने शास्त्रीय, लोक और समकालीन नृत्य रूपों की खोज एवं पारम्परिक तथा शास्त्रीय नृत्य केन्द्रों के अध्ययन के लिए देश-विदेश की यात्राएँ भी की हैं। कला-सम्बन्धी अनेक राष्ट्रीय-अन्तर्राष्ट्रीय परिसम्वादों में सम्मिलित हो चुके हैं। "मार्ग" का सहयोगी सम्पादन और इन दिनों शास्त्रीय नृत्य रूपों पर केन्द्रित "मार्ग" के विशेष अंकों का सम्पादन भी कर रहे हैं। मार्ग के लिए सम्पादित पुस्तक "भरत-नाट्यम" और छाउ प्रकाशित और "कथक" पर सम्पादित पुस्तक शीघ्र प्रकाशित होने जा रही है। आजकल रवीन्द्र भारती विश्वविद्यालय, कलकत्ता के नृत्य विभाग में अध्यक्ष हैं। आपने पहले पहल उदय शंकर प्रोफेसर ऑफ डांस का पद सँभाला है और टाइम्स ऑफ इंडिया प्रकाशन के नृत्य-समीक्षक हैं।

डॉ० एस० के० चौबे

डॉ० चौबे लखनऊ विश्वविद्यालय में अंग्रेजी के प्रोफेसर थे। इन्होंने संगीत की शिक्षा उस्ताद फैयाज खाँ से प्राप्त की। अच्छन महाराज के घनिष्ठ सहयोगी और प्रशंसक रहे हैं।

केशव कोठारी

जाने-माने नृत्यविद् हैं। कथक का प्रारम्भिक ज्ञान जयपुर में प्राप्त किया। भारत सरकार से वृत्ति प्राप्त कर पंडित शम्भू महाराज के निर्देशन में गहन प्रशिक्षण लिया। आजकल संगीत नाटक अकादेमी, नयी दिल्ली में सचिव के पद पर कार्यरत हैं। शास्त्र एवं प्रदर्शन पक्ष, दोनों के अधिकारी विद्वान। उस्ताद अलाउद्दीन खाँ संगीत अकादेमी द्वारा संचालित चक्रधर नृत्य केन्द्र की परामर्श समिति के सम्माननीय सदस्य हैं। कई वर्षों तक दिल्ली के कथक केन्द्र के निदेशक रहे हैं।

डॉ० पुरु दाधीच

1939 में उज्जैन में जन्मे। कथक, नृत्य की शिक्षा पंडित दुर्गाप्रसाद, पंडित नारायण प्रसाद, पंडित सुन्दर प्रसाद व शम्भू महाराज से प्राप्त की। अनेक नृत्य-

नाटिकाओं का निर्देशन। संस्कृत साहित्य और नृत्य शास्त्र के विद्वान। अनेक पुस्तकों का प्रकाशन जिनमें प्रमुख हैं—"कथक नृत्य का उद्‌भव और विकास", "संस्कृत नाट्य प्रयोग और विज्ञान" तथा "कालिदासीय रूपक", "कथक नृत्य शिक्षा", "अभिनव-ताल मंजरी", "नृत्य सूत्र", "नृत्य निबंध" आदि। सम्प्रति भातखंडे हिन्दुस्तानी संगीत महाविद्यालय में कथक नृत्य विभाग के अध्यक्ष।

डॉ० प्रमोद वर्मा

1929 में जन्मे हिन्दी के प्रख्यात कवि और समीक्षक। छठे दशक में अंग्रेजी और हिन्दी स्वच्छंद काव्य और काव्यादर्श का अध्ययन करते रहे हैं। आलोचना आदि की कई पुस्तकें प्रकाशित हैं जिनमें "हलफनामा" प्रमुख हैं। मुक्तिबोध पर भी एक प्रामाणिक आलोचना पुस्तक लिखी है। अनेक वर्षों तक हिन्दी साहित्य का अध्यापन करने के बाद इन दिनों रायगढ़ के शासकीय स्नातकोत्तर महाविद्यालय के प्राचार्य हैं।

ooo